KB188755

비전공자도 이해할 수 있는 AI 지식

CHATBOT

ALGORITHM

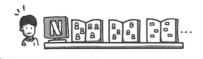

SEARCH ENGINE

MACHINE
TRANSLATION

비전공자도
이해할 수 있는

AI
지식

박상길 지음 | 정진호 그림

ALPHAGO

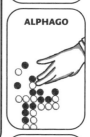

NAVIGATION

챗GPT부터 유튜브 추천,
파파고 번역과 내비게이션까지
일상을 움직이는 인공지능 이해하기

SMART
SPEAKER

SELF-DRIVING
CAR

BIG DATA

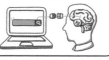

카카오·현대자동차 출신 AI 전문가가 들려주는
세상에서 가장 쓸모 있는 AI 안내서

비즈니스북스

비전공자도 이해할 수 있는 AI 지식

2판 1쇄 발행 2024년 10월 22일
2판 6쇄 발행 2025년 5월 12일

지은이 | 박상길
그린이 | 정진호
발행인 | 홍영태
편집인 | 김미란
발행처 | (주)비즈니스북스
등 록 | 제2000-000225호(2000년 2월 28일)
주 소 | 03991 서울시 마포구 월드컵북로6길 3 이노베이스빌딩 7층
전 화 | (02)338-9449
팩 스 | (02)338-6543
대표메일 | bb@businessbooks.co.kr
홈페이지 | http://www.businessbooks.co.kr
블로그 | http://blog.naver.com/biz_books
페이스북 | thebizbooks
인스타그램 | bizbooks_kr
ISBN 979-11-6254-393-1   03000

비즈니스북스는 독자 여러분의 소중한 아이디어와 원고 투고를 기다리고 있습니다.
원고가 있으신 분은 ms1@businessbooks.co.kr로 간단한 개요와 취지, 연락처 등을 보내 주세요.

이 책에는 여러 개의 흥미로운 내용이 있는데, 그중 검색엔진에 관한 내용이 가장 흥미로웠다. 예전에 지인 중 한 분이 '구글은 어떻게 검색창에 검색어를 넣는 순간 전 세계의 모든 서버를 다 뒤져서 1초도 안 걸려 문서를 찾아주느냐?'라고 물어본 적이 있는데, 그때 이 책이 나왔더라면 추천해줬을 것이다.

_이상호, 카카오 최고AI책임자, 전 SK텔레콤 CTO

요즘에는 내 생활을 인공지능 알고리즘이 지배하고 있다고 해도 과언이 아니다. 검색엔진은 내가 원하는 콘텐츠를 척척 찾아주고 추천까지 해준다. 유튜브에 들어갈 때마다 어쩌면 이렇게 내가 좋아할 만한 동영상을 찾아주는지 혀를 내두를 정도다. 내비게이션은 내가 가고자 하는 목적지까지 최적 경로와 소요시간을 놀랄 정도로 정확히 알려준다. 어떻게 이런 일이 가능할까 항상 궁금했다. 이 책은 내가 이제까지 본 글 중에 가장 친절하고 쉽게 그 원리를 설명해준다. 이해를 도와주는 삽화도 일품이다. 인공지능의 도움을 받는 현대인이라면 꼭 읽어두면 좋을 책이다.

_임정욱, 중소벤처기업부 창업벤처혁신실장

국내에 출판된 인공지능 학습서는 많지만 좋은 교양서를 찾기는 어렵다. 인공지능을 쉽고 재미있게 읽을 수 있는 교양서를 추천하라고 한다면 이 책이 반드시 리스트에 들어갈 것이다. 특히 자연어 처리 분야 인공지능 전문가인 저자의 경험을 읽는 재미가 쏠쏠하다. 기술적 깊이를 간결한 문장으로 녹여내고 이해를 돕기 위한 그림까지, 디테일에 신경 쓴 정성이 돋보인다. 어린 학생부터 일반인까지 누구나 읽을 수 있는 내용으로 자율주행, 검색엔진, 스마트 스피커, 번역, 챗봇, 추천 알고리즘 등 다양한 분야에 걸친 내용이 인공지능과 컴퓨터과학에 관심 있는 모든 이들에게 즐거움을 줄 것이다.

_임성빈, 고려대 통계학과 교수

인공지능 전반을 활용 사례와 함께 재밌게 설명해놓았다. 특히, 수식 하나 없이도 인공지능의 역사부터 최첨단 토픽까지 쉽게 설명하는 글솜씨에 놀랐고, 인공지능 전반에 대한 디테일이 살아있는 해박함에 다시 한번 놀랐다. 인공지능 기술을 처음 접하는 일반인뿐 아니라, 현업에서 일하고 있는 인공지능 개발자, 기획자, 심지어 사업가까지. 한 번쯤 읽어본다면 인공지능이 현실세계에 어떻게 적용되고 있는지, 전체적인 숲을 바라보는 기회가 될 것이다.

_이동현, LG AI 연구원

인공지능과 교양서, 어쩐지 잘 어울릴 것 같지 않은 소재라서 사실 별다른 재미를 기대하지 않고 읽기 시작했다. 그러다가 막연하게 알고 있던 인공지능의 역사와 뒷이야기를 누구나 이해할 수 있도록 재미있게 풀어쓴 저자의 능력에 감탄했다. 교양서라고 하지만 자연어 처리 개발자 입장에서 새롭게 알게된 내용도 있고, 많은 부분이 명료하게 정리되면서 재밌게 읽었다. 컴퓨터 공학을 전공하는 조카에게 한 권 사줘야겠다는 생각이다.

_신명철, 카카오 자연어 처리 파트장

이토록 쉬운 인공지능이라니. 지금까지 읽었던 그 어떤 인공지능 책보다 쉬웠다. 이건 순전히 현업에서 실력을 갈고닦으며 꾸준한 연구를 이어온 저자의 노력 덕분이다. 현학적이지 않은 쉽고 명쾌한 설명과 풍부한 사례는 책에 몰입하게 해 줄 뿐만 아니라 누구나 인공지능에 대한 지식을 뽐낼 수 있게 해 준다. 전형적인 문과생인 나에게 이런 기적이 일어났으니, 당신도 기적을 체험할 수 있다.

_김철영, 《신임 팀장 튜토리얼》 저자

어려울 수 있는 인공지능을 각 분야별로 초기 역사부터 최신 기술까지 포괄하면서도, 친근한 그림과 함께 초보자들도 쉽게 이해할 수 있도록 자세하고 친절하게 설명했다. 평소 인공지능에 관심이 있었으나 어떤 책으로 시작해야 할지 고민하고 계신 분들이라면 이 책으로 시작하기를 적극 추천한다.

_하정우, 네이버 퓨처 AI 센터장

인공지능의 여러 가지 도메인과 알고리즘의 기본부터 최신 트렌드까지 매우 쉽고 직관적으로 설명하는 저자의 인사이트가 대단하다. 인공지능에 입문하거나 전반적으로 이해하기를 원하시는 분에게 좋고, 또 저변 확대에 크게 기여할 멋진 책이다.

_김성훈, 업스테이지 대표

이 책은 인공지능을 이해하기 위해 필요한 주요 이론과 역사 모두를 아주 재미있게 다루고 있다. 알파고, 자율주행차, 기계번역 등 인공지능을 이용해서 만들어진 대표적인 기술들이 실제로 어떻게 작동하는지를 최대한 많은 사람들이 이해할 수 있는 선에서 알기 쉽게 설명한다. 그 과정에서 독자들은 인공지능 관련 주요 기술들이 어떤 사람들에 의해 어떠한 역사적인 배경이나 상황 속에서 만들어졌는지도 함께 읽어볼 수 있다. 인공지능에 관심이 있는 누구에게나 유용한 좋은 책이다.

_권순선, 구글 글로벌 머신러닝 프로그램 총괄

인공지능은 이미 우리 일상 깊숙이 들어와 있다. 자율주행 자동차, 검색엔진, 음성 어시스턴트 그리고 챗봇 뒤에는 모두 인공지능 알고리즘이 숨어있다. 그런데 그 알고리즘이 정확히 어떻게 작동하는지 설명할 수 있는가? 이 책은 인공지능이 어떻게 작동하는지 그 메커니즘을 쉽고 재미있게 보여주는 정말 쓸모 있는 책이다. 인공지능을 제대로 알고 싶어 하는 모든 입문자들에게 그리고 그들에게 인공지능을 제대로 설명하고자 하는 모든 인공지능 전문가들에게 이 책을 추천한다.

_장동선, 뇌과학 박사 / 궁금한뇌연구소 대표

챗GPT 열풍이 좀처럼 식을 줄 모릅니다.

2022년 11월에 공개된 챗GPT는 등장한 지 채 2년도 지나지 않아 월간 방문자가 2억 6,000만 명에 달하는 초대형 서비스로 성장했죠. 이는 넷플릭스, 페이스북, 인스타그램 등 현시점에 가장 인기 있는 어떤 서비스도 달성하지 못했던 빠른 성장세입니다. 인공지능 관련 업계에서는 2016년 알파고가 세상을 놀라게 한 이후 두 번째 AI 빅 웨이브가 도래했다고 평가하고 있죠.

챗GPT는 어느덧 우리 일상의 필수품이 됐습니다.

여행 계획을 세우고 맞춤형 관광 코스를 제안하며, 취향과 예산에 맞는 패션 아이템을 추천하고, 연애에 대해 조언하며, 독창적인 소설을 집필하고, 다양한 장르의 노래 가사를 씁니다. 복잡한 수학 문제의 풀이법을 설명하고, 프로그래밍 코드를 작성하며, 역사적 사건을 분석하기도 합니다. 다국어 번역, 문서 요약, 비즈니스 전략 수립, 과학적 가설 제시, 요리 레시피 개발 등 폭넓은 분야에서 놀라운 능력을 발휘합니다.

알파고가 이세돌과의 대국으로 세상을 놀라게 했듯, 챗GPT는 이처럼 다재다능하고 혁신적인 기능을 누구나 체험할 수 있도록 공개 베타 서비스를 진행하며 대중에게 강렬한 인상을 남겼습니다.

그리고 이처럼 시대의 흐름을 바꾼 혁신적인 기술은 세상에 늘 존재했습니다.

- 1980년대 IBM PC는 개인용 컴퓨터 혁신을 불러일으켰습니다.
- 1990년대 넷스케이프 웹 브라우저는 인터넷 혁신을 불러일으켰습니다.
- 2000년대 구글은 인터넷 검색 혁신을 불러일으켰습니다.
- 2010년대 아이폰은 스마트폰 혁신을 불러일으켰습니다.

이제 2020년대에는 챗GPT가 인공지능 혁신을 이끌며 세상에 엄청난 변화를 불러일으킬 것으로 많은 이들이 기대하고 있습니다. 그렇다면 이렇게 놀라운 인공지능은 어느날 갑자기 우리 앞에 나타났을까요? 그렇지 않습니다. 인공지능이 처음 등장한 것은 무려 1950년대입니다. 이후 60여 년이라는 세월의 풍파를 견디고서야 마침내 결실을 맺었습니다. 빅데이터와 시스템의 발전, 공유와 협업 문화가 자리 잡은 후에야 비로소 진가를 발휘할 수 있었죠.

사람과 대화하듯 컴퓨터와 대화하는 것은 인류의 오랜 꿈이었습니다. 앨런 튜링Alan Turing, 1912~1954은 이미 70여 년 전에 사람처럼 대화하는 기계가 등장할 것이라 예견했죠. 그리고 마침내 챗GPT가 등장했습니다.

명심할 것은, 챗GPT는 마술이나 마법이 아니라는 점입니다. 60여 년의 세월을 인고하며 인간이 손으로 빚어낸 공학이죠. 놀라운 기술 뒤에는 언제나 인간의 그림자가 함께합니다. 지금처럼 대중이 새로운 기술에 열광할수록 우리는 객관적이고 현실적으로 인공지능을 바라볼 필요가 있습니다. 이 책에서는 인간의 그림자를 뒤쫓아가 봅니다. 인공지능이 마법이 아닌 인간이 만든 공학의 결과물이라는 점을 하나씩 구체적으로 살펴봅니다. 이를 위해 개정판에서는 챗GPT에 대한 내용을 대폭 보완하며 책의 모든 내용을 전반적으로 새롭게 다듬었습니다.

많은 이들이 묻곤 합니다.

"인공지능이 조만간 사람을 대체하지 않을까요?"

저는 항상 이렇게 대답하죠.

"인공지능은 당신을 대체하지 않습니다. 인공지능을 이해하고 활용하는 사람이 당신을 대체할 뿐이죠."

초판과 개정판을 사랑해 주신 독자분들께 감사의 마음을 전합니다. 앞으로도 이 책이 인공지능을 이해하고 활용하는 데 작은 도움이 된다면 더할 나위가 없겠습니다.

2024년 10월

박상길, 정진호

2016년 서울 한복판에서 알파고가 이세돌을 이긴 후 많은 것이 달라졌습니다. 공상과학영화에서나 나올 법했던 인공지능이 어느새 우리 앞에 성큼 다가온 것이죠. 인공지능이라는 용어가 등장한 지 벌써 70년이 다 되어 가지만 우리는 아직 인공지능이 낯섭니다. 무엇보다 인공지능을 제대로 이해하는 이들이 턱없이 부족하죠. 우리 곁을 떠난 스티븐 호킹Stephen Hawking, 1942~2018은 살아생전에 "인공지능은 인류의 종말을 초래할 수 있다"라고 경고했고, 테슬라의 일론 머스크Elon Musk, 1971~는 "인공지능은 악마를 소환하는 것"이라며 위험성을 경고한 바 있습니다. 사람들은 인공지능이 인류를 정복한다거나 인류의 존재를 위협할지도 모른다는 막연한 불안감에 휩싸였죠.

그러는 사이, 인공지능은 우리 일상에 스며들었습니다. 이미 인공지능 시대를 살아가는 우리에게 당장 필요한 것은 인공지능이 앞으로 인류를 정복한다는 식의 이야기가 아닙니다. 그런 고민은 "화성에 인구가 너무 많이 늘어날까 봐 걱정하는 것"[1]과 다르지 않습니다. 우리는 기술을 냉정하게 바라봐야 합니다. 인간을 더 편리하게 해주는 도구로서 말이죠. 지나치게 기술에 의존할 필요도 없지만 그렇다고 기술에 공포를 느껴서도 안 됩니다.[2] 인공지능은 막연히 두려워할 무언가가 아닙니다. 지금 우리 곁에 다가온 인공지능은 〈터미네이터〉에 등장하는 스카이넷이 아니며, 적어도 이 책에서 살펴볼 여러 가지 알고리즘이 그런 일을 꾸밀 가능성은 전혀 없습니다.

우리는 진화와 공학을 구분해서 살펴야 합니다. 컴퓨터가 학습하는 과정은 인간처럼 고유한 의지를 스스로 획득하거나 진화하는 과정과는 전혀 다릅니다. 컴퓨터는 여전히 인간이 지시한 일을 할 뿐이며, 인간이 설정한 목표를 성취하는 방법을 학습할 뿐입니다. 컴퓨터는 문제를 제기하거나 스스로 목표를 세울 수가 없습니다. 인간과 달리 목표를 수정하고자 하는 고유한 의지도 없습니다. 알파고는 오로지 승리라는 목표만 향할 뿐, 자신이 지금 누구와 어디서 대국하고 있는지, 심지어 대국의 결과로 인해 어떤 일이 벌어질지 전혀 모릅니다. 승리 후에도 이세돌과 달리 인터뷰에서 자신의 감정을 한마디도 표현할 수 없습니다. 알파고는 공학의 산물일 뿐입니다. 컴퓨터의 발전은 인간이 설정한 목표를 향한 연산 능력의 무한한 발전일 뿐, 두려워할 것은 아무것도 없습니다.

그렇다면 인공지능이란 무엇일까요? 앨런 튜링은 '기계는 생각할 수 있는가?'Can Machines Think?라는 담대한 질문을 던지고, 여기서 '생각'의 정의를 내리는 대신 '생각'하는 행위를 만족스럽게 흉내 낼 수 있다면 '생각'을 하는 것으로 판정하자고 제안했습니다. 이것이 바로 '흉내 놀이', 앨런 튜링이 논문에서 제시한 이름이자 영화 제목으로도 유명한 '이미테이션 게임'입니다.

저 또한 동일한 방식으로 '인공지능이란 무엇인가?'라는 질문에 답을 내리고자 합니다. 튜링처럼 인공지능의 '정의'를 내리는 대신 인공지능의 '쓸모'를 만족스럽게 증명할 수 있다면 이 경우 '인공지능을 이해했다'고 간주하는 것으로 말이죠. 그렇게 여러분에게 인공지능의 쓸모를 소개하고자 합니다.

지금 인공지능 시대를 살아가는 우리에게 현실적으로 필요한 주제가 무엇인지에 대해 오랫동안 고민해왔습니다. 그 결과로 업계에서 이미 다양한 제품과 서비스로 출시한 알파고부터 자율주행, 검색엔진, 스마트 스피커, 기계번역, 챗봇, 내비게이션, 추천 알고리즘까지 8가지 주제를 선정했습니다.

다음과 같은 독자에게 도움이 되었으면 합니다.

- 인공지능이 무엇이고 실생활에 어떻게 쓰이는지 알고 싶은 일반인
- 인공지능 기술에 대한 이해를 바탕으로 유망한 기업과 기술에 투자하려는 투자자
- 장차 어떤 공부를 이어나갈지 진로에 고민이 많은 고등학생
- 졸업 후 인공지능 분야로 취업을 희망하는 대학생
- 연구 중인 주제가 어떻게 인공지능 업계에서 쓰이는지 알고 싶은 대

학원생

- 인공지능 개발을 위한 기초 지식이 필요한 개발자

이 책은 '수식이 하나 등장할 때마다 책 판매량은 절반으로 줄어든다'는 오랜 격언을 받아들여, 어렵고 복잡한 수식은 배제하고 쉽게 설명하는 데 초점을 맞췄습니다. 또한 과학적인 글에는 출처를 꼼꼼하게 남기는 것이 원칙이지만 이 책은 과학 교양서로 읽기 편하게 하는 데 중점을 두었기 때문에 반드시 필요한 출처만을 남겼습니다.

이 책은 교과서가 아니기 때문에 모든 기술을 체계적으로 다루지는 않습니다. 또한 지나치게 최신 기술에 집착할 경우 핵심을 놓치고 겉핥기에 그치는 경우가 많기 때문에 최신 기술보다는 전통적으로 중요하다고 생각하는 기술에 좀 더 비중을 두었습니다. 인공지능 기술은 대부분 20세기 이후에 등장하지만 때로는 19세기 이전의 중요한 고전 기술도 함께 언급하고 연결했습니다. 인공지능과 알고리즘은 그 분야가 다르지만 핵심적인 이야기는 분야를 가리지 않고 정리했습니다. 무엇보다 최고의 시각화 전문가가 참여해 정보를 일러스트로 보여주고, 원리를 구체적으로 표현해 누구나 인공지능의 전체 얼개를 이해하기 쉽도록 했습니다.

이 책에 등장하는 모든 기술은 아직 완성형이 아닙니다. 과학철학자 토머스 쿤Thomas Kuhn, 1922~1996은 《과학 혁명의 구조》에서 "과학적 발견이란 결코 완결되지 않는다"라고 말합니다. "여러 단계의 진화 과정을 거쳐 가는 것"으로 보았죠. 어떤 이론이 이전까지 설명할 수 없었던 현상을 설명하는 데 성공한다면 그 이론은 다시 과학자들

이 새로운 발견을 하는 데 쓰이는 도구가 됩니다. 아이작 뉴턴 Isaac Newton, 1642~727이 "내가 멀리 볼 수 있었던 것은 거인의 어깨 위에 있었기 때문"이라는 말로 앞선 대가들의 선행연구에 그 공을 돌렸던 것도 같은 맥락이었을 겁니다.

인공지능은 여전히 발전 과정에 있습니다. 우리는 그 과정의 일부를 살펴볼 뿐이죠. 하지만 이를 기반으로 더욱 넓고 깊게 세상을 바라볼 수 있게 될 겁니다. 그리고 누군가는 새로운 무언가를 찾아 나설지도 모릅니다. 그렇게 인공지능은 지혜와 지식의 축적을 통해 계속해서 발전해나갈 것입니다.

이 책에는 고심해서 고른 인공지능의 8가지 쓸모를 자세히 소개합니다. 단순한 소개에 그치지 않고, 각 서비스가 어떻게 작동하는지 구체적인 원리를 살펴보면서 여러분이 인공지능 서비스에 매력을 느낄 수 있도록 했습니다. 특히 원리를 이해하는 것이 얼마나 우아하고 아름다운 일인지를 깨닫게 하고 이를 통해 기술과 과학에 대한 이해를 높이고, 나아가 여러분이 다른 분야에도 작동 원리를 응용하여 도움이 될 수 있도록 했습니다.

제1장에서는 본격적인 인공지능의 쓸모를 살펴보기에 앞서 인공지능이 무엇인지, 어떤 역사와 기술을 거쳐 지금 이토록 주목을 받고 있는지 살펴봅니다.

제2장에서는 알파고를 살펴봅니다. 20여 년 전 인간을 처음으로 능가했던 딥 블루부터, 본격적으로 인간을 누르고 인공지능 열풍을 불러일으킨 알파고까지 살펴보며 어떤 차이점이 있는지, 알파고는 어떻게 이세돌을 능가할 수 있었는지 그 원리를 살펴봅니다.

제3장에서는 자율주행을 살펴봅니다. 본격적인 자율주행의 역사가 어떻게 시작되었는지, 자율주행은 어떤 기술로 작동하고, 인공지능이 어떻게 자율주행에 도움을 주고 있는지, 그럼에도 불구하고 왜 아직도 실전에 배치된 완전한 자율주행차는 단 한 대도 없는지 여러 이야기를 함께 살펴봅니다.

제4장에서는 검색엔진을 살펴봅니다. 지금의 인공지능 탄생에 큰 영향을 끼친 빅데이터 그리고 빅데이터의 등장에 큰 영향을 끼친 검색엔진을 되돌아봅니다. 무엇보다 검색엔진이 어떻게 인터넷을 점령했으며, 어떤 원리로 작동하고 있는지를 살펴봅니다.

제5장에서는 스마트 스피커를 살펴봅니다. 애플의 시리는 사람의 말을 알아듣는 인공지능 비서라는 새로운 카테고리를 개척했고, 이후 등장한 스마트 스피커는 우리의 일상생활을 바꿔놓았습니다. 스마트 스피커의 비밀과 그 내부 원리를 살펴봅니다.

제6장에서는 기계번역을 살펴봅니다. 천국에 닿기 위해 탑을 쌓아올리던 인간의 오만함은 신의 분노를 초래했고, 신은 인간이 서로 말을 알아들을 수 없도록 형벌을 내립니다. 수천 년이 흐른 지금, 인간은 드디어 신의 형벌을 극복할 준비를 하고 있습니다. 그 지난한 극복의 과정을 살펴봅니다.

제7장에서는 챗봇을 살펴봅니다. 인간이 언어를 이해한다는 것은

무엇을 의미하는지, 챗GPT가 어떻게 사람처럼 대화를 이끌어나가는지 그 원리를 살펴봅니다.

제8장에서는 내비게이션을 살펴봅니다. 우리 곁에 등장한 지 이제 겨우 20년 남짓한 내비게이션은 어느덧 자동차 운전의 필수품으로 자리 잡았습니다. 자율주행 시대의 핵심으로 앞으로의 미래가 더욱 기대되는 내비게이션의 원리를 살펴봅니다.

제9장에서는 추천 알고리즘을 살펴봅니다. '알 수 없는 알고리즘이 여기로 이끌다'라는 말로 대표되는 유튜브의 알고리즘부터 넷플릭스, 아마존, 페이스북 등의 추천 알고리즘의 원리를 살펴보고 어떻게 고객에게 뜻밖의 발견Serendipity을 제안하는지 그 설레는 느낌을 함께 살펴봅니다.

자, 이제 인류 역사상 처음으로 인공지능이 등장한 시기로 거슬러 올라가 보겠습니다. 지금으로부터 250년 전인 18세기 후반까지 거슬러 올라가 보죠. 당시 처음으로 인공지능이라고 주장한 기계가 등장합니다. 인공지능의 역사는 고작 70여 년에 불과한데, 250년 전에 과연 무슨 일이 일어났을까요? 이 기계의 정체는 무엇이고, 어떻게 인공지능처럼 작동했던 것일까요?

인공지능의 역사로 여러분을 안내합니다.

차례

추천사   5
10만 부 기념 개정판을 펴내며   9
들어가며   12

제1장 · 인공지능   위대한 인공지능, 깨어나다

250년 전 인간을 이긴 최초의 체스 기계   25
진정한 인공지능이 등장하다   30
규칙 기반, 인공지능을 구현하다   32
머신러닝, 스스로 규칙을 찾아내다   35
인공지능의 핵심기술, 딥러닝의 등장   42
데이터, 인공지능의 원유   47
시스템, GPU가 인공지능을 완성하다   51
오픈소스, 모두가 참여하는 혁신   57
위대한 인공지능, 깨어나다   61

제2장 · 알파고   인간을 능가하는 기계의 등장

딥 블루는 어떻게 체스 챔피언이 되었을까?   65
바둑, 필요한 모든 수를 계산할 수 있을까?   72
인간을 대표하는 천재 기사 이세돌   74
도박의 확률을 이용하는 몬테카를로 방법   76
정책망, 어디에 돌을 내려놓을까?   80
가치망, 형세를 판단하다   84
알파고가 수를 두는 방법   86
신의 한 수   92
알파고 제로, 인간은 필요 없다   94
알파제로, 진정한 인공지능을 향하여   96

제3장 · 자율주행

구글이 세상을 검색하는 법
테슬라가 꿈꾸는 기계

자율주행의 시작, 다르파 그랜드 챌린지   101
자율주행차 스탠리가 우승한 비결은?   104
자율주행의 공식, 베이즈 정리   109
센서 전쟁: 레이더, 라이다 그리고 카메라   118
카메라, 동물의 눈으로 도로를 바라보다   124
모방 학습, 인간의 운전 습관을 그대로 모방하다   130
완벽한 자율주행은 가능할까?   134
자율주행의 딜레마, 누구를 희생해야 할까?   140
자율주행차가 바꿀 미래   143

제4장 · 검색엔진

구글이 세상을 검색하는 법

검색엔진 등장하다   149
엄청난 돈을 벌어들이다   153
엄청난 문서를 수집하다   155
검색엔진은 어떻게 검색할까?   161
랭킹, 수십 조 가치의 줄 세우기 기술   165
최신 문서를 찾아서   171
품질 좋은 문서를 찾아서   172
페이지 랭크, 구글의 역사가 탄생하다   175
쿼리에 딱 맞는 문서 찾는 법   180
TF-IDF 그리고 마법 같은 BM25   182
A/B 테스트, 검색 개선을 확인하는 법   192
검색엔진 최적화, 창과 방패의 싸움   197
점점 더 똑똑해지는 구글 검색의 진화   199

제5장 · 스마트 스피커

시리는 쓸모 있는 비서가 될 수 있을까

인공지능 비서의 탄생   207
애플 시리, 음성인식 비서의 시대를 열다   209
아마존 알렉사, 스마트 스피커의 시대를 열다   214
스마트 스피커는 어떻게 말을 알아들을까?   216

사람의 목소리를 알아듣는 음성인식 과정   218

음향 모델, 음성의 파형에서 단어를 인식하다   220

언어 모델, 오인식 단어를 보정하다   224

자연어 이해, 언어를 이해하다   230

다이얼로그 매니저, 명령을 실행하다   236

자연어 생성, 대화를 디자인하다   238

연결 합성, 문장을 자연스럽게 읽을 수 있을까?   241

음성 합성, 인간보다 더 자연스러움을 향해   243

제6장 · 기계번역

외국어를 몰라도 파파고만 있다면

위대한 인공지능, 깨어나다   251

인간의 언어가 정말 어려운 이유   252

기계번역의 시작   257

규칙 기반, 모든 규칙을 정의하다   258

예시 기반과 통계 기반, 가능성을 보이다   261

인공 신경망 기반, 마침내 혁신이 시작되다   266

어텐션, 가장 혁신적인 발명   270

번역 규칙을 스스로 학습하다   278

인간을 뛰어넘은 기계번역   281

바벨탑, 인간은 신의 형벌을 극복할 수 있을까?   284

제7장 · 챗봇

챗GPT, 1분 안에 보고서 작성해 줘

챗봇 이루다는 왜 2주 만에 서비스를 멈췄을까?   289

컴파일러, 컴퓨터가 인간의 언어를 이해하다   296

카카오뱅크 고객센터 챗봇의 등장   299

좌표, 기하학을 숫자로 바꾸다   302

워드투벡, 언어를 숫자로 바꾸다   306

코사인 거리로 비슷한 단어를 찾다   313

기계와 자유롭게 대화할 수 있을까?   317

기계가 문장을 생성하는 방법   320

GPT-3, 인간을 능가하는 언어 생성 모델   322

구글과 페이스북의 챗봇이 등장하다   329

챗GPT, 챗봇 끝판왕의 등장   331
GPT-4, 마침내 진정한 인공지능의 시대에 다가서다   347
기계가 언어를 이해할 수 있을까?   351
튜링 테스트와 중국어 방   358
인공지능이 진정한 이해를 묻다   362

제8장 · 내비게이션   티맵은 어떻게 가장 빠른 길을 알까

내비게이션, 당신의 스마트한 운전 비서   371
오컴의 면도날 법칙   375
예측을 좌우하는 데이터   380
의사결정나무, 단순한 모델의 힘   384
랜덤 포레스트, 대중의 지혜를 발휘하다   388
그레이디언트 부스팅, 정답과 거리를 줄여나가다   391
데이크스트라 알고리즘, 최단 거리 탐색의 비밀   394
모든 내비게이션이 채택한 A* 알고리즘   397
내비게이션, 경로 안내 그 이상의 것   400

제9장 · 추천 알고리즘   알 수 없는 유튜브 알고리즘이 여기로 이끌다

추천 서비스, 넷플릭스에서 유튜브까지   405
맥주와 기저귀는 함께 팔린다   411
10대 소녀의 임신을 예측한 알고리즘   417
추천 시스템의 시작   418
협업 필터링, 비슷한 고객을 추천하다   422
행렬 인수분해, 잠재요인을 찾아내는 마법의 알고리즘   424
딥러닝을 도입한 유튜브 추천 알고리즘   432

용어집   439
미주   458

인공지능

위대한 인공지능, 깨어나다

250년 전 인간을 이긴 최초의 체스 기계

1770년, 오스트리아에 신기한 체스 기계가 등장합니다. 단풍나무로 조각된, 사람이 들어갈 만큼 거대한 이 기계는 터키인처럼 오스만제국의 의상을 입고 터번을 머리에 두른 조각 인형이 체스판 뒤에 앉아 체스를 두는 자동기계였습니다. 재밌는 장난감 정도로 보일 수 있지만, 놀라운 사실은 이 기계가 스스로 체스를 둔다는 점이었습니다. 게다가 대부분의 사람을 이길 정도로 실력도 매우 뛰어났습니다.

당연히 기계 안에 사람이 숨어 있을 것으로 의심한 사람들이 많았습니다. 그래서 체스를 두기 전에는 항상 기계를 열어 사람들에게 내부를 보여주었죠. 의심을 품은 사람들이 기계 내부를 구석구석 살펴봤지만 내부에는 알 수 없는 레버와 태엽으로 구성된 기계장치만이 가득 들어차 있을 뿐이었습니다. 사람이 들어앉아 있을 거라고는 전혀 예상할 수 없었죠. 이후 키를 꽂고 캐비닛을 닫은 다음 태엽을 감아올리면, 인형의 나무 팔이 스스로 움직이면서 체스를 두기 시작했습니다.

이 기계 이름은 **메케니컬 터크**Mechanical Turk였습니다. 스스로 체스를 두는 이 놀라운 기계는 당시 엄청난 인기를 끌었습니다. 얼마나 인기가 있었던지 당대 유명한 인사들이 모두 이 기계와 체스를 두곤 했죠. 여기에는 최초로 컴퓨터를 고안한 영국의 찰스 배비지Charles Babbage, 1792~1871, 미국 건국의 아버지 벤저민 프랭클린Benjamin Franklin, 1706~1790, 심지어 온 유럽을 호령하며 프랑스의 황제가 된 나폴레옹Napoléon, 1769~1821도 있었습니다.

1809년, 프랑스의 황제 나폴레옹은 오스트리아 빈의 쇤브룬 궁전을 찾아갑니다. 메케니컬 터크와 체스를 두기 위해서였죠. 나폴레옹은 체스에 조예가 깊지는 않았지만 이 기계에는 곧 빠져들었다고 합니다. 심지어 게임을 시작하기 전에 기계의 인형이 나무 팔을 들어 나폴레옹을 향해 경례까지 했으니 충분히 그럴 만도 했죠. 장난기가 발동한 나폴레옹은 체스를 두면서 일부러 규칙에 어긋나는 수를 시도해봤는데, 기계가 용케 알아차리고 원래 위치로 되돌려놓았다고 합니다. 다시 한번 시도하자 이번에는 체스판을 모두 엎어버렸다고 해요. 당대 유럽의 최고 권력자인 나폴레옹을 앞에 두고 자칫 큰일 날 행동이었고, 이를 지켜보던 관객들조차 두려움에 떨었으나 정작 나폴레옹은 이 당돌한 기계를 무척 좋아했다고 전해집니다. 이후 다시 제대로 체스를 두기 시작한 나폴레옹은 이 기계에게 19수 만에 패합니다.

유럽에서 인기를 끌던 메케니컬 터크는 1826년, 드디어 미국으로 건너가 뉴욕에서 전시장을 엽니다. 이 즈음에 《검은 고양이》로 유명한 미국의 추리소설가 에드거 앨런 포Edgar Allan Poe, 1809~1849의 눈에 띄죠. 포는 이 기계에 정교한 사기가 있을 거라 예상했고 체스 두는 인형에 관한 에세이를 출판합니다. 포는 기계가 체스를 둔다는 사실이 얼마나 놀라운 일인지 정확하게 인식했습니다.

당시는 아직 컴퓨터가 등장하지도 않았고 메케니컬 터크와 체스를 두기도 했던 영국의 수학자 배비지가 사칙연산이나 겨우 해낼 수준의 아이디어를 구상하던 시절이었습니다. 배비지는 수학 계산을 쉽게 하기 위해 자동으로 계산하는 기계, 그러니까 오늘날 컴퓨터의 원형을 고안하고 설계까지 마쳤지만 당시에는 기술의 한계로 구현할 수도 없던 시절이었죠. 컴퓨터를 향한 열망이 얼마나 가득했던지 배비지는 "500년 후의 미래를 단 3일만 구경할 수 있다면 여생을 포기하겠다"라고 말하기도 했습니다. 하지만 결국 살아생전에는 그가 그토록 염원했던 자동으로 계산하는 기계를 만들어낼 수 없었죠. 그런데 체스를 둘 줄 아는 자동기계라니요? 무엇보다 체스는 최고의 두뇌를 상징하는 고도로 복잡하고 지적인 게임입니다. 게임에 필요한 판단력을 생각한다면 기계가 이런 일을 해낸다는 것은 기적이나 마찬가지였죠.[1]

게다가 포는 만일 체스를 둘 줄 아는 기계가 존재한다면 이 기계는 실수하지 않고 항상 우승해야 한다고 주장했죠. 하지만 메케니컬 터크는 가끔 지기도 했습니다. 이는 인간의 불완전함을 고스란히 반영한 결과라는 거죠. 물론 이는 틀린 주장이긴 합니다. 알파고가 이세돌에게 한 번 패했던 것처럼 실수하지 않는 기계라고 항상 우승하는 것은 아니기 때문이죠. 하지만 지금의 컴퓨터가 적어도 계산 실수는 절대로 하지 않는다는 점을 감안해볼 때 포의 추측에는 당시로서는 보기 드문 통찰력이 담겨 있었습니다.

나무 팔이 체스 말을 집어 정확한 위치에 옮기는 것도 기적 같은 일입니다. 사실 지금도 매우 어려운 일이죠. 어린아이도 하는데 뭐가 어렵냐며 반문할 수도 있겠지만, 카네기멜론대학교의 한스 모라벡 Hans Moravec, 1948~ 교수는 "어려운 것은 쉽고, 쉬운 것은 어렵다"라는 **모라벡의 역설** Moravec's Paradox을 주장합니다. 다섯 살배기 아이한테는 쉬운 일이 기계한테는 어렵고, 반대로 기계한테는 쉬운 일이 인간에게는 어려운 상황을 말하죠. 체스 말을 옮기는 작업도 일종의 모라벡의 역설에 해당합니다. 아이는 체스 말을 옮기는 일 정도는 쉽게 할 수 있지만, 기계가 체스 말을 인지하고 체스판의 구조를 파악해 원하는 위치에 말을 정확하게 두게 하기는 정말 어렵습니다.

그렇다면 체스를 두는 이 자동기계의 정체는 과연 무엇이었을까요? 놀랍게도 80여 년 동안이나 비밀을 간직한 채 전 세계를 돌며 인

기를 끌었던 이 기계의 비밀은 바로 사람이었습니다. 포는 나무 인형 안에 사람이 있을 거라 예측했지만 실제로는 기계 내부에 사람이 들어앉아 있었습니다. 나중에 밝혀진 바에 따르면, 유럽에서 미국으로 건너갈 때도 기계 안에 숨겨진 체스 마스터가 항상 함께했다고 합니다. 그 좁은 기계 안을 비집고 들어가 아무도 모르게 체스를 두던, 실력이 매우 뛰어난 사람이었죠. 80여 년 동안 기계의 주인이 여러 차례 바뀌었고, 기계 내부에서 체스를 두던 체스 마스터가 적어도 6명은 있었던 걸로 알려져 있습니다. 그중에는 체스 책을 출판할 정도로 뛰어난 실력의 소유자도 있었고, 비좁은 기계 안에 몸을 맞추기 위해 다리를 잃은 사람(대포 폭발 사고로 절단된)도 있었습니다. 그런데 유럽에서 미국까지 함께 동행했던 마지막 체스 마스터가 쿠바의 하바나에 도착했을 때 안타깝게도 황열병에 걸려 죽고 맙니다. 이제 메케니컬 터크는 더 이상 체스를 둘 수 없게 됐습니다. 상심한 메케니컬 터크의 소유주는 유럽으로 다시 돌아가던 중, 이 기계를 선장에게 맡긴 채 바다에 몸을 던져 스스로 생을 마감하고 맙니다. 주인을 잃은 기계 또한 미국의 한 박물관 구석에 보관되어 오다 1854년 박물관에 화재가 나면서 완전히 소실되고 말죠.

전 세계를 돌며 인기를 끌었던, 마치 인공지능 같았던 메케니컬 터크는 이처럼 실제로는 사람의 지능을 이용한 정교한 사기였습니다. 유럽과 미국을 오가는 와중에도 들키지 않고 포를 포함한 여러 유명 인사의 호기심을 자극하며 마술 쇼를 벌였지만, 끝내 비극적인 최후를 맞이하고 말았죠.

메케니컬 터크는 당시 최초의 인공지능 기계처럼 보였지만 진짜가 아니었습니다. 실제로 인공지능이라는 개념은 이로부터 200여 년이 더 흐른 뒤에야 등장하죠. 그렇다면 인간이 들어앉아 기계를 모사하는 가짜 인공지능이 아니라 쇳덩어리 기계가 인간의 자리를 호시탐탐 엿보는 진정한 인공지능의 시초는 언제부터일까요?

진정한 인공지능이 등장하다

1956년 다트머스대학교에서 '지능을 가진 기계'를 주제로 학술회의가 열립니다. 이곳에 모인 학자들이 처음으로 '인공지능'Artificial Intelligence이라는 용어를 고안하고 사용합니다. 이후 인공지능은 세상으로부터 엄청난 주목을 받습니다. 인공지능으로 번역도 하고(제6장 참조), 챗봇도 만들고(제7장 참조) 뭐든지 할 수 있을 것만 같았습니다. 인간의 두뇌 구조를 본뜬 **인공 신경망**Artificial Neural Network 모델도 등장합니다.

인공 신경망의 초기 모델은 **퍼셉트론**Perceptron입니다. 인공지능이라는 용어가 등장하고 바로 뒤이어 1958년에 등장합니다. 퍼셉트론은 당시 코넬 항공 연구소에 근무하던 프랭크 로젠블랫Frank Rosenblatt, 1928~1971이 해군의 지원을 받아 고안해냈습니다. 인간 두뇌는 뉴런이 서로 연결된 상태로 전기신호를 내보내며 정보를 전달한다는 데 착안해, 그와 비슷한 형태로 인공 뉴런이 연결된 구조의 인공 신경망을 구현해낸 것입니다. 당시 자금을 지원한 해군은 기자 회견까지 열며, 해군이 앞으로 인공지능 컴퓨터를 보유할 것이라는 기대감에 들떴습니다.

하지만 아쉽게도 당시는 아직 너무 이른 시절이었습니다. 퍼셉트론으로는 풀 수 없는 문제가 많았고, 복잡한 신경망을 제대로 학습할 수 있는 방법도 알지 못했습니다. 이렇듯 제대로 된 쓰임새를 찾지 못하자 퍼셉트론은 사람들의 기억에서 점점 잊혀갔습니다. 이후 초창기 인공지능에서는 규칙 기반 모델이 대세가 되었습니다.

퍼셉트론, 1958   프랭크 로젠블랫 1928-1971

규칙 기반, 인공지능을 구현하다

일찍이 배비지의 설계를 따라 컴퓨터가 등장하기도 전에 컴퓨터 프로그래밍의 기본 개념을 정립한 이가 있었습니다. 바로 영국의 낭만파 시인 조지 고든 바이런George Gordon Byron, 1788~1824의 딸이자 세계 최초의 프로그래머로 알려진 **에이다 러브레이스**Ada Lovelace, 1815~1852가 그 주인공입니다. 그녀는

에이다 러브레이스

아직 컴퓨터가 등장하기도 전인 19세기에 "기계가 앞으로는 정교하게 작곡도 할 것이다"라며 당대에는 상상하기 힘든 예측까지 했습니다. 인공지능의 등장에 대해서도 조심스럽게 의견을 내지만 이내 인공지능의 가능성을 일축하며 "기계는 인간이 시키는 일만 한다. 어떤 해석 관계나 진실을 예측할 능력은 없다"라며 정리합니다. 이처럼 기계는 시키는 일만 한다는 생각은 후대에도 고스란히 영향을 끼칩니다. 이는 전통적인 방식의 컴퓨터 프로그래밍 개념으로 이어졌죠.

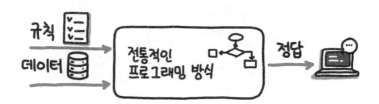

프로그래밍이란 규칙과 데이터를 입력해 정답을 출력하는 과정을 말합니다. 파스칼이라는 프로그래밍 언어를 고안한 스위스의 컴퓨터 과학자 니클라우스 비르트Niklaus Wirth, 1934~가 1976년에 쓴 책 제목, 《알고리즘 + 자료구조 = 프로그램》에서 알 수 있듯, 애초에 프로그램이란 알고리즘으로 대표되는 규칙과 자료구조로 대표되는 데이터의 결합이죠. 기계는 인간이 시키는 일만 한다는 러브레이스의 주장이 알고리즘이란 규칙으로 반영되어 있습니다.

초기에는 인공지능 또한 이 범주를 벗어나지 못했습니다. 인공지능처럼 작동하기 위해서는 **if-then 규칙**이라 부르는 수많은 규칙을 사람이 일일이 입력해야 했죠. 기계는 이렇게 인간이 입력한 일만 했습니다.

> **if** 신호등이 녹색이라면,
> **then** 길을 건너라.
> **if** 신호등이 빨간색이라면,
> **then** 길을 건너지 마라.

이러한 if-then 구조는 컴퓨터 프로그래밍을 접해봤던 분들이라면 아마 익숙한 규칙일 텐데요. '만약 __이라면 __이다'라는 조건문은 초기에 인공지능 기술이 가장 많이 활용했던 방법이기도 합니다. 수많은 조건을 거쳐 결론을 이끌어내는 규칙 기반의 인공지능은 모두 이 같은 if-then 규칙을 활용했죠. 물론, 컴퓨터는 단 한 개의 규칙도 스스로 만들어 내지 못합니다.

사람이 모든 규칙을 일일이 입력해야 했지만 그럼에도 불구하고 규칙 기반은 제법 훌륭하게 작동했습니다. 이 때문에 기계번역(제6장 참조)을 비롯한 수많은 응용 프로그램도 초창기에는 대부분 규칙 기반으로 구현됐습니다. 그리고 곧 괜찮은 성과를 내리라는 장밋빛 희망으로 가득했죠. 그러나 규칙으로 인공지능을 만들어내겠다는 시도는 이내 한계에 부딪히고 맙니다.

3~8년 안에, 평균적인 인간의 지능을 보유한 기계가 등장할 것입니다. 셰익스피어 희곡을 읽고, 자동차에 윤활유를 넣고, 사무실에서 정치를 하고, 농담을 하고, 싸움을 할 수 있는 기계를 말하는 것입니다. 이 시점에 기계는 놀라운 속도로 스스로 학습하기 시작할 것입니다. 몇 달 내에 천재 수준에 도달하고, 또 그 몇 달 뒤에는 계산할 수 없을 정도로 능력을 갖게 될 것입니다.[2]

이런 섬뜩한 주장은 공상과학소설에 나오는 어느 미친 과학자의 얘기가 아닙니다. 인공지능의 창시자 중 한 명인 MIT의 마빈 민스키 Marvin Minsky, 1927~2016 교수가 1970년 예측한 내용이죠. 그가 얘기한 대로라면 1980년이 오기 전에 이런 일이 일어났어야 했지만 1956년에 인공지능이란 용어가 등장하고, 그 후로 30여 년이 흐른 시점에도 주변에 인공지능 같아 보이는 건 아무것도 없었죠. 제가 어렸을 때에도 2000년대가 오면 세상의 모든 자동차가 하늘을 날아다닐 거라고 전망했지만 오늘날에도 하늘을 날아다니는 자동차는 단 한 대도 없습니다. 이렇듯 허황된 예측과 인공지능에 대한 막연한 미래는 이내 사람들을 실망시켰고, 이 때문에 인공지능 연구는 수십 년간 암흑기를 겪습니다.

이렇게 인공지능이 암흑기에 빠져든 데는 if-then 규칙의 한계와도 무관하지 않습니다. 초기에는 이 방식이 얼핏 잘 통하는 것처럼 보였지만 사람이 일일이 규칙을 입력하는 방식은 한계가 분명했기 때문이죠. 규칙에서 벗어나는 경우에는 제대로 된 추론도 하지 못했습니다.

머신러닝, 스스로 규칙을 찾아내다

1980년대 들어 **머신러닝**Machine Learning, 우리말로 '기계학습'이라고 부르는(이 책에서는 '머신러닝'으로 부르기로 합니다) 알고리즘을 활용하면서 인공지능 분야는 다시 성과를 내기 시작합니다.

머신러닝이란 말 그대로 기계Machine가 스스로 학습하는Learning 방식입니다. 이제 더 이상 사람이 규칙을 입력하지 않습니다. 그 대신

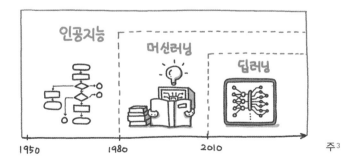

컴퓨터가 데이터에서 스스로 규칙을 찾아냅니다. 더구나 사람이 찾아내지 못하는 규칙도 컴퓨터가 학습을 거쳐 찾아낼 수 있게 되었죠.

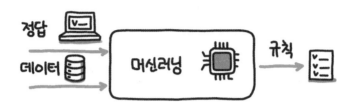

변형에 따른 무수한 변칙까지도 데이터를 이용해 모두 찾아낼 수 있게 되면서 규칙에서 벗어난 결과도 추론할 수 있게 됐습니다. 이처럼 머신러닝이 성과를 내기 시작하면서 인공지능은 점점 더 위력을 발휘하기 시작합니다.

2000년대 초반까지만 해도 아무도 인공 신경망을 주제로 논문을 쓰려고 하지 않았습니다. 성과가 나지 않는다는 이유에서였죠.[4]

2014년 캐나다 몬트리올에서 열린 지능정보처리학회NIPS에서 딥러닝의 대가인 몬트리올대학교의 요슈아 벤지오Yoshua Bengio, 1964~ 교수가 털어놓은 얘기입니다. 인공 신경망은 2000년대 초반까지만 해도 수십 년 동안 잊힌, 주목받지 못하는 알고리즘이었습니다. 아무도 인공 신경망 연구에 관심을 두지 않았죠. 하지만 극히 일부 연구자들은 끝까지 연구를 이어갔습니다. 그리고 이후 스스로 규칙을 찾아내는 머신러닝의 시대가 열리면서 인공 신경망 연구도 점차 활기를 띠기 시작합니다. 무엇보다 2010년대 들어 인공 신경망은 본격적인 부활의 날갯짓을 펼칩니다. 이미지 인식 분야에서부터 인공 신경망을 쓰기 시작했죠.

2010년 스탠퍼드대학교의 페이페이 리Fei-Fei Li/李飛飛, 1976~ 교수는 약 100만 장의 이미지를 1,000개의 카테고리로 분류하는 '이미지넷 대규모 시각 인식 챌린지'ILSVRC를 주최합니다. 사람이 직접 분류한 이미지와 기계가 자동으로 분류한 이미지가 얼마나 일치하는지를 겨루는 대회였죠. 여기서 '사람이 직접 분류하는' 일은 메케니컬 터크를 이용해 진행했습니다.

250년 전 사람이 직접 들어가 체스를 두었던 그 자동기계 이름이 맞습니다. 메케니컬 터크가 250년 만에 부활했습니다. 인공지능을 위한 기초 데이터를 '사람'이 직접 만들어내는 아마존의 새로운 서비스로 말이죠.

그렇게 탄생한 **아마존 메케니컬 터크**Amazon Mechanical Turk는 데이터를 생산하는 플랫폼 서비스가 되었습니다. 인공지능을 위한 데이터를 사람이 직접 만들어낸다는 점에서 원래 메케니컬 터크의 작동 원리와도 일맥상통하는 데가 있죠. 이미지넷은 아마존 메케니컬 터크의 도움을 받아 사람들이 직접 분류한 수천만 장의 이미지 데이터를 구축할 수 있었습니다. 비록 최초의 메케니컬 터크는 비극적인 운명을 맞이하고 말았지만 그 이름은 남아 새로운 서비스의 이름으로 생명력을 얻게 되었죠.

이미지넷 대회의 정확도는 매년 1~2%씩 올라갔습니다. 첫 해에는

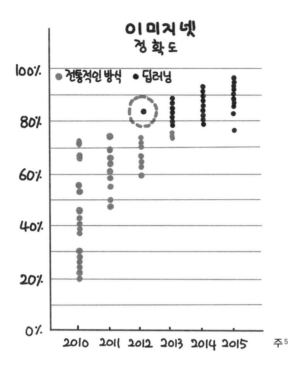

이미지넷
정확도

100%   ● 전통적인 방식   ● 딥러닝

80%

60%

40%

20%

0%
    2010 2011 2012 2013 2014 2015   주5

72%, 이듬해에는 74% 정도였죠. 그런데 대회를 진행한 지 불과 2년 만인 2012년에 놀라운 일이 벌어집니다. 토론토대학교의 **제프리 힌튼**Geoffrey Hinton 교수팀이 무려 84.7%의 정확도를 보이며 우승을 차지합니다. 전년도 우승팀에 비해 월등히 높은 수치였고, 2등과도 무려 10% 이상의 격차를 보였습니다. 일반적으로 상위권에서는 정확도를 단 1% 올리는 일조차 2배 이상의 노력이 든다는 점을 감안한다면, 그야말로 혁신적인 사건이었죠.

힌튼 교수팀이 사용한 방식은 **딥러닝**Deep Learning이었습니다. 메케니컬 터크가 아마존에서 새로운 이름으로 생명력을 얻은 것처럼, 오랫동안 잊혀왔던 인공 신경망이 기술의 발전과 함께 딥러닝이라는 새로운 이름으로 재탄생한 것이었죠. 당연히 이후에는 모든 참가팀이 딥러닝을 이용하면서 본격적으로 딥러닝의 시대가 열립니다. 2014년 이후에는 모든 참가팀이 딥러닝을 이용하죠.

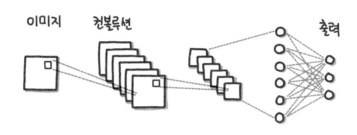

제프리 힌튼 교수팀이 사용한 방법은 그림처럼 컨볼루션Convolution 기법(제2장 참조)을 사용한 딥러닝이었습니다. 모델의 이름은 논문 저자의 이름을 딴 알렉스넷AlexNet이었는데, 이미 1998년에 **얀 르쿤**Yann LeCun, 1960~이 정립한 컨볼루션 신경망과 크게 다르지 않은 구조였습니다.

사람들의 기억 속에서 오랫동안 잊혔던 인공 신경망은 이미지넷과 컨볼루션을 만나 딥러닝이라는 새로운 이름으로 놀라운 성과를 내기 시작합니다. 이때 힌튼 교수팀의 위세가 얼마나 대단했는지, 재밌는 일화가 있습니다.[6]

힌튼 교수팀은 대회 직후인 2012년, 딥러닝 회사 DNN리서치 DNNresearch를 창업합니다. 회사라고는 하지만, 소속 직원은 힌튼 교수와 알렉스넷 논문을 함께 쓴 그의 제자 단 2명뿐이었습니다. 하지만 딥러닝의 가능성을 일찍이 알아차린 바이두Baidu는 창업한 지 불과 몇 개월밖에 되지 않은 이 회사를 무려 1,200만 달러라는 금액을 제시하며 인수합병을 제안합니다. 하지만 이미 다른 회사들도 힌튼의 회사에 눈독을 들이고 있었고, 곧이어 인수 경쟁이 시작됩니다. 여기에는 구글과 마이크로소프트 그리고 당시에는 스타트업이었던 딥마인드DeepMind도 뛰어듭니다. 자금력이 부족했던 딥마인드는 현금 대신 지분 양도를 제안했지만, 힌튼 교수팀은 딥마인드의 제안을 단박에 거절했습니다. 이후 딥마인드는 구글에 인수되고 2016년에는 우리 모두가 잘 아는 알파고를 만듭니다. 만약 당시 힌튼이 딥마인드의 지분을 받는 쪽을 택했다면 지금쯤 훨씬 더 많은 돈을 벌게 되었을지도 모르죠.

어쨌든 그렇게 여러 업체가 인수합병 경쟁에 뛰어들면서 기업 가치가 급격히 치솟습니다. 1,500만 달러에 시작한 가격은 금세 2,200만 달러까지 올랐고, 마이크로소프트가 가장 먼저 인수를 포기합니다. 이제 남은 회사는 구글과 바이두, 두 기업의 경쟁이 다시 불붙자 힌튼 교수팀의 가치는 2,500만 달러에서 3,500만 달러, 마지막에는 4,400만 달러까지 올라갑니다. 힌튼은 당시 심정을 "영화를 찍는 느낌"이라고 표현했죠. 아직 이렇다 할 결과물이 없는 직원 3명의 회사를 우리 돈 500억 원에 인수하겠다고 세계 최고의 기업들이 달려드니 누구라도 그런 생각을 할 겁니다.

결국 구글을 택한 힌튼은 2012년 구글에 합류합니다. 이후에는 잘 알다시피 구글은 딥마인드도 인수합니다. 딥마인드도 직원 수가 50명이 채 안 되는 작은 회사였지만 구글은 딥마인드에 무려 7,000억 원에 가까운 금액을 투자합니다. 2016년에 딥마인드가 알파고로 이세돌에게 승리한 직후 구글은 시가 총액이 58조 원이나 더 늘어나면서 자신들이 옳았다는 것을 증명했죠. 하지만 당시에는 상당히 파격적인 결정이어서 모두를 놀라게 했습니다.

힌튼과 함께 DNN리서치를 창업하고 구글에 합류했던 두 제자 중한 명인 일리야 수츠케버Ilya Sutskever, 1986~는 2016년에 비영리 인공지능연구소인 오픈AI로 이직합니다. 이때 당시 세금 신고 기준으로 연봉이 공개되는데, 우리 돈으로 무려 25억 원이 넘었습니다. 당시에 수츠케버의 나이는 고작 30세에 불과했고, 그가 몸담은 회사 또한 기업이 아닌 비영리 민간연구소였음에도 어마어마한 연봉을 받았죠.

이렇게 모여든 엄청난 돈이 증명하듯 딥러닝은 화려하게 부활해 인공지능을 대표하는 알고리즘으로 자리 잡습니다. 특히 컨볼루션과함께 이미지 인식은 딥러닝의 꽃이라 할 수 있죠. 이미지 인식은 딥러닝 기술이 가장 좋은 성과를 내고 있는 분야 중 하나로, 자율주행차에서 카메라를 통해 주변 사물을 인식하는 데에도 적극적으로 쓰이고 있습니다. 오늘날 자율주행차가 카메라로 사물을 인식하는 수준은 인간을 능가하는 차원에 도달했다 해도 과언이 아닙니다. 2017년에는 이미지넷 대회에 참가한 38개 경쟁팀 중 무려 29개 팀이 95% 이상의 정확도를 보이며 모든 팀이 인간을 능가하는 수준에 이르자, 이제 이 문제는 완전히 해결한 것으로 보고 2017년을 끝으로 대회가 중단됩니다.

인공 신경망은 1950년대에 등장했으나 오랫동안 잊힌 알고리즘이었습니다. 퍼셉트론을 만들어낸 로젠블랫 또한 불운한 운명을 맞이했죠. 그는 1971년, 불과 43세의 나이에 보트 사고로 사망합니다. 일각에서는 오랜 기간 연구 성과를 내지 못하고 자금 지원도 끊기다시피하자 스스로 사고를 내 자살한 것으로 보기도 했죠. 그러나 인공 신경망은 죽지 않고 끝까지 살아남았습니다. 2012년 이미지넷에서 좋은 성과를 내고, 2016년에는 알파고가 이세돌 9단을 꺾으며, 무려 60여 년이라는 오랜 세월의 풍파를 견뎌낸 후 인공 신경망은 마침내 결실을 맺습니다.

인공지능의 핵심기술, 딥러닝의 등장

딥러닝이 왜 이렇게 갑자기 잘 작동하게 되었을까요? 그 이유로 무엇보다 알고리즘의 발전을 들 수 있습니다. 과거 인공 신경망 시절에는 해결할 수 없는 문제도 많았고, 제대로 학습하는 방법도 알지 못했습니다. 그러나 끝까지 연구를 이어온 일부 연구자 덕분에 제대로 학습하는 방법을 찾아냈고, 딥러닝이라는 새로운 이름을 부여하죠.

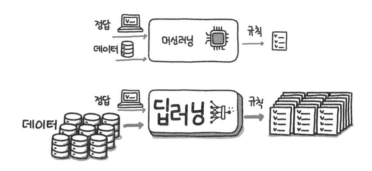

딥러닝은 머신러닝의 일종으로, 머신러닝과 비슷한 방식으로 작동합니다. 데이터와 정답을 입력하면 스스로 규칙을 찾아내죠. 여기까지는 머신러닝과 동일합니다. 그러나 딥러닝은 기존의 머신러닝에 비해 훨씬 더 크고 풍부한 역량을 지닌 모델입니다. 훨씬 더 많은 데이터를 학습할 수 있고, 훨씬 더 풍부한 규칙을 찾아낼 수 있다는 얘기죠. 이러한 딥러닝의 특징이 돋보이는 분야가 바로 기계번역(제6장 참조)입니다. 요즘 기계번역은 마치 전문 번역가가 직접 작업한 듯 자연스러운 번역문을 생성해내죠. 딥러닝 모델이 기존에 비해 훨씬 더 풍부한 번역 규칙을 찾아낸 덕분입니다.

그렇다면 딥러닝은 어떤 원리로 작동할까요? 딥러닝은 인간 두뇌의 작동 구조를 본떠 만든 인공 신경망의 새로운 이름입니다. 인간의 두뇌는 무수히 많은 뉴런으로 구성되어 있죠. 이를 물리적인 형태로 만들어낸다면 다음 페이지에 나오는 그림과 같은 기계에 비유할 수 있습니다.

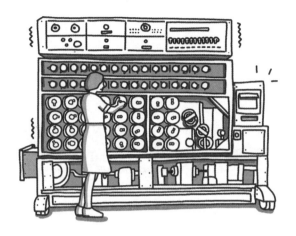

이는 엄청나게 많은 다이얼이 달린 거대한 수학 구조물과 비슷합니다. 저 다이얼 하나하나가 두뇌의 뉴런 역할을 한다고 보면 됩니다. 각각의 다이얼은 원하는 출력값이 되도록 가중치를 조절하는 역할을 합니다. 예를 들어 첫 번째 다이얼은 가장 작은 값을 조금 더 높이고, 두 번째 다이얼은 가장 큰 값을 살짝 더 낮추는 식이죠. 그런데 엄청나게 많은 다이얼이 달려 있습니다. 이 많은 다이얼을 어떻게 조절해야 할까요?

입력 데이터를 넣고 다이얼을 조절하면서 결과물을 확인한 후, 다시 조금씩 다이얼을 돌려 원하는 결과와 최대한 비슷하게 나오도록 조절하면 됩니다. 물론 이 작업을 사람이 직접 하지는 않습니다. 데이터를 잔뜩 집어넣고 학습을 거쳐 자동으로 조절합니다. 처음에는 다이얼 값을 무작위로 설정하지만 학습을 진행하면서 점점 모든 다이얼이 정답에 가까워지도록 바뀌어갑니다.

모든 데이터가 정답에 가장 가까운 상태를 찾아 더 이상 다이얼을 조절할 필요가 없다면 비로소 학습이 끝나죠. 이런 과정을 거쳐 모든 데이터가 정답에 가장 가까워지는 최적의 다이얼 위치가 결정됩니다. 데이터가 많을수록 훨씬 더 정교하게 조절할 수 있음은 물론, 다이얼이 많을수록 훨씬 더 풍부하게 표현할 수 있는 모델이 되겠죠. 앞서 딥러닝이 많은 데이터로 풍부한 규칙을 찾아낸다는 얘기가 바로 이런 뜻입니다.

그런데 이 점은 장점이자 단점도 됩니다. 조절할 수 있는 다이얼이 너무 많다면 도대체 무슨 일이 일어나고 있는지, 몇 번째 다이얼로 인해 이런 결과가 나오는지 제대로 파악하기가 어렵기 때문입니다. 마치 인간의 생각을 이해하고 싶다며 두뇌를 분해해 무수히 많은 뉴런을 하나하나 조사해봐야 아무것도 이해할 수 없는 것과 마찬가지입니다.

딥러닝 언어 모델 중 하나인 GPT-3(제6~7장 참조)는 이런 다이얼 역할을 하는 매개변수가 1,750억 개나 있습니다. 인간의 뇌는 약 1,000억 개의 뉴런을 갖고 있다고 하니 단순히 개수로만 따지면 이미 인공 신경망이 인간의 두뇌보다 더 복잡한 셈입니다. 물론 인공 신경망의 매개변수와 인간 두뇌의 뉴런이 같은 역할을 한다고 보기는 어렵습니다. 게다가 뉴런을 연결하는 접합부인 시냅스는 100조 개나 있습니다. 이 때문에 일각에서는 매개변수도 100조 개는 되어야 인간과 비슷한 성능을 갖출 것이라고 주장하는 학자들도 있습니다. 물론 언젠가는 이 수치에 도달하는 거대한 인공 신경망이 등장하겠지만 중요한 점은 수많은 매개변수 중에서 한두 개쯤 작동 원리를 알아낼 수는 있어도 모든 매개변수의 원리를 이해하는 것은 불가능에 가깝다는 겁니다.

인공지능 연구 초기에는 시스템이 왜 그런 결정을 내렸는지 이유를 설명할 수 있어야 한다는 해석 가능성Interpretability을 매우 중요하게 생각했습니다. 이 때문에 논리적인 절차를 분석해 결정한 이유를 알아낼 수 있는 if-then 규칙 기반 시스템이 대세를 이뤘죠. 그러나 마이크로소프트의 연구소장 크리스 비숍Chris Bishop, 1959~은 능숙한 엔지니어가 인공지능의 추론 과정을 분석한다 해도 이제 의미 없는 일일 가능성이 높다고 얘기합니다.[7] 왜냐하면 지금의 인공지능은 더 이상 인간이 해석할 수 있는 규칙을 거쳐 결론에 도달하는 것이 아니기 때문이죠. 과거에 규칙 기반은 이해가 쉬웠지만 성능은 실망스러웠습니다. 지금처럼 뛰어난 성능을 내기 위해서라면 해석이 어려운 약점 정도는 받아들일 수 있다는 거죠.

지금까지 알고리즘의 발전사를 살펴봤습니다. 그렇다면 딥러닝은 단순히 알고리즘의 발전만으로 이렇게 온전하게 작동할까요? 그렇지 않습니다. 흔히 인공지능이라고 하면 알고리즘을 떠올리지만 지금의 인공지능은 알고리즘만으로 구현된 게 결코 아닙니다.

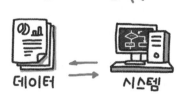

알고리즘, 데이터, 시스템의 삼박자가 함께 어우러져 발전한 결과죠. 축구 경기에서 좋은 공격수만 있다고 해서 우승할 수는 없습니다. 훌륭한 수비수와 골키퍼가 함께

있어야 하죠. 지금의 인공지능이 성과를 내고 있는 것은 이 모든 것이 조화롭게 발전한 결과입니다.

인공 신경망 알고리즘은 벌써 60여 년 전에 등장했습니다. 하지만 데이터와 시스템은 불과 얼마 전까지도 제대로 갖춰지지 못했습니다. 이 때문에 제대로 된 성과를 낼 수 없었죠.

데이터, 인공지능의 원유

지금으로부터 약 10여 년 전으로 거슬러 올라가 보죠. 2012년, 세계 경제포럼은 떠오르는 10대 기술 중 첫 번째로 빅데이터를 선정했습니다.[8] 그 뒤를 바이오, 식량, 나노기술, 화학 등이 잇고 있으니 당시에도 IT 분야를 이미 가장 중요한 기술로 선정한 셈입니다. 하지만 '빅데이터가 도대체 무엇이냐?'는 비판이 상당했습니다. 단순히 많은 데이터를 모아두는 것이 왜 바이오, 식량보다도 훨씬 더 중요한 기술이냐는 질문이었죠. '구슬이 서 말이라도 꿰어야 보배'라는 말처럼 당시에는 정작 데이터를 제대로 활용할 수 있는 기술이 턱없이 부족했습니다. 서 말이나 되는 구슬을 제대로 꿰어낼 수가 없었죠.

1907년 통계학자 프랜시스 골턴Francis Galton, 1822~1911은 과학 학

술지《네이처》Nature에 논문을 한 편 제출합니다.[9] 논문은 영국의 항구도시 플리머스에서 열린 가축박람회에서 일어난 한 일화를 담고 있었습니다.

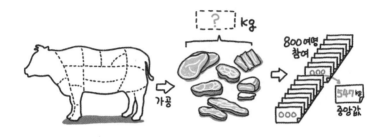

당시 가축박람회 행사의 일환으로, 커다란 황소 한 마리를 무대 위에 올려놓고 도축한 다음 고기 중량을 알아맞히는 이벤트를 진행했습니다. 참가자들은 6펜스를 내고 티켓에 이름, 주소와 함께 무게를 추정한 숫자를 기입해 제출했죠. 약 800여 명의 관객이 이벤트에 참여했고, 이벤트가 끝난 후 골턴은 관객이 제출한 추정치의 중앙값을 분석했습니다. 여기서 중앙값이란 전체 데이터를 순서대로 정렬했을 때 정중앙에 위치하는 값을 말합니다. 예를 들어 1, 2, 4, 7, 10의 5개 숫자가 있다면 이 중에서 가장 중앙에 있는 4가 중앙값이 됩니다. 이 방식으로 중앙값을 분석했더니 547kg이 나왔습니다. 그렇다면 실제로 손질된 고기의 무게는 얼마였을까요? 고기의 무게는 543kg이었습니다. 놀랍게도 골턴이 찾아낸 대중의 추정치는 정답과 불과 4kg 밖에 차이가 나지 않았습니다.

골턴은 이 논문에 '복스 포풀리'Vox Populi라는 라틴어 제목을 붙였는데, 이는 '인민의 목소리'라는 뜻으로, 오늘날《더 뉴요커》의 논설위원 제임스 서로위키James Surowiecki, 1967~의《대중의 지혜》라는 책을 통해 집단 지성Collective Intelligence 또는 **대중의 지혜**The Wisdom of Crowds라는 개념으로 널리 알려져 있습니다. 이는 다양한 집단의 데이터가 많이 모이면 소수 전문가의 의견보다 더 정답에 가까운 결과를 얻어낼 수 있다는 원리입니다. 즉 평범한 다수는 탁월한 소수보다 훨씬 더 현명할 수 있다는 증명으로, 이것이 바로 데이터의 힘이죠.

2001년 마이크로소프트의 연구자들은 충분한 데이터만 있으면 어떠한 알고리즘을 거치든 관계없이 정확도가 높아진다는 관점의 논문을 발표합니다.[10]

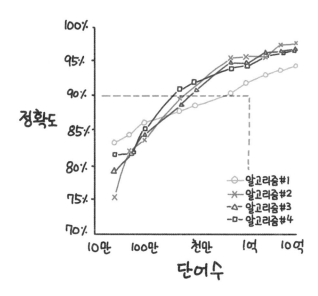

논문에서는 자연어 처리 문제에 여러 알고리즘을 적용해 실험한 그래프를 보여주는데요. 단어 수가 10만 개일 때 알고리즘 #1의 정확도는 거의 85%, 알고리즘 #2의 정확도는 75%로 거의 10% 가까이 차이가 납니다. 하지만 입력 단어의 수를 늘리면 어떤 알고리즘을 쓰든 정확도가 점점 향상되기 때문에 결국 알고리즘보다는 데이터의 차이가 훨씬 더 정확도를 높일 수 있음을 증명하죠. 즉 복잡한 문제일수록 좋은 알고리즘을 찾아서 문제를 해결하기보다는, 복잡성을 인정하고 거대한 데이터의 힘을 활용해 문제를 해결하는 게 훨씬 더 합리적이라는 얘기죠. 데이터의 중요성을 잘 보여준 이 논문을 계기로 이후에 인공지능에서 데이터가 중요하다는 믿음이 널리 퍼집니다.

2009년 구글의 인공지능 연구 디렉터인 피터 노빅Peter Norvig, 1956~도 〈믿을 수 없는 데이터의 효과〉The Unreasonable Effectiveness of Data라는 유명한 논문에서 "많은 데이터를 가진 간단한 모델이 적은 데이터를 가진 정교한 모델보다 더 뛰어나다"라고 주장했습니다. 머신러닝의 대가인 스탠퍼드대학교의 앤드류 응Andrew Ng, 1976~ 교수 또한 이 점을 동일하게 강조[11]합니다. 이제는 데이터 중심으로 접근해야 훨씬 더 좋은 성능을 낼 수 있다는 거죠.

2012년에 빅데이터는 거품 논란이 일었고, 꿰지 못한 서 말의 구슬에 가까웠지만 오늘날 인공지능이 주목받고 있는 데는 빅데이터의 역할이 매우 큽니다. 인공지능의 성공은 데이터 증가의 성공이라 해도 과언이 아닐 정도죠. 데이터의 양이 증가하자 '믿을 수 없는 데이터의 효과'가 나타나 놀랄 정도로 정확도를 높일 수 있었습니다. 빅데이터가 아니었다면 이룰 수 없는 성과였죠.

시스템, GPU가 인공지능을 완성하다

1989년 르쿤이 신경망을 이용해 손으로 쓴 우편번호를 인식하고자할 때, 고작 10개의 숫자를 인식하기 위해 모델을 학습하는 데만 해도 거의 3일이 걸렸습니다. 이미 당시의 신경망 구조는 지금의 신경망과 크게 다르지 않았고 성능 또한 뛰어났지만, 시스템만큼은 지금과 큰 차이가 있었죠.

인텔의 공동 창업자 고든 무어Gordon Moore, 1929~는 1965년에 그 유명한 **무어의 법칙**Moore's Law을 내놓습니다. 반도체 집적회로의 성능은 2년마다 2배씩 증가한다는 것으로, 이 법칙은 오랫동안 컴퓨터 발전사에 통용되어옵니다. 얀 르쿤이 신경망을 처음 실험한 1989년의 시스템과 2021년의 시스템 사이에는 약 32년의 시간차가 있습니다. 단순히 무어의 법칙을 대입해보면 그동안 6만 5,536배 성능이 증가했을 겁니다. 3일이 걸렸던 당시 학습 과정을 지금의 시스템으로 바꾸면 4초 만에 끝낼 수 있다는 얘기죠. 이처럼 시스템의 발전은 딥러닝이 급속도로 발전하는 데 큰 역할을 합니다. 그런데 이뿐이 아닙니다. 전혀 예상치 못한 분야에서 등장한 또 다른 시스템이 인공지능의 폭발적인 성장을 견인해냅니다.

미국의 GPU 제조업체 엔비디아NVIDIA는 1998년 리바 TNT라는 그래픽 카드를 출시합니다. 그전까지만 해도 게임 그래픽 카드 시장에서는 3dfx라는 회사의 부두 시리즈가 독주하고 있었으나 리바 TNT는 폭탄을 연상케 하는 이름만큼이나 엄청난 성능을 발휘하며 게이머들의 마음을 사로잡죠. 엔비디아는 멈추지 않고 혁신을 거듭합니다. 1999년에는 지포스 그래픽 카드를 출시하면서 세계 최초의 GPUGraphics Processing Unit라고 홍보합니다. 이때부터 엔비디아는 사실상 그래픽 카드 시장을 독주하면서 지금에 이르죠. 이 회사가 만드는 제품은 게임 그래픽 카드입니다. 예전에는 3D 가속 카드로 부르기도 했죠. '둠'이나 '퀘이크'로 대표되는 3차원 게임의 가속을 위해서 게이머들은 이 카드를 추가로 구매해야 했거든요. 요즘도 '배틀그라운드' 같은 인기 FPS 게임을 하려면 여전히 게임 그래픽 카드가 필요합니다.

그런데 게임 그래픽 카드가 인공지능과 무슨 관련이 있을까요? 제가 카카오에 있을 때도 게임 그래픽 카드를 업무용으로 구매해달라던 한 개발자의 요청을 보고 의아해했던 기억이 납니다. "회사에서 게임을 하려고요?"라고 되물었는데, 알고 봤더니 인공지능 연구를 위한 거였죠.

그렇다면 게임 그래픽 카드는 어떻게 작동할까요? 우선 3차원 그래픽을 만드는 과정부터 살펴봐야 합니다. 3차원 그래픽을 표현하기 위해서는 먼저 3차원 공간에 좌표를 설정합니다. 이 공간에 점을 찍고 직선으로 이으면 기본적인 도형 형태가 드러나죠. 그다음에는 도형의 내부를 채웁니다. 이는 마치 컬러링북에 색을 칠하는 과정과 비슷합니다.

그런데 칠해야 할 지점이 수백만 개는 되고, 초당 수백 번은 새로 그려야 합니다. 아무리 빨리 칠한다고 해도 적지 않은 시간이 소요되겠죠. 하지만 이 과정을 차례대로 진행할 필요가 없다면 어떨까요? 붓 하나는 왼쪽을 칠하고, 다른 붓 하나는 오른쪽을 칠하는 식으로 작업한다면요? 붓을 한두 개만 사용하는 것보다는 수십 개를 들고 한꺼번에 칠한다면 훨씬 더 빨리 끝낼 수 있지 않을까요? 게임 그래픽 카드는 이처럼 바로 수천 개의 붓을 한꺼번에 손에 쥐여주는 역할을 합니다. 대신 빠르게 칠할 수 있는 좋은 붓은 아닙니다. 하나하나만 놓고 보면 빠르게 칠하기 어려운 저렴한 붓이지만 수천 개를 한꺼번에 칠할 수 있으니 전체적으로는 색칠 작업을 훨씬 더 빨리 끝낼 수 있습니다.

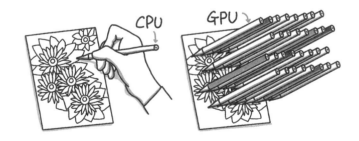

컴퓨터의 두뇌가 CPU인 것처럼, 게임 그래픽 카드의 두뇌는 GPU 입니다. CPU가 성능이 좋은 비싼 코어를 몇 개 장착한 구조라면, GPU는 상대적으로 성능이 떨어지는 저렴한 코어를 엄청나게 많이 꽂아둔 형태입니다. 저렴한 붓을 수천 개 갖고 있는 것과 같죠.

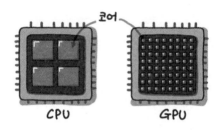

2020년에 나온 엔비디아의 게임 그래픽 카드인 RTX 3080은 이런 코어를 8,700개나 갖고 있습니다. 인텔의 최신 CPU인 코어 i7 프로세서의 코어가 8개 정도인 것에 비하면 엄청난 차이가 있죠. 물론 코어 각각의 성능은 더 떨어지지만 개수 차이가 워낙 많이 나기 때문에 GPU는 전체 작업을 더 빨리 처리할 수 있습니다. 이를 병렬연산이라고 하는데, 하나하나가 빠르지는 않지만 많은 작업을 동시에 진행하기 때문에 결과적으로는 더 빨리 처리할 수 있는 거죠.

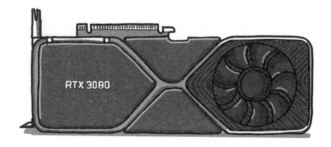

2004년 엔비디아는 스탠퍼드에서 GPU로 병렬연산을 연구하던 이언 벅Ian Buck을 채용합니다. 그리고 게임뿐만 아니라 다양한 분야에서 GPU를 활용할 수 있는 방법을 모색하죠. 이를 위해 **CUDA** Compute Unified Device Architecture라는 플랫폼을 발표합니다. 마이크로소프트가 DirectX를 출시하며 윈도우 게임 시대의 포문을 열어젖혔듯 엔비디아는 CUDA를 출시하면서 GPU를 이용한 병렬연산의 시대를 열었죠. CUDA의 등장으로 병렬연산이 필요한 대부분의 과학 계산에 엔비디아의 GPU가 이용되었습니다. 사실상 경쟁자가 없었고 이때부터 엔비디아의 독점이 시작됩니다.

많은 전문가가 놓치는 부분 중 하나는 바로 이 CUDA의 존재입니다. GPU는 엔비디아만 만들어낼 수 있는 건 아닙니다. 인텔도 만들고, AMD도 만들죠. 우리나라의 삼성전자도 만들 수 있습니다. 그럼에도 사실상 엔비디아의 독점 체제가 유지되는 이유는 CUDA의 존재 때문입니다. 사실상 모든 딥러닝 라이브러리가 CUDA를 우선으로 지원하고 있고 CUDA 플랫폼의 지원 또한 워낙 강력하기 때문에 CUDA를 지원하지 않는 다른 회사에서 출시한 GPU는 사용하기가 어렵습니다. 마치 모든 게임이 윈도우를 지원하고 윈도우에는 DirectX가 있기 때문에 윈도우 OS를 사용할 수밖에 없는 것과 비슷하다고 할 수 있죠.

물론 처음부터 인공지능에 GPU가 활용된 건 아닙니다. 초기에는 수학, 물리, 화학과 같은 기초과학 분야의 수치 해석에 널리 사용됐죠. 원래 GPU는 기초과학자들이 주로 사용하는 과학 계산 도구였습니다. 그러던 어느 날, 일부 인공지능 연구자가 인공 신경망이 대규모의 병렬연산에 적합한 구조임을 발견합니다. 인공 신경망은 수많은 노드 간의 단순 계산이 반복되는 구조였고, 이는 단순한 계산을 한꺼번에 많이 처리하는 GPU의 특징과 잘 맞아떨어졌죠.

2009년 스탠퍼드대학교에서 인공 신경망에 GPU를 도입한 논문을 처음으로 발표합니다.[12] 이 논문에서 매개변수가 1억 개일 때 GPU를 사용했더니 70배나 더 빠르게 학습할 수 있었다고 밝힙니다. 이후 너나 할 것 없이 인공 신경망에 GPU를 빠르게 도입합니다. 마침내 2012년에는 앞서 언급한 이미지넷 대회에서 힌튼 교수팀이 혁신적인 성과를 거두죠. GPU로 인공 신경망을 구현해 거둔 성과였습니다. 이후 GPU는 딥러닝의 핵심적인 하드웨어로 폭발적인 인기를 끌게 됩니다.

지금도 GPU를 구하지 못해 주문이 밀려 있는 상태이며, GPU 시장을 사실상 독점하고 있는 엔비디아는 2024년 상반기에 전세계 시가 총액 1위를 기록했을 정도로 엄청난 기업이 됐죠. 가장 높았을 때는 우리나라의 삼성전자보다 8배나 더 높은 시가 총액을 기록한 바 있습니다. 삼성전자는 가전제품부터 시작해 반도체, 스마트폰까지 포트폴리오가 정말 다양하지만 엔비디아는 오로지 그래픽 카드 하나만으로 삼성전자를 능가합니다. 사정을 잘 모르는 사람이라면 '게임 그래픽 카드 하나로 삼성전자를 능가하다니, 게임 시장이 크긴 크구나'라고 생각할 수 있겠지만 사실 엔비디아는 지금은 딥러닝과 블록체인에 필요한 핵심 하드웨어를 공급하는 회사로 더 유명합니다. 일찍이 GPU의 가능성을 보고 CUDA를 비롯한 여러 핵심 기술에 꾸준히 투자한 결과입니다.

오픈소스, 모두가 참여하는 혁신

지금까지 딥러닝에 필요한 알고리즘, 데이터, 시스템을 살펴봤습니다. 그런데 여기에 저는 한 가지 더 숨은 영웅을 꼽고 싶습니다. 바로 **오픈소스**Open Source입니다. 오픈소스는 프로그램의 소스코드를 공개하는 것을 의미합니다. 소스코드를 공개한다고요? 그게 얼마나 중요한데 마음대로 공개할까요? 특히 상업용 프로그램의 소스코드를 공개하는 것은 마치 유명 맛집이 자신만의 음식 레시피를 공개하는 것과 다르지 않습니다. 맛집이 레시피를 공개한다면 매출에도 영향이 있을 텐데 왜 그런 선택을 할까요? 그 이유는 바로 공개를 통해 영향력을 더욱 공고히 하기 위함입니다.

마치 요리 연구가 백종원이 자신의 레시피를 공개해 요식업에서 영향력을 키우는 것과 마찬가지죠. 무엇보다 실력에 자신 있는 자만이 공개를 할 수 있습니다. 어설픈 실력으로는 공개하고 싶어도 할

수가 없죠. 백종원이 레시피를 공개하는 것은 본인의 레시피에 자신이 있다는 것이고, 실제로 사람들은 백종원의 레시피를 보면서 그를 더욱 신뢰합니다. 그러면서 백종원을 더 좋아하게 되고, 자연스럽게 그의 영향력이 강화됩니다. 강요에 의한 권위가 아니라 공개를 통해 자연스럽게 영향력이 형성되는 것입니다.

마찬가지로 오픈소스인 컴퓨터 프로그램은 업계에 엄청난 영향력을 끼칩니다. 대표적인 오픈소스로 리눅스를 들 수 있죠. 투명하게 공개된 리눅스를 쓰면서 사람들은 리눅스의 기술력을 더욱 신뢰하고, 신뢰를 바탕으로 리눅스는 업계에 엄청난 영향력을 끼칩니다. 지금은 전 세계 거의 모든 인터넷 사이트가 리눅스로 운영되고 있고, 여러분이 사용하는 모든 안드로이드 스마트폰 또한 리눅스로 작동합니다.

리눅스는 지금 디지털 세상을 점령했습니다. 이것이 바로 오픈소스의 힘입니다. 그뿐 아니라 소스코드를 공개하면 수많은 이용자가 공개된 자료로 추가 연구를 진행하거나 기술을 업그레이드할 수 있어 해당 분야 자체가 발전하는 데도 많은 도움이 됩니다. 마치 백종원이 레시피를 공개하면 수많은 가정에서 따라하고, 각자의 아이디어를 추가해 자신만의 레시피를 만들어나가는 것과 비슷하죠. 개선한 레시피를 유튜브 등에 공유하고, 이를 또 다른 사람들이 보면서 음식 문화 전체가 점점 더 선순환하게 되는 것과 비슷합니다.

이러한 오픈소스 문화를 선도하는 것은 단연 IT 업계라고 할 수 있습니다. 그래서 오픈소스 문화는 인공지능 분야에도 큰 영향을 끼칩니다. 연구자들이 아무리 훌륭한 인공지능 연구를 했다고 할지라도 과거처럼 연구 결과를 공개 하지 않거나 특허를 걸었다 면 딥러닝은 결코 지금처럼 발전하지 못했을 거예요. 하 지만 수많은 학회가 생겨나면서 연 구자들이 앞다퉈 논문을 공개했고 그중에

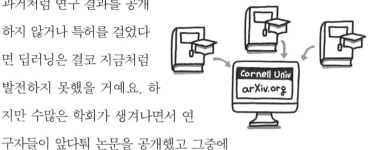

서도 코넬대학교에서 운영하는 아카이브arXiv라는 논문 저장 사이트 에 수많은 연구자가 모여들어 무료로 논문을 등재하기 시작했습니다.

예전에는 논문 한 편 읽는 데도 상당한 비용을 지불해야 했지만 이 제는 돈이 없는 대학생도 누구나 자유롭게 아카이브에서 세계 최고 명문대의 최신 연구를 마음껏 읽을 수 있게 됐습니다. 결론적으로 이 처럼 열린 연구 문화는 딥러닝 기술이 발전하는 데 엄청난 영향을 끼 칩니다.

여러 가지 딥러닝 프로그램도 오픈소스로 등장하기 시작했습니 다. 그 전까지만 해도 과학 계산을 코드로 구현해내기란 결코 쉬운 일이 아니었는데, 다양한 과학 계산 라이브러리가 오픈소스로 등장 하면서 연구자들은 복잡한 계산보다는 알고리즘에만 집중할 수 있 게 되었습니다.

2015년 가을에는 구글이 **텐서플로**TensorFlow라는 프로그램을 공개 했습니다. 구글 내부에서 사용하던 딥러닝 라이브러리를 오픈소스로 공개한 것으로, 복잡한 신경망을 쉽게 구현할 수 있고 확장성도 뛰어 나 공개 이후 폭발적인 인기를 끕니다. 뒤이어 페이스북에서 **파이토 치**PyTorch라는 딥러닝 프로그램을 오픈소스로 공개했으며, 매우 직관

적인 방식으로 복잡한 모델도 이해하기가 쉬워서 연구자들이 논문을 쓸 때 가장 많이 활용하는 프로그램이 되었죠.

지금은 두 프로그램을 이용한 수많은 딥러닝 응용 서비스가 나와 있습니다. 이 책에서 살펴볼 알파고, 스마트 스피커, 기계번역, 챗봇 같은 서비스 또한 모두 텐서플로 또는 파이토치로 구현합니다. 이 모든 것이 오픈소스의 힘이죠. 지금은 고등학생도 쉽게 딥러닝 애플리케이션을 만들 수 있을 정도로 쉽고 편리한 무료 오픈소스 프로그램들이 많이 나와 있습니다.

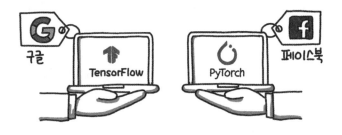

이렇듯 상용 소프트웨어를 능가하는 오픈소스의 등장은 소프트웨어의 패러다임을 뒤집었으며, 기술의 발전과 사용자 수 증가를 가속했습니다. 1960년대에 등장한 무어의 법칙은 이제 잘 통용되지 않지만 소프트웨어의 발전 속도는 무어의 법칙을 넘어섰습니다. 오픈소스는 기술의 대중화와 저변 확대에 큰 영향을 끼쳤고, 인공지능 연구의 진입장벽을 크게 낮춰 누구나 쉽게 참여할 수 있도록 함으로써 엄청난 발전을 거듭하게 했습니다.

위대한 인공지능, 깨어나다

혹시 여러분은 스마트폰이 없던 시절로 되돌아갈 수 있나요? 국내에 스마트폰이 출시된 지 10년 남짓밖에 되지 않았지만, 스마트폰은 우리의 일상을 혁신적으로 바꿔놓았습니다. 실시간으로 친구와 메시지를 주고받을 수 있게 됐고, 큰 카메라를 들고 다니지 않아도 사진을 찍고, 휴대용 뮤직 플레이어가 없어도 음악을 들을 수 있게 됐습니다. 지도를 보거나 실시간으로 버스 도착 정보를 확인하고, 운전할 때는 자동차 내비게이션으로 쓸 수도 있죠. 은행 업무를 보거나 주식 투자도 할 수 있습니다. 배달 음식을 주문할 수도 있고 그 자리에서 결제도 할 수 있습니다. 온라인 쇼핑부터 호텔이나 렌터카 예약까지, 이 모든 게 스마트폰 하나로 가능합니다. 이제 우리는 스마트폰이 없던 시절로 되돌아갈 수 없습니다.

인공지능은 마치 다음 세대의 스마트폰 같습니다. 스마트 스피커는 음성 명령을 이해하고 실행하여 알람 설정, 음악 재생, 날씨 정보 제공 등 일상적인 작업을 도와줍니다. 내비게이션 앱은 실시간 교통 정보를 분석해 최적의 경로를 제시하고, 도로 상황에 따라 경로를 조정합니다. 넷플릭스, 유튜브 등 추천 시스템은 나의 과거 행동 데이터를 분석하여 꼭 맞는 영화, 영상, 음악을 추천합니다. 스마트폰 잠금 해제나 보안 시스템에 사용되는 얼굴 인식 기술의 성능은 놀랄 정도로 정확하고 편리합니다. 챗GPT는 다양한 방식으로 우리의 일상에 유용하게 활용되고 있습니다. 코딩, 보고서 작성, 데이터 입력 등 다양한 업무에서 시간을 절약하고 효율성을 높이는 데 도움을 줍니다.

그뿐 아니라 글쓰기, 콘텐츠 기획 등의 창작 활동에도 창의적인 아이디어를 제공하며, 요청한 주제에 대해 일목요연하게 정리된 정보를 제공하기도 합니다. 자율주행차는 곧 상용화를 앞두고 있고, 기계번역은 마치 전문 번역가가 직접 작업한 듯 자연스러운 번역문을 생성해냅니다.

기계번역의 놀라운 성과를 목도하면서 《뉴욕 타임스》는 '위대한 인공지능, 깨어나다'Great AI Awakening라는 제목으로 인공지능 서비스의 본격적인 출현을 알리는 특집 기사를 싣기도 했습니다. 하루에도 수십 번씩 영문 번역을 접하는 저에게는 기계번역이 없던, 인공지능이 없던 시절로 되돌아가고픈 생각이 전혀 없습니다. 여러분도 이 책을 읽은 후 인공지능이 없던 시절로 되돌아가고 싶지 않다면, 그것으로 이 책은 충분히 소임을 다한 것이라 생각합니다.

이제 본격적으로 '위대한 인공지능'에 대한 이야기를 하나씩 풀어보도록 하죠. 이 장 맨 처음에 인간보다 체스를 더 잘 두었던 기계 기억 나시나요? 그 기계의 이름은 메케니컬 터크였습니다. 그러나 메케니컬 터크는 진짜 자동기계가 아니었습니다. 실제로는 사람이 조작했던 정교한 사기였죠. 하지만 진짜로 인간보다 체스를 잘 두는 기계가 드디어 등장합니다.

제2장

알파고

인간을 능가하는 기계의 등장

딥 블루는 어떻게 체스 챔피언이 되었을까?

1997년 뉴욕에서 인간과 컴퓨터의 자존심을 건 대결이 펼쳐졌습니다. 인간 대표로 출전한 **가리 카스파로프**Garry Kasparov, 1963~는 만 20세인 1984년에 최연소 세계 챔피언으로 등극한 이래 줄곧 세계 1위를 유지하고 있었죠. 적어도 체스로 그를 이길 수 있는 인간은 존재하지 않았습니다.

　카스파로프를 상대할 컴퓨터 대표 **딥 블루**Deep Blue는 IBM의 슈퍼컴퓨터입니다. 이전에도 몇 차례 체스 시합에 도전한 적이 있지만 번번이 무릎을 꿇을 수밖에 없었죠. 바로 직전인 1996년에도 4:2로 안타깝게 패하고 말았습니다. 이후 딥 블루는 더욱 정교한 체스 머신이 되어 돌아왔고, 내부에서는 디퍼 블루Deeper Blue라는 애칭으로 부를 정도로 훨씬 더 강력해졌습니다. 그리고 이날 대회에서 딥 블루가 마침내 카스파로프를 꺾고 체스 세계 챔피언에 등극합니다.

　컴퓨터가 정규 시합에서 인간을 꺾고 세계 챔피언으로 등극한 것은 이때가 처음이었습니다. 당시 딥 블루는 지금의 알파고만큼이나

유명해졌습니다. 아마 독자분 중에 나이가 좀 있으신 분이라면 딥 블루를 기억하실 거예요. 안타깝게도(?) 저 역시 당시의 딥 블루를 뚜렷하게 기억합니다. 그리고 이때쯤을 컴퓨터가 인간을 본격적으로 능가하기 시작하는 시기로 볼 수 있습니다.

2016년에는 구글 딥마인드가 개발한 알파고가 바둑 세계 챔피언인 이세돌 9단을 꺾고 세계 챔피언이 됩니다. 불과 몇 년 전 일이고, TV에서 생중계할 정도로 워낙 화제였던 세기의 이벤트라 아마 많은 분이 기억하실 것 같습니다. 알파고 이후 인공지능을 바라보는 대중의 인식이 완전히 바뀌었고, 바야흐로 인공지능이 무슨 뜻인지정도는 누구나 아는 본격적인 인공지능의 시대가 열렸습니다. 1997년의 체스와 2016년의 바둑, 세상을 발칵 뒤집은 두 차례의 대결은 인류에게 막대한 영향을 끼쳤습니다. 비록 인류는 대결에서 모두 졌지만 새로운 미래를 얻은 셈이죠.

그렇다면 컴퓨터는 어떻게 인간을 능가했을까요? 먼저 체스부터 살펴봅시다. 체스를 둘 때 딥 블루는 컴퓨터의 강력한 계산 능력에 의존해 모든 가능성을 탐색합니다. 중반전 이후에는 말을 움직일 수 있는 경우의 수가 약 40여 가지로 압축되고, 6수 정도만 앞을 내다봐도 웬만큼 승리 여부를 판단할 수 있습니다. 이때 이동 가능한 수는 40^6인 41억여 가지가 되죠. 딥 블루는 초당 2억 번을 계산할 수 있었습니다. 그래서 모든 계산을 20초 만에 끝낼 수 있었죠. 만약 인간이 직접 계산한다면 1초에 한 수씩 계산한다고 해도 130년이 걸립니다. 그조차도 먹지도 자지도 않고 계산만 계속한다고 가정했을 때 걸리는 시간입니다.

또한 딥 블루 곁에는 카스파로프의 약점을 가르칠 수 있는 여러 체스 전문가를 두었습니다. 이들이 알려준 카스파로프 공략법을 엔지니어들이 규칙으로 입력하기도 했죠. 이외에도 게임 초반에는 초반의 수를 공식화한 오프닝을 활용했으며, 게임이 종반에 다다랐을 때는 엔드게임 테이블베이스(끝내기 수를 미리 계산해놓은 데이터베이스)를 활용했습니다. 이런 식으로 불필요한 계산은 줄여 나갔죠. 이외에도 심리 전략까지 사용한 것으로 알려져 있습니다. 딥 블루가 어떤 때에는 즉각 반응하고, 어떤 때는 느리게 반응하도록 속도를 조절했습니다. 딥 블루의 반응을 예측하기 어렵게 만들어 카스파로프에게 심리적 압박을 가하고자 했죠. 이 사실을 알게 된 카스파로프는 매우 놀랐다고 합니다.[1] 느리게 반응할수록 탐색을 많이 한 수라고 생각하기 쉬운데, 일부러 속도를 늦췄다면 상대하는 입장에서는 당연히 혼란을 느낄 수밖에 없겠죠. IBM은 그야말로 딥 블루의 승리를 위해 모든 수단과 방법을 동원했습니다. 이처럼 딥 블루의 승리는 컴퓨터의 계산 능력과 수많은 탐색을 가능케 한 알고리즘 최적화, 이에 더해 심리 전략까지 동원한 승부의 결정체였습니다.

체스에서 경우의 수를 탐색하는 과정을 살펴보겠습니다. 체스에서 현재 수는 이전 수에 영향을 받고, 또 다음 수에 영향을 줍니다. 계속해서 영향을 주며 길게 뻗어나가는 모양이 되죠. 이처럼 경우의 수가 확장되는 모습은 마치 나무가 뿌리에서 출발해 가지로 이어지는 모습과 비슷합니다. 하나의 뿌리에서 출발하지만 가지는 여러 갈래가 될 수 있죠. 그래서 이런 구조를 영어로 트리Tree라고 표현합니다. 좀 더 정확히 설명하자면 나무를 뒤집은 형태로, 다음 그림과 같이 나타낼 수 있죠.

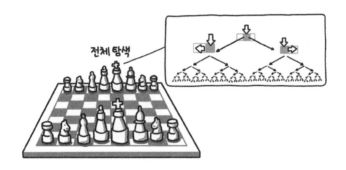

이런 구조는 체스뿐 아니라 바둑에서도 마찬가지로 쓰입니다. 심지어 오목 같은 더 단순한 보드게임에서도 마찬가지죠. 사실상 전개형 보드게임이 대부분 비슷한 과정을 거칩니다. 이처럼 게임에서 가능한 모든 경우의 수를 트리 형태로 나타낸 것을 **게임 트리**Game Tree라고 부릅니다. 그리고 체스의 게임 트리 크기는 10^{120}입니다. 흔히 우주에 존재하는 원자 수보다 많다고 표현하는데, 원자는 정말 상상 이상으로 작습니다. 맨눈으로 절대 볼 수 없는 1억 분의 1cm 크기에 불과한데요. 그런데 이렇게나 작은 원자도 우주 전체에 10^{80}개가 있다고 하는데, 체스의 게임 트리는 이보다도 훨씬 더 큽니다. 정말 엄청난 숫자인 셈이죠. 10^{120}이 얼마나 큰 수인지 아직도 가늠이 잘 되지 않는다면, 1조를 10번이나 반복해서 곱해야 얻을 수 있는 수라고 생각하면 됩니다.

$$10^{120} = 1조 \times 1조 \times 1조 \times 1조 \times 1조 \times 1조 \times 1조 \times 1조 \times 1조 \times 1조$$

딥 블루는 이렇게나 큰 게임 트리를 탐색해 내느라 애를 먹었죠. 하지만 480개의 체스 전용 칩이 내장된 딥 블루는 초당 2억 번의 이동을 계산할 수 있는 엄청난 능력을 보여줬습니다(물론 지금은 여러분 앞에 있는 스마트폰의 성능이 딥 블루보다 훨씬 뛰어납니다). 반면 당시 세계 챔피언인 카스파로프의 경우 딥 블루와의 대결 이후 출간한 회고록《딥 씽킹》Deep Thinking에서 "서너 가지의 수를 심도 있게 분석해 추려낸 다음, 네다섯 수를 내다보고 수를 둔다"라고 밝혔습니다. 초당 몇 번의 경우의 수를 분석해낼 수 있냐는 질문을 받은 카스파로프는 한참을 고민한 후 이렇게 대답하죠.

"단 한번도 어렵습니다."

딥 블루는 다시 말하지만 초당 2억 번의 가능성을 계산했습니다. 당연한 얘기지만 더 많은 수를 내다볼수록 더 압도적인 실력을 갖출수 있죠. 게다가 딥 블루는 추려진 후보에 점수를 매겨 가능성이 높

카스파로프

은 순서대로 정렬까지 했습니다 (제4장에서 살펴볼 검색엔진이 랭킹을 정하는 방식도 이와 동일합니다). 반면 인간인 카스파로프는 그렇게 하지 못했습니다.[2] 어떤 게 더 나은 수인지 확률로 계산하기보다는 직관에 의존했고, 그러다 보니 노련한 카스파로프도 게임을 진행하는 동안 확신을 잃고 심리적으로 흔들리는 모습을 자주 보였죠.

물론 당시 체스 세계 챔피언이었던 카스파로프의 직관은 엄청났습니다. 동시대에 그와 겨룰 수 있는 인간은 존재하지 않았습니다. 10만여 개의 말 이동 경로를 꿰고 있었으며, 체스판에 놓인 말을 보면서 자신이 알고 있는 10만 가지 경우의 수와 순식간에 대조해서 일치하는 경우를 찾아냈습니다.[3] 딥 블루는 초당 2억 번을 계산했고 카스파로프도 순식간에 10만 가지 경우의 수를 직관으로 대조했습니다.

그래도 카스파로프는 인간이었습니다. 아무리 10만 가지를 순식간에 대조한다 해도 실수하는 경우도 있었으며 컴퓨터라면 절대로 틀리지 않을 계산을 놓치기도 했습니다. 무엇보다 심리적으로 흔들렸습니다.

체스 세계 챔피언이 거세게 킹King을 몰아붙이는데도 태연하게 상대의 폰Pawn을 사냥하러 나가는 수는 인간이라면 절대로 시도할 리가 없겠죠. 하지만 딥 블루는 마치 인간을 조롱하듯 그런 수를 자주 보여줬습니다. 이처럼 태연하게 행동하는 딥 블루를 보면서 카스파로프는 심리적으로 엄청난 압박을 받습니다. 몇 차례 터무니없는 실수도 저지르죠. 결국 당시 체스 세계 챔피언이었던 카스파로프는 딥 블루에게 무릎을 꿇고 맙니다.

딥 블루는 엄청난 계산 능력으로 가능한 수 대부분을 계산해냈고 카스파로프의 직관을 뛰어넘을 수 있었습니다. 하지만 딥 블루라도 게임 트리 전체를 탐색할 수는 없습니다. 그 수가 우주의 원자 수보다도 많기 때문이라고 얘기했죠. 그렇다면 이렇게 많은 경로를 효율적으로 탐색하려면 어떻게 해야 할까요?

모든 경로를 탐색하는 것을 완전 탐색Exhaustive Search이라고 합니다. 하지만 다행히도 모든 경로를 탐색할 필요는 없습니다. 좀 더 효율적으로 탐색하기 위해, 한 번 탐색해보고 성과가 없다면 그쪽은 더 이상 탐색하지 않도록 표시해두면 되기 때문이죠. 미로찾기에서 막다른 길로 이어지는 경로를 표시해뒀다가 다음번에는 그 경로로 가지 않는 것과 마찬가지입니다.

이를 컴퓨터 과학에서는 **가지치기**Pruning 한다고 표현합니다. 막다른 길은 더 이상 가볼 필요가 없기에, 이 경로는 나뭇가지 자르듯 쳐내 버리고 다시는 탐색하지 않는 거죠. 이렇게 하면 불필요하게 탐색해야 하는 경로를 제외할 수 있어 그다음부터는 전체적인 탐색 속도가 빨라지며, 더 효율적으로 탐색할 수 있습니다.

실제로 딥 블루는 체스의 수를 계산할 때 이처럼 탐색하지 않아도 되는 경우의 수를 가지치기를 거쳐 배제해 계산을 점점 줄여나갔습니다. 이외에도 오프닝과 엔드게임 테이블베이스를 활용하면서 계산하지 않아도 되는 부분을 더 과감히 생략했죠. 그러면서 필요한 수만

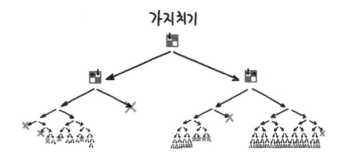

가지치기

계산해냈고, 마침내 카스파로프를 꺾을 수 있었습니다. 계산 능력으로 인간의 직관을 넘어선 거죠.

바둑, 필요한 모든 수를 계산할 수 있을까?

그렇다면 바둑은 어떨까요? 바둑도 계산으로 직관을 넘어설 수 있을까요? 체스의 오프닝처럼 바둑에는 정석이 있으니, 정석을 적절히 활용하면서 계산해야 하는 경우의 수를 줄여나가면 어떨까요? 하지만 바둑은 그렇게 한다 해도 체스처럼 계산을 해낼 수 없습니다. 계산해야 하는 게임 트리가 지나치게 크기 때문이죠. 체스의 게임 트리 크기만 해도 우주의 원자 수보다도 많다고 했는데, 바둑은 이보다도 훨씬 더 큽니다. 이 때문에 천체물리학자이자 바둑 애호가인 피에트 헛 Piet Hut, 1952~은 딥 블루가 승리한 직후인 1997년에 "바둑에서 컴퓨터가 사람을 이기려면 100년은 걸릴 것이다. 어쩌면 더 걸릴 수도 있다"라고 언급하기도 했죠.

가로세로 19줄, 총 361개의 점으로 이뤄진 바둑판에서 가능한 수를 계산해보는 건 얼핏 상상만 해도 불가능해 보입니다. 고등학생 때 배운 순열을 이용해 단순하게 계산해볼까요? 361개의 점에 순서대로 무작위로 바둑을 둔다고 가정하고 계산해보면 그 수는 361팩토리얼(361!)이 되겠네요. 361팩토리얼을 풀어서 써보면 다음과 같습니다.

$$361 \times 360 \times 359 \times \cdots \times 3 \times 2 \times 1 \approx 10^{768}$$

　　즉 361에서 1까지의 모든 자연수를 곱한 값이 되며 이 값은 무려 10^{768}입니다. 10 뒤로 0이 768개나 더 붙어 있는 엄청나게 큰 수가 나옵니다. 체스가 10^{120}이라고 했으니 정말 엄청난 차이죠. 다행히 실제로는 이렇게까지 큰 수가 나오지는 않습니다. 왜냐하면 바둑에서는 사방을 막으면 돌을 따먹게 되고, 더 이상 둘 수 없는 자리도 생기기 때문이죠. 실제로 유효한 값만 대상으로 정교하게 계산한 결과, 바둑의 게임 트리 크기는 10^{360}이었습니다. 많이 줄어든 셈이지만 그래도 여전히 엄청나게 큰 수입니다. 얼핏 보면 360은 120의 3배니까 체스에 비해 3배 정도 어려운게 아닌가 하는 생각이 들 수 있지만, 3배가 아닙니다. 10^{360}이라는 수는 체스의 10^{120}와 비교했을 때 1조를 20번은 더 곱해야 나오는, 감히 헤아릴 수도 없는 어마어마하게 큰 수입니다. 지금의 컴퓨터로는 평생을 탐색해도 불가능하고, 아마 적어도 수십 년 이내에는 절대로 불가능할 것이라고 장담합니다(갑자기 바둑에서 사람을 이기려면 100년은 더 걸릴 것으로 예견했던 천체물리학자가 떠오르네요).

항목	크기
우주의 원자 수	10^{80}
체스의 게임 트리 크기	10^{120}
바둑의 게임 트리 크기	10^{360}

그렇다면 체스보다 경우의 수가 훨씬 더 많은 바둑에서는 도대체 어떤 방식으로 수를 계산해야 할까요?

인간을 대표하는 천재 기사 이세돌

이세돌 기사는 이창호에 이어 세계 바둑 최강의 계보를 이어온 선수로서 과감하고 창의적인 묘수를 발휘하는 것으로 유명했습니다. 그를 가르친 권갑용 사범이 "100년에 한 번 나올까 말까 한 천재"라고 이야기할 만큼 세계 최고 수준의 바둑 실력을 보여줬습니다. 체스 게임에서도 이런 선수가 있었습니다. 1956년 체스 신동 보비 피셔Bobby Fischer, 1943~2008는 당시 미국 최고의 체스 마스터인 도널드 번Donald Byrne, 1930~1976과의 경기에서 비숍Bishop의 진로를 확보하기 위해 퀸을 무방비 상태로 만들었습니다.

체스에서 퀸은 무슨 일이 있어도 지켜야 하는 말입니다. "퀸을 맞교환하거나 상대의 킹을 외통수로 몰아넣는 게 아니라면 절대로 퀸을 버리지 말라"는 오래된 체스 격언까지 있을 정도죠. 그러나 피셔

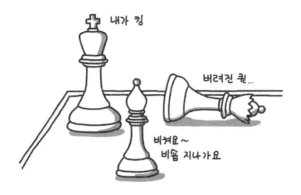

는 퀸을 내던지는 모험을 감행했습니다. 당시 모여 있던 관람객 어느 누구도 이해할 수 없는 수였지만 몇 수 뒤에는 결국 승리를 결정짓는 최고의 묘수였음이 밝혀집니다.

누구도 감히 시도할 수 없었던, 오랜 체스 격언을 깨고 퀸을 희생하는 과감한 수를 던질 수 있었던 것은 당시 체스 신동이던 피셔가 고작 열세 살이었기 때문이었을 겁니다. 고정관념에 얽매이지 않고 상상력을 발휘했기에 그런 놀라운 수를 둘 수 있었죠. 이처럼 우리 머릿속에 자리 잡은 한계는 대개 우리가 스스로 만들어낸 것이 많습니다. 그리고 이런 한계는 나이를 먹으면서 점점 더 많아집니다.[4] 그러나 어린 피셔에게는 거리낄 것이 전혀 없었습니다. 이 대결은 세기의 게임The Game Of The Century이라는 별칭까지 부여받습니다.

이세돌 또한 열일곱 살의 어린 나이에 창의적인 묘수로 바둑의 고정관념을 깨트려나갔습니다. 무려 32연승이라는 대기록을 세우며 '불패소년'이라는 명성까지 얻죠. 하지만 20년쯤 뒤에 인간도 아닌 알파고라는 기계에게 패배하게 되리라고는 전혀 예상하지 못했을 겁니다. 실제로도 그는 2016년 3월 8일 알파고와의 대국에 앞서 기자 회견 자리에서 이렇게 말합니다.

역시 아직은 인간의 직관력이나 이런 감각들을 컴퓨터인 인공지능이 따라오기는 약간 무리가 있지 않나 생각해서 자신감이 있다.

그러나 "바둑은 컴퓨터가 절대로 계산해낼 수 없으며, 인간을 이길 수 없다"라는 고정관념은 이내 깨지고 맙니다.

도박의 확률을 이용하는 몬테카를로 방법

인공지능으로 두는 바둑은 1960년대부터 꾸준히 시도되어왔으나 **몬테카를로 방법**Monte Carlo Method을 도입하면서 비로소 본격적으로 가능성이 보이기 시작합니다.

몬테카를로는 모나코 동북부에 있는 휴양 도시입니다. 지중해 연안에 위치해 있기에 해변이 아름답기로 유명합니다. 몬테카를로는 관광 도시로, 인구는 3,000명에 불과하지만 무엇보다 카지노와 도박으로 유명합니다. 이 도시의 이름을 빗댄 몬테카를로 방법이란 도시의 특징 그대로 도박처럼 확률적인 방법으로 결과를 유추해내는 방식을 말합니다.

만약 잭팟이 터질 확률이 0.03%인 슬롯머신이 있다면 1만 번 정도 도전하면 3번은 잭팟이 터질 것이고, 10만 번 도전하면 30번쯤은 잭팟이 터질 겁니다.

이처럼 계속 도전하면 결국은 원래 확률만큼의 결과를 얻을 수 있는데, 이런 식으로 값을 계산하는 알고리즘을 몬테카를로 방법이라고 합니다. 그리고 이처럼 특  이한 이름이 부여된 이유를 따라가면 비밀스러운 핵무기 개발 현장이 등장합니다.

1940년대 말, 핵무기 개발 프로젝트를 수행 중이던 스타니스와프 울람Stanisław Ulam, 1909~1984 박사는 '중성자 확산 같은 복잡한 계산 문제는 차라리 여러 번의 무작위 컴퓨터 실험으로 결과를 관찰하는 편이 훨씬 더 실용적이지 않을까?'라는 생각을 하게 됐고, 비밀을 유지해야 하는 핵무기 개발 프로젝트의 특성상 이 방법에 적절한 암호명이 필요했습니다. 그때 마침 울람 박사는 도박을 좋아하던 자신의 삼촌이 몬테카를로에서 도박을 하기 위해 친척들의 돈을 빌려갔다는 사실을 떠올려 '몬테카를로'라는 이름을 부여했던 것이죠.

그렇다면 몬테카를로 방법은 과연 어떤 알고리즘이며, 바둑에서는 어떻게 쓰일까요?

바둑 인공지능이 가장 풀기 어려운 문제 중 하나는 현재 국면이 어떤 상태인지 한눈에 알아내기가 어렵다는 점입니다. 바둑돌의 상태만 보고 누구의 우승으로 끝나게 될지 예측하기란 여간 어려운 일이 아니죠. 체스의 경우에는 남아 있는 기물의 점수를 합산하여 누가 우세한지를 판단하곤 했습니다. 예를 들어 폰은 1점, 비숍은 3점, 퀸은

9점, 이런 식이라 남은 말의 점수를 합산해 예측할 수 있었죠. 바둑은 이마저도 어렵습니다. 모두가 똑같은 바둑돌이기 때문이죠. 나머지 수를 모두 두어보면 가능하겠지만 그렇게 하는 건 불가능하다고 이미 앞서 여러 차례 언급한 것을 기억하실 거예요.

몬테카를로 방법은 이를 확률적인 방법으로 해결합니다. 어차피 어느 한쪽이 유리한 입장에 있다면 그다음부터는 무작위로 바둑을 둔다고 해도, 유리한 쪽이 결국 이길 가능성이 높다고 여기는 거죠. 마치 선거 결과를 예측할 때 5,000만 국민의 의사를 모두 묻는 대신 5만 명을 무작위로 추출하여 조사해도 비슷한 결과를 낼 수 있는 것과 마찬가지입니다. 모든 경우를 조사하지 않고 일부만 무작위로 조사한다고 하더라도 원래의 확률과 비슷한 결과를 얻을 수 있다는 얘기입니다.

이러한 몬테카를로 방법은 실제로 바둑 인공지능 개발에 상당한 효과가 있었고, 적극적으로 활용되기 시작합니다. 특히 2006년부터는 게임 트리 탐색에 몬테카를로 방법을 접목한 **몬테카를로 트리 탐색**Monte Carlo Tree Search이라는 알고리즘을 고안해 바둑에 적용했고, 이때부터 바둑 인공지능의 실력이 급상승하죠.

몬테카를로 트리 탐색을 처음으로 고안한 사람은 프랑스의 컴퓨터 과학자 레미 쿨롱Rémi Coulom, 1974~입니다. 그에게 박사학위를 지도받은 학자가 아자 황황스제/黃士傑, 1978~입니다. 아자 황은 바둑에 관한 논문으로 박사학위를 받을 만큼 바둑 인공지능 연구의 외길 인생을 걸어온 학자로, 딥마인드에 합류해 알파고 개발에 관여하는 핵심인물이 됩니다. 이세돌과의 대국에서 알파고를 대신해 착점하던 인물이

기도 하죠. 5시간 동안 화장실 한 번 가지 않으며 무표정한 얼굴로 알파고의 대리인 역할을 해 많은 이를 놀라게 했던 사람입니다.

몬테카를로 트리 탐색을 도입한 이후 바둑 인공지능 프로그램의 실력은 급상승해 6단의 수준까지 도달했습니다. 하지만 여전히 프로 기사에게는 4점 이상 접히는 기력에 불과했습니다. 알파고는 여기에 딥러닝을 적용해 실력을 획기적으로 향상시킵니다. 두 종류의 인공 신경망을 만들어내는데, **정책망**Policy Network과 **가치망**Value Network이라는 이름의 신경망입니다. 이 중에서도 정책망은 3가지로 나눌 수 있으니 알파고에 쓰인 신경망은 모두 4가지입니다. '정책'과 '가치'라는 이름이 왠지 모르게 낯설고 어려워 보이지만 사실 천천히 살펴보면 그리 어렵지 않습니다.

그러면 각 망의 특징을 살펴보면서 알파고가 어떻게 학습하는지 알아볼까요?

정책망, 어디에 돌을 내려놓을까?

먼저 정책망을 살펴봅시다. 정책망은 사람이 만든 기보棋譜를 이용해 학습합니다. 학습에 사용한 데이터는 KGS라는 바둑 사이트에서 가져왔으며, 6단 이상인 고수의 기보만 사용했습니다. 얼핏 생각하기에 9단 기사의 데이터를 사용하면 가장 바람직하겠지만 그렇게 하기에는 데이터의 수가 너무 부족했습니다. 알파고 개발팀은 데이터의 수가 충분하면서 좋은 기보의 수준을 6단으로 정한 거죠. 각 데이터는 바둑판의 상태와 해당 상태에서 실제로 다음번 바둑알을 둔 곳의 위치를 함께 쌍으로 구성했고, 정책망은 약 16만 회의 게임에서 총 3,000만 수를 가져와 학습했습니다. 학습을 마친 정책망은 바둑판의 현재 상태 정보를 입력값으로 했을 때 361개의 바둑 칸 중 어디에 돌을 내려놓을지 확률을 계산해 리턴합니다. 즉 361명의 후보 중 당첨 가능성이 가장 높은 후보를 골라내는 것과 비슷하죠.

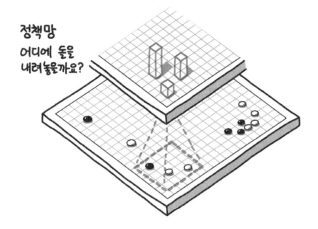

이렇게 했을 때 정확도는 57% 정도라고 합니다. 정답을 가려놓고 "상대는 어디에 둘 것 같니?"라고 물어봤을 때 정답을 맞힐 확률이 57% 정도 된다는 얘기죠.[5] 아주 높은 수치는 아닌데, 이게 꼭 나쁜 것만은 아닙니다. 제아무리 고수라 할지라도 그가 두는 모든 수가 항상 최고라고는 할 수 없기 때문입니다. 즉 알파고는 인간 고수의 방법을 절반 정도 배운 셈이라 볼 수 있습니다. 이때 알파고의 전체적인 수준은 5단 정도에 불과했습니다. 6단 이상의 데이터로 학습했는데 최종 결과물은 오히려 5단인 이유는 바둑 기사들의 기풍 때문입니다. 예를 들면, 이창호 기사는 치밀한 계산에 기반한 수비 바둑을 구사하는 반면, 이세돌 기사는 공격적이고 창의적으로 바둑을 둡니다. 이처럼 워낙 다양한 플레이어의 전략이 뒤섞이면 오히려 전체적인 실력은 더 떨어집니다. 게다가 바둑의 모든 국면을 학습할 수는 없기 때문에 학습하지 않은 국면을 마주했을 때는 실력이 현저히 떨어집니다. 그래서 알파고는 이를 보완할 수 있는 다양한 방법을 찾아 나섭니다.

우선, 각각의 상황에 따라 정책망 3가지를 만들었습니다. 첫째 망은 바로 앞서 살펴본 사람의 기보를 이용해 학습한 정책망(이하 기보학습 정책망)입니다. 둘째 망은 롤아웃 정책망입니다. 롤아웃 정책망은 기보학습 정책망과 비슷하지만 훨씬 작고 가벼운 망입니다. 훨씬 작게 만들었기 때문에 첫 번째 망보다 약 1,500배 정도 빨리 수를 둘 수 있습니다. 즉 첫째 망이 한 번 착점할 시간에 롤아웃 정책망은 1,500번을 착점할 수 있는 거죠. 당연히 성능은 떨어집니다. 첫째 망도 정확도가 57%로 높은 편이 아닌데, 롤아웃 정책망은 고작 24%에 불과합니다. 하지만 계산 속도가 빠르기 때문에 탐색을 빠르게 진행할 때 많은 도움이 됩니다. 뒤에서 몬테카를로 트리 탐색 알고리즘을 적용할 때 롤아웃 정책망이 얼마나 유용한지 다시 한번 살펴보겠습니다. 이제 마지막으로 남은 망은 바로 알파고의 핵심인 스스로 대국하며 강화학습을 수행한 정책망(이하 강화학습 정책망)입니다.

이 망은 알파고끼리 대국을 치르면서 스스로 실력을 향상시킨 망입니다. 무작위로 바둑을 두면 제대로 된 대국 경험을 쌓기가 힘들므로 시작은 기보학습 정책망을 활용합니다. 즉 미리 사람의 기보를 통해 학습한 정책망을 이용해 어느 정도 기본 실력을 쌓게 한 다음, 스스로 바둑을 두면서 계속해서 실력을 향상시키는 거죠. 실력을 향상시키는 기준은 간단합니다. 경기에서 이기면 승리한 측의 모든 수의 점수가 더욱 강화되는 형태입니다. 그래서 **강화학습**Reinforcement Learning으로 부르는 것이죠. 여기서 중요한 점은 알파고의 목표는 오로지 승리를 쟁취하는 것이지, 큰 점수로 이기는 것이 아니란 점입니다. 즉 반 집 차이로 이기든 100집 차이로 이기든, 알파고에게는 똑같은 승리입니다. 그래서 이세돌과의 대국에서도 알파고는 집 차이를 늘리려고 하기보다는 집 차이가 얼마 나지 않더라도 어떻게든 이길 수 있는 방향으로 수를 두는 경우를 자주 보여줬습니다. 알파고에게는 반 집 차이로 아슬아슬하게 승리하더라도 상관없기 때

스스로 대국하며 강화학습

AlphaGo vs. AlphaGo

문이었죠. 이런 방식으로 알파고는 스스로 학습했습니다. 당연히 기보학습 정책망보다 실력이 더 좋아야겠죠? 강화학습 정책망은 기보학습 정책망과 대국을 두면 약 80% 확률로 승리했다고 합니다. 그러니까 5단을 80% 확률로 이기는 수준이라고 볼 수 있겠네요.

지금까지 살펴본 총 3가지의 정책망을 정리하면 다음과 같습니다.

	정책망	특징
1	사람의 기보를 이용해 학습한 정책망(기보학습 정책망)	57% 정확도. 5단 수준
2	롤아웃 정책망	24% 정확도. 1,500배 빠름
3	스스로 대국하며 강화학습한 정책망(강화학습 정책망)	기보학습 정책망과 대전하면 80% 확률로 승리

그렇다면 강화학습 정책망이 가장 강하니 이제 이것만을 활용해서 바둑을 두면 될까요? 아닙니다. 사실 강화학습한 정책망은 정작 바둑 대국에는 쓰이지 않습니다. 강화학습 정책망도 앞서 살펴본 것처럼 고작(!) 5단 기사를 80% 정도 이기는 수준에 불과하기 때문에 9단을 훨씬 넘어 세계 챔피언인 이세돌을 꺾기에는 많이 부족했습니다. 따라서 강화학습 정책망을 직접 사용하는 대신 또 다른 종류의 망을 학습하는 데 활용하여 실력을 더욱 키웁니다.

가치망, 형세를 판단하다

또 다른 종류의 망은 바로 가치망입니다. 가치망은 앞서 살펴본 정책
망과 구조가 조금 다릅니다. 훨씬 더 단순하죠. 가치망은 현재 국면에
서 승패 여부를 예측하는 망입니다. 앞서 소개한 정책망들이 361개의
바둑 칸 중 수를 둬야 할 한 지점을 골라내는 신경망이라면 가치망은
오로지 승리할 가능성만을 계산합니다. 확률로 표현해서 50%가 넘
는다면 승리할 가능성이 높은 국면이고, 50%가 넘지 않는다면 패배
할 가능성이 높은 국면이죠.

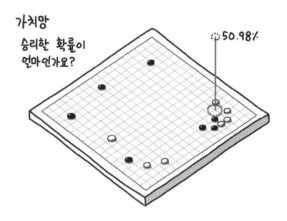

그런데 앞서 바둑 인공지능에서 가장 풀기 어려운 문제 중 하나가
형세를 알아내는 것이라고 설명했습니다. 체스는 남은 기물의 점수
를 합산하여 어느 정도 우세를 판별할 수 있는 데 반해 바둑은 순수
하게 국면의 형태만 보고 승패를 예측해야 하기 때문이죠. 그런데 알

파고는 현 상황만을 보고 우세
를 예측하는 망을 만들어냈습니
다. 과연 알파고는 어떻게 족집게
도사처럼 바둑판을 딱 보고 누가
승리할지 알아낼 수 있었을까요?
알파고는 여러 정책망 중에서 가장

실력이 좋았던 강화학습 정책망끼리의 대국을 활용했습니다. 서로
3,000만 번의 대국을 두게 하고, 각 경기에서 한 장면씩 3,000만 장
면을 추출해 해당 국면 이후에 누가 이겼는지를 학습했습니다. 만약
74%라는 확률이 나왔다면 현재 국면에서 강화학습 정책망끼리 대
국을 벌이면 승리할 확률이 74%라는 얘기입니다.

　이처럼 승리할 가능성이 높은지, 패배할 가능성이 높은지를 확률
로 표현한 것이 바로 가치망이며, 이는 알파고의 가장 혁신적인 성과
중 하나입니다. 알파고는 강화학습을 활용해 지금까지의 바둑 인공
지능이 감히 만들어내지 못한 게임의 판도를 판단할 수 있는 정교한
방법을 마침내 찾아낸 거죠.

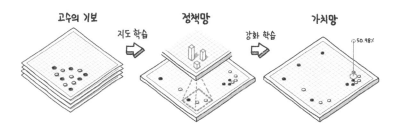

알파고의 학습과정

고수의 기보　　　　지도 학습 ⇨　　정책망　　　강화 학습 ⇨　　가치망

알파고는 이처럼 고수의 기보로 지도 학습을 진행한 다음, 어디에 돌을 내려놓을지 판단하는 정책망을 만듭니다. 그리고 정책망을 이용해 스스로 대국을 두어 강화학습을 진행한 다음, 승리할 확률이 얼마나 되는지 알아내는 가치망을 만들어냅니다. 여기까지가 바로 알파고의 학습 과정입니다.

알파고가 수를 두는 방법

알파고가 정책망과 가치망으로 학습하는 과정을 살펴봤습니다. 이제 학습한 것을 바탕으로 어떤 과정을 거쳐 착점을 결정하는지 보죠. 이때 앞서 설명했던 몬테카를로 트리 탐색을 활용합니다. 몬테카를로 방법부터 다시 살펴보죠. 몬테카를로 방법은 앞서 언급했듯 무작위로 샘플링하여 정답을 찾는 방식입니다. 5,000만 국민의 선거 결과를 알기 위해 전수조사하는 대신 무작위로 5만 명 정도만 조사해도 비슷한 결과를 낼 수 있는 것과 마찬가지라고 했죠. 바둑의 경우로 다시 한번 정리해보겠습니다.

- 바둑은 탐색해야 하는 게임 트리가 엄청나게 크다.
- 게임 트리를 전부 탐색하는 것은 불가능하다.
- 일부만 무작위로 샘플링하여 탐색해도 비슷한 결과를 낼 수 있다.

이런 방식으로 몬테카를로 방법을 바둑 인공지능에 도입하자 실력이 급상승하기 시작합니다. 그런데 몬테카를로 방법에도 엄연히 한계는 있습니다. 무작위로 탐색하다 보니 이른바 '묘수'를 간과할 수 있다는 점이죠. 99%의 승률이 예상되더라도 단 1%의 허점 때문에 반드시 패배로 연결되는 다음 수가 존재한다면 그 수는 두지 않아야 합니다. 상대방이 그 묘수를 간과할 수 있기 때문이죠. 하지만 무작위로 시뮬레이션하는 몬테카를로 방법은 아주 작은 확률인 상대의 묘수를 놓칠 수도 있었습니다.

따라서 알파고뿐 아니라 그즈음에 나온 바둑 인공지능 프로그램들은 유망한 수를 좀 더 꼼꼼하게 탐색해 묘수를 놓치지 않도록, 게임 트리 탐색에 몬테카를로 방법을 접목한 몬테카를로 트리 탐색을 사용합니다.

몬테카를로 트리 탐색의 과정을 그림으로 살펴보죠. 먼저 어떤 수에서 시작할지 선택을 합니다. 단순히 아무 수나 선택하는 게 아니라 어떤 수가 유망한 수가 될지 가치를 잘 따져보고 승리할 가능성이 높아 보이는 수부터 선택합니다. 그다음에는 첫 번째 정책망, 즉 기보학

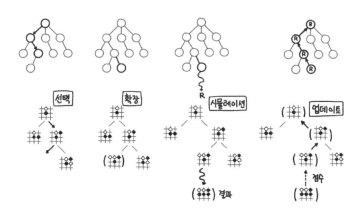

습 정책망으로 다음 수를 어디에 둘지 확장합니다. 앞서 이 정책망의 실력은 5단 정도라고 했으니 5단이 수를 두는 수준과 비슷합니다. 당연히 이 수를 결과로 택해서는 이세돌 9단을 이길 수 없겠죠. 따라서 좀 더 엄밀하게 검증하는 작업이 필요합니다. 여기에는 2가지 방식을 사용합니다.

먼저, 기보학습 정책망이 선택한 수를 이용해 게임이 끝날 때까지 '시뮬레이션'해봅니다. 하지만 아무리 게임이 중반부에 접어들었다 하더라도 남아 있는 모든 경우의 수를 시뮬레이션할 수는 없습니다. 바둑은 그렇게 하기에는 경우의 수가 너무 많죠. 그래서 바로 여기에 몬테카를로 방법을 적용합니다. 무작위로 두어도 어차피 비슷한 결과가 나오니까요. 그런데 실험을 해본 결과, 완전한 무작위보다는 실제로 바둑 학습을 진행한 망을 사용했을 때 좀 더 성능이 좋았다고 합니다. 실제로 알파고 이전 대부분의 바둑 인공지능들도 이 과정을 완전한 무작위보다는 얼마나 더 지능적으로 처리하느냐로 실력 차이가 나기도 했죠. 그래서 알파고 또한 성능을 높이기 위해 바둑 학습을 진행한 망을 사용합니다.

당연한 얘기지만 시뮬레이션 단계를 가급적 많이 진행할수록 더 좋은 결과가 나오겠죠? 하지만 제한 시간이 있기 때문에 빠르게 시뮬레이션할 수 있도록 작동하는 망이 필요합니다. 이제 두 번째 정책망인 롤아웃 정책망이 등장할 차례입니다. 1,500배 더 빠르다고 했죠. 대개 바둑이 끝날 때까지 200여 수 정도가 진행된다는 점을 감안하면 첫 번째 정책망인 기보학습 정책망이 한 수를 계산하는 동안 롤아웃 정책망은 게임을 7번 마칠 정도로 빠른 속도로 시뮬레이션할 수 있습니다. 그리고 빠르게 시뮬레이션할 수 있기 때문에 중요한 수는 더욱 꼼꼼히 살펴볼 수 있습니다. 중요한 수라고 판단되면 더 많이 시뮬레이션하고 더 깊게 탐색해보는 거죠. 이처럼 몬테카를로 트리 탐색에 롤아웃 정책망을 접목해 활용합니다.

체스에서 딥 블루는 엄청난 계산 속도로 가지치기를 하고 남은 모든 수를 탐색해 정답을 찾아냈죠. 하지만 알파고는 더 이상 모든 수를 탐색하지 않습니다. 애초에 바둑은 모든 수를 탐색할 수 없습니다. 대신 알파고는 몬테카를로 트리 탐색을 이용해 가능성이 높은 수를 골라내 좀 더 현명하게 탐색을 해나갑니다.

알파고의 몬테카를로 트리 탐색

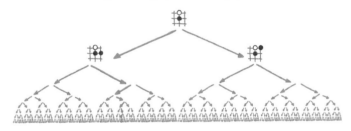

시뮬레이션을 진행할 때 기존 몬테카를로 방법이 무작위로 탐색해 속력을 높였다면, 알파고의 몬테카를로 트리 탐색은 실제로 바둑 학습을 진행한 망을 사용했습니다. 속력과 방향을 동시에 높인 셈이죠. 그런데, 이런 식으로 탐색한다고 완벽한 게 아닙니다. 아무리 정교하게 시뮬레이션을 한다고 해도 중요한 수를 놓칠 가능성은 반드시 존재합니다. 결국 악수惡手를 두는 경우가 생길 수 있죠.

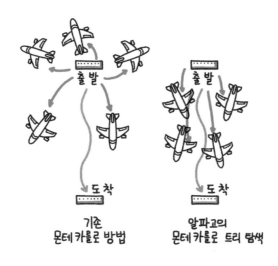

기존
몬테 카를로 방법

알파고의
몬테 카를로 트리 탐색

따라서 알파고는 한 가지 보완책을 마련합니다. 마지막에 만든 가치망의 점수를 승리 여부에 함께 반영하는 거죠. 가치망은 현재 국면에서 강화학습한 정책망끼리 겨뤘을 때 승리 여부를 확률로 표현한 망이라고 설명했습니다. 체스와 달리 바둑은 국면을 평가하는 게 무척 힘들다고 했는데, 알파고는 강화학습을 활용해 평가하는 방법을 찾아냈습니다. 그리고 이는 알파고가 이룬 가장 혁신적인 성과라고 얘기한 바 있죠. 알파고는 시뮬레이션의 결과와 함께 가장 혁신적인 성과이기도 한 이 가치망의 결과를 사이좋게 반반씩 섞습니다. 시뮬레이션 결과와 가치망의 결과를 각각 50%씩 반영하는 셈인데요. 이렇게 하면 서로의 장단점을 보완하는 수를 만들 수 있습니다. 알파고는 이 두 방식으로 최종 점수를 계산하여 승리 여부를 판단합니다.

이제 알파고는 최종 결과를 '업데이트'하는 작업을 진행합니다. 승리했다면 승리 여부와 게임 진행 여부, 패했다면 게임 진행 여부만

업데이트합니다. 일종의 점수
표를 갱신하는 과정인데, 만약
승리했다면 승리한 상태부터
거슬러 올라가며 지금까지 둔
모든 수에 승리 점수 1점, 게임
진행 점수 1점을 부여합니다.
패했다면 게임 진행 점수만 1점
을 주죠.

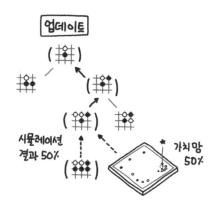

이처럼 모든 수에 점수를 업데이트한 다음 마지막으로 가장 많이
진행한 수를 다음 수로 선택합니다. 가장 높은 점수가 아니라 가장
많이 진행한 수입니다. 왜 그럴까요?

그건 바로 신뢰도 때문입니다.[6] 예컨대 여행을 가서 A와 B 두 음식
점 중 어디로 갈지 결정해야 한다고 해봅시다. A 음식점은 평점이 4.2
이며 리뷰 개수가 1,000개나 됩니다. 반면, B 음식점은 평점이 4.8로
더 높지만 리뷰가 5개밖에 되지 않습니다. 그렇다면 과연 어느 음식
점의 실력을 더 신뢰해야 할까요? 리뷰 개수가 훨씬 더 많은 A 음식
점을 선택해야 하지 않을까요? B 음식점은 리뷰가 몇 개 없다 보니
우연히 높은 점수를 받게 되었을 수도 있기 때문입니다. 따라서 평점
이 높은 곳보다는 이처럼 리뷰가 많은 곳을 좀 더 신뢰하는 게 합리
적입니다. 이 점은 알파고도 마찬가지입니다. 알파고 또한 최종적으
로 가장 많이 진행한 수를 더 신뢰하고, 이를 다음 수로 선택하게 됩
니다.

지금까지의 과정을 다시 한번 정리해 보죠.

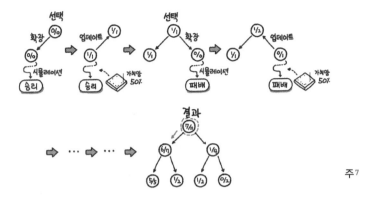

주7

1. 어떤 수에서 시작할지 승리할 가능성이 높아 보이는 수를 선택합니다.

2. 기보학습 정책망을 이용해 다음 수를 어디에 둘지 확장합니다.

3. 롤아웃 정책망을 이용해 끝까지 시뮬레이션합니다.

4. 가치망의 점수를 50% 반영한 승패 여부를 모든 수에 업데이트합니다.

5. 1~4의 과정을 계속해서 반복한 후 최종적으로 가장 많이 진행한 수를 다음 수로 결정합니다.

여기까지가 바로 이세돌과 승부를 겨룬 알파고가 수를 결정하는 원리입니다.

신의 한 수

이처럼 꼼꼼하게 탐색해나가는 알파고도 이세돌과의 네 번째 대국에서는 이세돌이 둔 '신의 한 수'인 78수를 막아내진 못했습니다. 이 수는 알파고는 물론 바둑 전문가들조차 전혀 예상하지 못한 절묘한 수로 단번에 판세를 뒤집어 네 번째 대국을 승리로 이끌었습니다. 그렇게 이세돌은 아마 인류 역사상 마지막이 될지도 모를 귀중한 1승을 따내죠.

그렇다면 알파고는 왜 신의 한 수를 허용하고 말았을까요? 알파고의 작동 원리를 다시 한번 되새겨봅시다. 알파고의 몬테카를로 트리 탐색은 유망한 수를 중심으로 꼼꼼하게 탐색해나간다고 했습니다. 그러니까 확률이 높은 쪽을 향해 더 많이 더 깊게 탐색해나가고 가장 신뢰가 높은 지점에 착수를 하는 원리죠. 하지만 이세돌이 둔 신의 한 수 지점에 착수할 확률을 알파고는 1만 분의 1로 매우 낮게 예측했다고 합니다. 알파고는 설마 그 지점에 둘 줄은 몰랐기에, 충분히 탐색하지도 않았습니다. 예를 들어 제한 시간 내에 1억 번 정도 탐색할 수 있다면 다른 곳은 수백만, 수천만 번씩 탐색한 데 반해 그 지점은 수십 번도 채 탐색하지 않았습니다. 당연히 그 지점이 묘수인지 아닌지조차 알아내지 못하죠. 애초에 탐색을 충분히 하지 않았기 때문에 78수 다음에 대국이 어떻게 흘러갈지를 알파고는 전혀 알아차리지 못합니다.

이세돌이 78수를 착수하는 순간, 미처 충분히 탐색하지 않았던 알파고는 그제서야 당황한 듯 보이기 시작합니다. 여기

서부터는 더 이상 승률이 높은 지점을 찾아내지 못하고 엉뚱한 수, 이른바 떡수를 남발하면서 급격히 무너지죠. 인간에게는 떡수이지만 알파고 입장에서는 어디에 두나 승리할 확률이 낮으니 마찬가지입니다. 나름대로 최선이라고 판단하지만 더 이상 좋은 착점을 찾을 수 없기 때문에 자꾸만 이상한 곳에 둘 수밖에 없죠. 그리고 우리 모두가 잘 아는 것처럼 이세돌은 알파고를 상대로 인류 역사상 마지막일지도 모를 귀중한 1승을 따냅니다.

알파고 제로, 인간은 필요 없다

우리에게 익숙한 건 여기까지입니다. 알파고와의 대국은 2016년 당시 TV에서 생중계를 할 정도로 유명한 이벤트였고, 알파고는 우리에게 깊은 인상을 남겼습니다. 알파고는 이세돌을 꺾고 최고의 자리를 차지했지만 구글 딥마인드는 계속해서 알파고를 개선해나갑니다. 그리고 **알파고 제로**AlphaGo Zero가 등장합니다.

기존 알파고는 학습을 수행할 인간 바둑기사의 기보가 필요하며, 이를 습득해 실력을 키웠습니다. 그러나 알파고 제로는 처음부터 자신과의 대국을 통해 실력을 쌓아나갑니다. 완전히 무無에서 시작한다고 하여 알파고 '제로'라는 이름을 부여했죠. 알파고 제로는 매일 100만 대국을 휴식 없이 치를 수 있습니다. 인간이라면 여덟 살부터 여든 살까지 72년간 매일 다섯 차례씩 평생 대국을 해야 비로소 13만 대국을 둘 수 있죠. 그런데 휴식이 필요 없는 알파고는 사람이 평생

두는 대국보다 8배나 더 많은 100만 대국을 단 하루에 둘 수 있습니다. 그렇게 스스로 대국을 둔 지 단 3일 만에 알파고 제로는 이세돌을 꺾은 기존의 알파고를 100대 0으로 꺾는 실력을 쌓습니다. 40일 후에는 이전의 알파고 버전을 모두 격파하는 월등한 실력을 갖게 되죠.[8]

알파고 제로가 공개되기 전에는 기존 알파고보다 좀 더 성능이 좋은 알파고 마스터가 당시 세계 최강이었던 중국의 커제柯洁, 1997~와 대국을 둡니다. 당연히 이세돌을 꺾은 알파고보다 훨씬 더 강력한 상대를 커제가 이길 수 있을 리 없었죠. 커제는 5판 내내 한 판도 이기지 못한 채 패배하고 눈물을 쏟습니다.

오늘날 알파고 제로는 커제와 대국했던 알파고 마스터보다도 훨씬 강력합니다. 이제 인간은 더는 바둑에서 컴퓨터를 이길 수 없게 됐습니다. 이세돌이 알파고를 꺾은 네 번째 대국은 아마 인간이 컴퓨터를 꺾은 마지막 대국으로 영원히 남겠죠. 딥 블루가 세계 챔피언 카스파로프를 꺾은 이후 더 이상 인간이 컴퓨터보다 체스를 잘 둘 수 없게 되었듯, 바둑도 이제는 컴퓨터를 이길 수 없는 운명이 되었습니다.

이세돌과 알파고의 실력을 각각 **엘로 평점**Elo Rating으로 나타내보면 어떨까요? 엘로 평점은 과거 체스에 적용한 점수 체계로, 바둑에서도 동일하게 사용합니다. 엘로 평점은 이기면 증가하고 지면 감소하는 방식인데, 점수가 균일한 폭으로 증감하는 게 아니라 나보다 점수가 높은 상대를 이길 경우에는 점수가 큰 폭으로 증가하고, 나보다 점수가 낮은 상대를 이길 경우에는 점수가 작은 폭으로 증가합니다. 어려운 미션에 더 큰 보상을 주는 매우 합리적인 점수 산정 방식이죠. 이세돌과 알파고의 엘로 평점은 다음과 같습니다.

버전	엘로 평점	발표일	특징
이세돌	3,586	2010년 4월	이세돌의 최고 점수
알파고	3,739	2016년 3월	이세돌에 4승 1패
알파고 마스터	4,858	2017년 5월	프로 기사들에게 60전 전승, 커제에 5승 무패
알파고 제로	5,185	2017년 10월	이세돌을 이긴 알파고에 100전 전승, 알파고 마스터에 89승 11패

알파제로, 진정한 인공지능을 향하여

알파고 제로는 최강의 바둑 인공지능입니다. 무엇보다 알파고 제로는 더 이상 인간 바둑기사에게서 배우지 않고 스스로 학습해 실력을 키웠죠. 알파고 제로 이후에 딥마인드는 2018년 알파제로AlphaZero를 공개합니다. 알파제로도 원리는 비슷합니다. 하지만 이름에 바둑의 영문 명칭인 고Go가 빠진 것에서 알 수 있듯 알파제로는 이제 바둑뿐만 아니라 체스, 일본 장기까지 게임 영역을 넓혔습니다. 체스에서도 기존의 챔피언이었던 스톡피시Stockfish를 능가하는 수준에 이르렀습니다. 스톡피시는 강력한 가지치기 알고리즘으로 트리를 확장하는 경우를 최소화해 효율성을 높였습니다. 집에서 사용하는 가정용 PC에서 구동해도 20수 앞을 내다볼 정도로 강력한, 현존하는 최고의 체스 인공지능이었죠.

알파제로와 겨룬 스톡피시는 초당 7,000만 번의 수를 계산했습니다. 하지만 알파제로는 더 이상 이렇게 많은 수를 계산하지 않습니다. 약 8만 번 정도만 계산했는데 스톡피시와 비교해보면 875분의 1에 불과합니다. 각종 체스 규칙과 다양한 전술을 미리 입력해두고 활용하는 스톡피시와 달리 알파제로는 어떤 체스 전략도 사용하지 않았습니다. 대신 강화학습으로 스스로 학습한 다음, 인간과 마찬가지로 유효한 수만 찾아 마치 직관에 따른 것처럼 다음 수를 두었죠. 이렇게 해서 알파제로는 스톡피시와 100판을 겨뤄 28승 72무(바둑과 달리 체스는 무승부가 많이 나옵니다)로, 단 1판도 패하지 않고 압승했습니다. 알파제로는 바둑뿐만 아니라 체스, 장기까지 거의 모든 종류의 보드게임에서 인간의 도움 없이도 스스로 학습하여, 모든 수를 탐색하지 않고도 최고의 실력을 낼 수 있음을 증명했습니다.

　불과 250년 전 메케니컬 터크 시절에는 인간을 이기기 위해 인간이 기계인 척하며 체스를 두어야 했습니다. 하지만 지금은 입장이 완전히 뒤집어졌습니다. 인간 기사가 시합 도중 화장실에 다녀온다며 스마트폰으로 몰래 인공지능의 기보를 훔쳐보다가 실격패로 처리되는 일도 있었죠. 그야말로 격세지감입니다. 그렇다면 이제 컴퓨터는 인간을 능가하는 지능을 갖게 되었을까요?

　알파고가 인간을 능가했다고 해서 이제 인공지능이 모든 면에서 인간을 능가한다고 할 수는 없습니다. 스티븐 호킹은 살아생전에 "인간은 경쟁하기도 전에 인공지능에 추월당하고 만다"며 인류의 존재 자체를 위협할 수 있다고 경고한 반면, 세계 최고의 인공지능 연구자 중 한 명인 스탠퍼드대학교의 앤드류 응 교수는 "인공지능이 세상을 접수할 걱정을 하는 것은 화성에 인구가 너무 많아질까 걱정하는 것과 비슷하다"라고 말했습니다.

이미 컴퓨터는 인간을 능가합니다. 원래부터 컴퓨터는 인간보다 훨씬 더 빠르고 정확하게 계산했죠. 체스나 바둑은 수학 계산 문제와 크게 다르지 않습니다. 계산기가 인간보다 곱셈을 더 잘한다고 인간을 능가하는 지능의 출현이라고 호들갑을 떨지 않듯, 알파고도 마찬가지입니다. 알파고는 단지 인간보다, 정해진 규칙이 있는 바둑 게임에서 좀 더 계산을 잘했을 뿐입니다. 스탠퍼드 인공지능연구소 소장인 페이페이 리도 알파고가 이세돌에게 승리한 직후《뉴욕 타임스》와 가진 인터뷰[9]에서 인공지능이 이제 인간을 능가할 것이라며 걱정하는 사람들을 향해 "제가 보기에는 전혀 놀랍지 않습니다. 생각해보세요. 자동차가 인간보다 더 빨리 달리는 걸 놀랍게 여기는 사람이 어디 있나요?"라고 했죠.

미 대선 결과를 정확하게 예측하여 일약 스타로 떠오른 통계학자 네이트 실버Nate Silver, 1978~는 저서인 《신호와 소음》The Signal and the Noise에서[10] 인간을 능가하는 기계를 두고 "기술을 있는 그대로 바라보라"고 주문했습니다. "지나치게 기술에 의존해서도 안 되며 그렇다고 기술에 공포를 느껴서도 안 된다"면서 말이죠. 인간을 능가하는 인공지능의 등장은 여전히 먼 이야기입니다. 전혀 두려워할 필요가 없습니다. 무엇보다 컴퓨터에는 인간의 지혜와 능력이 담겨있습니다. 새로운 기술이 등장하더라도 인간의 그림자는 언제나 함께할 것입니다.

제3장

자율주행

테슬라가 꿈꾸는 기계

자율주행의 시작, 다르파 그랜드 챌린지

2004년 3월, 캘리포니아 남동부 모하비 사막에 수십 대의 자동차가 늘어섰습니다. 240여 km를 질주하는 다르파 그랜드 챌린지에 참가하기 위해서였죠. 그러나 출발부터 왠지 심상치가 않습니다. 차량 2대는 출발선에 서보지도 못하고 철수해야 했고, 1대는 출발과 동시에 거꾸로 뒤집혔습니다. 희한하게 생긴 자동차도 많았습니다. 게임에서나 볼 법한 버기카가 있고, 방금 화성에서 돌아온 듯한, 큐리오시티를 닮은 탐사차도 있었죠. 픽업트럭이나 지프 SUV, 6륜 군용트럭을 개조한 차도 있었습니다.

마치 영화 〈매드 맥스〉에 등장하는 차량들이 모여 있는 것 같았죠. 심지어 오프로드용 오토바이도 있었습니다. 이 오토바이는 상단에 AMD 서버를 장착하고, 내부에는 자이로스코프를 장착해 운전자의 도움 없이도 오토바이가 스스로 균형을 잡을 수 있도록 설계되어 있었습니다.[1] 이 오토바이는 관객의 관심을 끌었지만 출발하자마자 좌우로 요동치면서 넘어지더니 다시는 일어서지 못했습니다. 뒤늦게 오토바이의 균형 장치를 켜지 않았다는 사실을 깨달았지만 이미 때는 늦은 뒤였죠.

출발선을 나온 차량도 상황은 크게 다르지 않았습니다. 당시 선두로 달리던 차량은 1986년산 험비를 개조한 차였는데, 지붕을 잘라내 컴퓨터를 얹었고, 시트를 들어내 개조한 모습이었습니다. 이 차는 모퉁이를 돌아 나오다 제방에 걸리고 말았습니다. 빠져나오지 못한 채 타이어가 모두 타버릴 때까지 헛돌았죠.[2] 선두였음에도 불구하고 전체 주행거리 240km 중 고작 11.78km밖에 달리지 못한 상태였습니다. 결국은 소화기 분말을 뒤집어쓰는 운명을 맞이하고 말았죠.

이 대회에서 완주한 차량은 단 1대도 없었습니다. 왜 이런 일이 일어났을까요? 놀랍게도 이 대회에 참여한 모든 차에는 운전자가 없었습니다. 스스로 달리는 자율주행 차량들이었죠. 하지만 결과는 끔찍했습니다. 기자들이 우승팀을 취재하려고 황량한 사막까지 찾아와 코스 결승점인 네바다 프림에 잔뜩 모여 대기하고 있었지만, 우승은

커녕 결승점을 지난 차량을 단 1대도 볼 수 없었습니다. 기자들은 사막에서 멍하니 대기한 채 선두로 달리던 차가 고작 11km 정도를 달리다 불이 났다는 얘기밖에 들을 수 없었습니다.

당연히 다음날 언론에는 "사막에서 대실패를 겪은 다르파" 따위의 기사들만 잔뜩 올라왔습니다. "견인차 운전자에게만 좋았던 하루"라고 지적한 관람객도 있었습니다.[3] 게다가 **다르파**DARPA는 미 국방부 고등연구계획국의 약칭으로, 세금으로 운영되는 국방부 산하 정부기관입니다. 국민의 돈으로 운영되는 기관이 이런 최악의 결과를 내고 말았으니 비난의 화살이 쏟아졌죠.

다르파는 이른바 '미친 과학국'이라는 별명을 지닌 기관입니다. 1957년 소련이 세계 최초의 인공위성 스푸트니크 1호를 발사하자, 깜짝 놀란 미국이 이에 대응책으로 설립한 군사적 목적의 연구기관입니다. 혁신적인 연구를 후원하는 정부기관으로도 유명하죠. 1969년에는 인터넷의 원형이라 불리는 아파넷ARPAnet을 개발해 주목받았습니다. 아파넷이라는 이름은 다르파의 예전 이름인 아르파ARPA와 네트워크를 뜻하는 넷net의 합성어로, 원래 핵전쟁 상황에서도 통신이 가능한 군사용 네트워크로 설계되었습니다. 이것이 나중에 상호 연결된 컴퓨터 네트워크Interconnected Computer Networks라는 이름이 됐는데, 바로 우리에게 너무나 친숙한 '인터넷'Internet입니다.

이처럼 다르파는 매년 혁신적인 연구를 지원하며 상금을 내거는 경쟁 방식의 대회를 여는 것으로도 유명합니다. 2004년에 개최한 첫 자율주행 대회에도 상금 100만 달러가 걸려 있었습니다. 다르파가 이처럼 상금을 내건 이유는 군사적 목적의 자율주행차를 개발하기 위함이었죠. 미군은 보급품을 싣고 위험한 군사 지역을 통과할 때 자율주행차를 활용하고자 했습니다. 차량이 공격을 받거나 폭발하더라도 인명 피해가 없도록 하기 위해서였죠. 당시 미국 의회는 다르파 그랜드 챌린지를 승인하면서 2015년까지 지상 군용 차량의 3분의 1을 무인으로 운영하겠다는 계획을 발표합니다. 물론 2024년인 지금까지도 실전에 투입된 지상 군용 자율주행 차량은 1대도 없으니 지나치게 낙관적인 계획이었죠. 어쨌든 대회 장소 또한 당시 이라크 전쟁2003~2011년 중이던 중동 지역의 전투 현장과 비슷한 캘리포니아의 모하비 사막을 택합니다. 그러나 첫 대회는 앞서 얘기한 것처럼 최악의 결과를 낳았고, 우승자는 없었습니다. 당연히 상금을 받은 사람도 없었죠. 하지만 대회를 주최한 다르파의 책임자 앤서니 테더 Anthony Tether, 1941~는 이에 굴하지 않고 "우리는 다시 도전할 것이며, 이번에는 200만 달러의 상금을 걸겠다"라며, 상금을 2배로 올려 바로 이듬해 다시 대회를 개최합니다.

자율주행차 스탠리가 우승한 비결은?

2005년 다르파 그랜드 챌린지의 막이 다시 올랐습니다. 이번에는 지난 대회보다 훨씬 더 많은 팀이 참여했고 우승팀이 나올 것이란 기대도 커졌죠. 이 중 돋보이는 두 팀이 있었으니, 지난 대회에서 악조건 속에서도 고군분투하며 가장 오래 주행했던 카네기멜론대학교의 레드팀과 스탠퍼드대학교의 스탠퍼드 레이싱팀이었습니다. 자연스럽게 두 대학의 경쟁 구도가 형성됐습니다. 게다가 스탠퍼드대학교 소속으로 참여한 책임자 **세바스찬 스런**Sebastian Thrun, 1967~은 이전에 카네기멜론대학교의 교수이기도 했으며 카네기멜론대학교 소속의 책임자 레드 휘태커Red Whittaker, 1948~와는 동료 사이였기 때문에 경쟁이 더욱 치열해졌습니다.

다행히도 첫 번째 대회와 같은 끔찍한 악몽은 일어나지 않았습니다. 치열한 릴레이가 이어졌고 경쟁 끝에 스탠퍼드대학교의 **스탠리**Stanley가 6시간 54분 만에 승리를 거머쥐었습니다. 이외에도 23대의 결승 진출 차량 중 단 1대를 제외하고는 지난 대회의 최고 기록이었던 11여 km를 더 달렸고, 놀랍게도 212km에 달하는 풀코스를 완주한 차량도 5대나 됐습니다.

두 번째 대회는 대성공이었습니다. 그리고 본격적인 자율주행 자동차의 시대가 열리게 됩니다. 스탠리가 대회에서 우승한 비결이 무엇이었을까요? 첫 번째 대회에 참가한 팀들은 장애물이나 지형 같은 주변 환경을 인식하는 데 신경을 쓰지 않았습니다. 그저 GPS에 따라 정해진 경로를 주행하는 데에만 집중했죠. 하지만 스탠퍼드 레이싱 팀은 지도나 경로 탐색보다는 지형을 인식하는 기능이 훨씬 더 중요하다는 점을 깨달습니다. 지형지물이 복잡하지 않은 사막에서의 주행이지만 자동차의 주행을 방해하는 여러 장애물을 회피하는 기능이 훨씬 더 중요하다고 판단한 것이죠. 스탠퍼드 레이싱팀의 구성원은 대부분 로봇 공학자로 하드웨어 전문가들이었지만 하드웨어보다는 소프트웨어가 우승을 결정할 것임을 직감했고, 소프트웨어를 고도화하기 위해 그 이전까지 대부분의 자율주행 차량이 채택했던 규칙 기반의 소프트웨어를 포기했습니다. 그리고 데이터에서부터 규칙을 찾아나가는 머신러닝을 활용해 주행 문제를 해결하고자 했습니다.

머신러닝을 활용한 기본 아이디어는 사람이 스탠리를 직접 운전한다면 안전한 지형으로만 주행할 것이므로, 주행하지 않은 지형은 안전하지 않은 지형으로 가정한다는 것이었습니다. 이를 위한 학습 데이터를 수집하기 위해 여러 사람이 스탠리를 직접 운전하고 라이다로 자동차 주변을 측정했습니다.[4]

라이다가 장애물을 발견하면 그 위치를 장애물로 설정하고 그 안쪽은 운전 가능 구역으로 설정해 주행 가능한 곳으로 가정했고, 바깥쪽은 미확인 구역으로 설정해 주행할 수 없는 곳으로 가정했습니다. 이렇게 운전 가능 구역에서 주행한 기록을 학습 데이터로 삼아 엄청

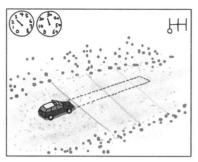
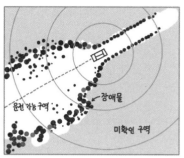

나게 많은 주행 데이터를 수집하여 머신러닝으로 학습했습니다. 기존에는 수많은 규칙을 일일이 입력해야 했지만 이제는 인간이 먼저 운전 가능 구역에서 운전 시범을 보이면 기계가 이를 배우게 한 셈입니다.

라이다와 머신러닝을 활용한 스탠퍼드 레이싱팀의 방식은 지형 탐지 알고리즘의 성능을 크게 향상시켰습니다. 그 전에는 스탠리가 안전하지 않은 지형을 안전한 지형으로 착각할 확률이 12.6%에 달했지만, 머신러닝을 적용한 뒤에는 0.002%로 획기적으로 줄어들었습니다.[5] 이제 첫 번째 대회 때처럼 장애물을 안전한 지형으로 착각해 부딪히는 사고가 일어날 확률은 거의 사라졌죠. 심지어 자신의 그림자를 장애물로 인지해 놀라 피하려다 사고가 나는 차량도 있었는데, 머신러닝은 이런 문제를 모두 해결했습니다. 스탠퍼드 레이싱팀의 책임자 스런은 대회가 끝난 후 인터뷰에서 자신의 경험을 이렇게 이야기했죠.[6]

차량이 스마트하게 움직이도록 하기 위해서는 두세 가지 규칙이 아니라 수만 가지 규칙이 필요하다는 점을 깨달았습니다. 한 번은 도로에 새가 앉아 있다가 차량이 다가가자 갑자기 날아오르는 일이 있었습니다. 자율주행차의 눈에는 새가 돌멩이처럼 보였습니다. 그래서 우리는 돌멩이와 새를 구분할 수 있을 만큼 자동차를 스마트하게 만들어야 했죠. 결국 우리가 선택한 방식은 머신러닝과 빅데이터였습니다. 다시 말해 수많은 규칙을 일일이 프로그래밍하는 것이 아니라 인간에게 운전을 가르치는 것과 똑같은 방식으로 기계를 가르치기로 했습니다. 저는 운전을 했고, 자율주행차는 저를 지켜보며 관련 행동을 모방했습니다.

구글의 공동 창업자인 래리 페이지Larry Page, 1973~도 이 대회에 주목했습니다. 대회에 참관하러 다르파 그랜드 챌린지 현장을 찾았고, 눈에 띄지 않기 위해 선글라스를 쓰고 있었지만 사람들은 한눈에 알아봤죠. 당시 스탠퍼드 레이싱팀을 이끌던 스런은 페이지와 나란히 앉아 자율주행차에 대한 많은 이야기를 나눕니다. 이후 스런은 2007년 구글에 합류합니다. 처음에는 구글 스트리트 뷰를 만들었습니다. 스트리트 뷰는 단순한 지도 서비스를 넘어 자율주행 서비스에서도 매우 중요한 역할을 할 수 있었죠.

그러나 스런은 선뜻 자율주행 프로젝트를 시작하지는 못합니다. 얼마나 어려운 프로젝트인지 스스로 너무나 잘 알고 있었기 때문이죠. 하지만 2년간 스트리트 뷰로 자율주행 프로젝트의 토대를 마련한 스런은 마침내 2009년부터 본격적으로 구글 자율주행 프로젝트를 시작합니다. 여기에는 페이지도 깊이 관여했다고 알려져 있습니다. 자율주행이 얼마나 어려운 프로젝트인지 잘 아는 스런이 감히 자

DARPA 그랜드 챌린지 우승
구글 합류
스트리트뷰 개발
구글 자율주행 프로젝트 시작

세바스찬 스런   2005   2007   2009

율주행 프로젝트를 시작하지 못하고 망설이고 있자, 과감하게 시작해보자고 부추긴 사람이 바로 페이지였죠.[7] 결국 페이지의 비전에 공감한 스런은 10여 명의 엔지니어로 자율주행팀을 꾸렸습니다. 이들 대부분은 다르파 그랜드 챌린지에 참가한 이력이 있는 자율주행 원년 멤버들이었죠. 이때부터 구글은 본격적으로 자율주행을 연구합니다. 기업이 주도하는 본격적인 자율주행 프로젝트가 사실상 이때부터 시작됩니다.

자율주행의 공식, 베이즈 정리

운전은 즐겁습니다. 하지만 모두에게 그렇지는 않습니다. 운전을 지루하게 여기는 이들도 있고 심지어 운전을 전혀 못하는 사람도 있습니다. 사실 저도 자동차 회사에 근무했지만 운전을 즐기는 편은 아닙니다. 게다가 항상 운전할 수 있는 상황에 놓여 있는 것은 아닙니다. 친구를 만나 술을 마신 후에는 운전을 할 수 없습니다. 운전 중에 졸음이 쏟아지기도 하고, 카톡이 울리기도 하죠. 결코 해서는 안 될 음주운전이나 졸음운전은 반복되고, 이는 결국 치명적인 사고로 이어지곤 합니다.

그러나 자율주행차는 하지 말아야 할 행동을 절대로 하지 않습니다. 언제나 운전에만 오롯이 집중하죠. 2020년 1월 기사[8]에 따르면 공공도로에서 구글의 자율주행차 웨이모Waymo는 약 3,200만 km(지구둘레를 800바퀴 돈 거리) 이상을 달렸으며, 2019년부터 21개월 동안 공공도로에서 600대의 자율주행 차량이 테스트 운행을 했지만 접촉 사고는 18건밖에 일어나지 않았습니다. 사고는 대부분 다른 운전자나 보행자의 실수였고, 생명을 위협하는 심각한 부상으로 이어지는 사고는 단 한 건도 없었습니다. 아직 상용화 단계가 아닌 개발 중인 시험차의 결과가 이 정도입니다.

그렇다면 자율주행차는 어떤 방식으로 운전대를 조작할까요? 1994년 우리나라 최초의 자율주행차 논문[9]을 고려대학교 연구실에서 발표했습니다. 이때까지만 해도 자율주행차는 주로 하드웨어 제어에 집중했죠. 당시에는 자동차를 정교한 기계가 맞물린 기계공학의 진수로만 바라봤습니다. 그래서 자율주행차의 가속 방식은 가속 페달을 직접 물리적인 힘으로 누르는 것이었죠. 당시의 논문을 보면 핸들을 조작하고, 진공 시스템으로 가속 페달과 브레이크 같은 제동 시스템을 제어하는 데에 자율주행 기술의 대부분을 할애한 것을 알 수 있습니다. 자동차를 조작하려면 사람이든 로봇이든 누군가는 페달에 힘을 줄 수 있는 기술이 필요했죠.

이는 2004년 다르파 그랜드 챌린지 때도 마찬가지였습니다. 참가 팀은 모두 로봇 공학자들이었고 하드웨어를 조작하는 데 대부분의 시간을 할애했습니다. 하지만 이들은 모두 실패했죠. 이듬해 2005년 대회 때 하드웨어 제어보다 소프트웨어 개발에 집중해서야 완주할 수 있었습니다.

이러한 변화의 흐름에 따라 최근의 자동차는 오히려 전자공학에 더 가깝습니다. 이른바 움직이는 컴퓨터라고 해도 과언이 아닐 정도죠. 자동차 기술의 발전으로 인해 지금의 자율주행차는 더 이상 물리적으로 제어할 필요가 없습니다. 이제 자율주행차는 소프트웨어의 힘에 의지해 움직이게 됐습니다.

자율주행차 스탠리 제작자들은 소프트웨어에 집중했습니다. 데이터를 기반으로 하는 머신러닝을 핵심기술로 활용해 대회에서 우승할 수 있었죠. 이제 더 이상 네모난 물체는 바위이고, 움직이는 물체는 새라는 식으로 규칙을 일일이 입력하지 않습니다. 스런이 "자동차가 스마트하게 움직이기 위해서는 두세 가지 법칙이 아니라 수만 가지 법칙이 필요하다"라고 했지만 그렇게 많은 규칙을 일일이 입력할 수는 없습니다. 대신 자율주행차는 **베이즈 정리**Bayes' Theorem라는 유명한 공식을 기반으로 운행을 해나갑니다.

베이즈 정리란 18세기 영국의 목사 토머스 베이즈Thomas Bayes, 1701~1761가 증명한, 확률에 관한 공식을 말합니다. 생전에 그는 수학 관련 책을 출간하지 않았고, 그의 공식 또한 아는 사람이 거의 없었죠. 이렇게 잊혀가던 공식은 19세기 프랑스 수학자 피에르 시몽 마르키스 드 라플라스Pierre Simon Marquis de Laplace, 1749~1827가 그의 업적을 정리해 베이즈 정리로 발표하면서 빛을 보게 됩니다. 참고로 라플라스는 나폴레옹의 수학 스승이기도 합니다. 라플라스에게 가르침을 받은 나폴레옹은 제1장에서 얘기한 것처럼 메케니컬 터크와 같은 기계에도 관심을 보이죠.

$$P(A|B) = \frac{\overbrace{P(B|A)}^{\text{실험결과}}\overbrace{P(A)}^{\text{사전확률}}}{P(B)}$$

$\underbrace{P(A|B)}_{\text{사후확률}}$

베이즈 정리는 위의 식과 같습니다. 사전 확률과 사후 확률의 관계를 나타내는 단순한 수학적 정리에 불과해 보입니다. 하지만 베이즈 정리는 수학 정리 그 이상의 의미를 갖고 있습니다. 수학적으로는 매우 간단한 형식에 불과하지만 철학적으로 본다면 놀라운 의미를 내포하고 있죠. 베이즈 정리는 우리의 고정관념을 뒤흔듭니다. 확률이라는 것은 믿음에 불과(?)할 뿐이며, 세상에는 절대 원칙이란 존재하지 않으므로, 무엇이든 조심스럽게 관찰하며 의심해야 한다고 얘기합니다.

한 가지 예를 들어보겠습니다. 수학에는 공리라는 게 있습니다. 공리란 자명한 진리를 말하며, 절대적인 것이므로 증명할 필요가 없고 의심해서는 안 되는 원칙을 일컫습니다. 기원전 300년경 탄생한 유클리드 기하학이 대표적입니다. 유클리드 기하학의 5가지 공리는 지난 2,000여 년간 절대적인 원칙이었죠.

1. 두 점이 주어졌을 때 이 두 점을 지나는 유일한 직선이 존재한다.

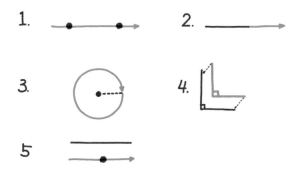

2. 한 선분이 주어졌을 때 이 선분을 직선으로 연장할 수 있다.

3. 한 점과 거리가 주어지면 그 점을 중심으로 하고 그 거리를 반지름으로 하는 유일한 원이 존재한다.

4. 임의의 두 직각은 서로 합동이다.

5. 직선 밖의 한 점을 지나면서 그 직선에 평행한 직선은 단 하나 존재한다.

그런데 5번째 공리인 '직선 밖의 한 점을 지나면서 그 직선에 평행한 직선은 단 하나 존재한다'에 의심을 갖는 이들이 생겨나기 시작합니다. 지난 2,000여 년간 절대적 진리이자 마치 성서와도 같았던 유클리드 기하학의 권위에 감히 도전자가 나타났죠. 이들은 권위에 굴복하지 않았고, 끈질기게 탐구한 끝에 결국 모순을 발견하여 비유클리드 기하학을 탄생시켰습니다. 후대에 알베르트 아인슈타인Albert Einstein, 1879~1955은 이 개념을 활용해 우주는 평평하지 않고 중력에 의해 휘어져 있음을 증명하고 '일반 상대성 이론'의 기초를 마련하죠. 이처럼 수천 년간 이어져 내려온 자명한 진리, 즉 공리도 후대에 얼마든지 부정될 수 있습니다.

세상에 절대 원칙이란 존재하지 않습니다. 오랜 기간 이어져 내려온 자명한 진리도 보다시피 얼마든지 부정될 수 있습니다. 그만큼 세상은 단순하지 않고 정답은 뒤죽박죽 섞여 있습니다. 그래서 이전 확률에 따라 또 그 이후에 실험 결과에 따라 어떠한 원칙도 얼마든지 변할 수 있다는 믿음이 중요합니다. 이것이 바로 확률을 믿음으로 바라보는 베이즈 정리의 핵심입니다. 베이즈를 따르는 베이즈주의자 Bayesian들은 결국 실험 결과에 따라 어떠한 절대 원칙도 깨트릴 수 있다는 열린 사고방식을 갖고 있습니다.

현대 통계학의 아버지라고 불리는 로널드 피셔Ronald Fischer, 1890~1962는 확률을 믿음으로 바라보는 이런 베이즈 정리를 매우 강하게 비판한 것으로 유명합니다. 베이즈 정리는 지나치게 주관적이라는 거죠. 피셔를 중심으로 하는 통계 추종자들을 **빈도주의자** Frequentist라고 하는데, 이들은 베이즈주의자가 과학의 객관성을 훼손한다고 보고 강하게 비판했습니다. 빈도주의자들이 이해하는 확률은 출현 빈도수입니다. 예를 들어 주사위를 600번 굴려 4가 100번 나왔다면 확률은 정확히 $\frac{1}{6}$이죠. 우리가 잘 알고 있는 고전적인 통계 방식이기도 하며, 학창 시절에 우리가 배운 통계도 바로 이 빈도주의에 따른 겁니다.

로널드 피셔

그런데 베이즈주의자는 확률을 믿음으로 바라본다고 했죠. 이렇게 얘기하고 보니 정말 이상해 보입니다. 객관적이고 정확해야 할 수학에서 믿음이라는 표현을 사용하다니요? 그렇다면 이들이 확률을 다루는 방식은 어떨까요? 앞서 주사위의 예를 다시 들어보죠. 이들에게 주사위의 눈금은 곧 믿음입니다. 4가 나올 확률은 $\frac{1}{6}$이라고 믿고 있죠. 그런데 어느 날부터 갑자기 4가 더 많이 나오기 시작합니다. 600번 굴리니 105번, 110번씩 나오기 시작한 거죠. 베이즈주의자는 이런 경우에 믿음을 계속해서 업데이트합니다. 과거의 사례를 바탕으로 사전 확률은 $\frac{1}{6}$로 정했지만 어느 날부터 더 나오기 시작한다면 이후 믿음을 계속 업데이트해나가면서 $\frac{1}{5.7}$이 되었다가 또 $\frac{1}{5.4}$가 되었다가 이런 식으로 점점 바뀌게 되죠.

주사위를 던져 4가 나올 확률이 $\frac{1}{5.4}$이라니 이게 무슨 말도 안 되는 얘기인가요? 하지만 모든 것이 복잡하게 얽혀 있는 현실 세계에서는 얼마든지 일어날 수 있는 일입니다. 주사위를 계속해서 사용하다 보면 한쪽 면이 닳거나, 모서리가 뭉개지거나 하면서 말이죠.

아직도 베이즈 정리가 와닿지 않는다면 자본주의 시장경제에서 가격 결정의 원리를 떠올려봅시다. 시장에서 물건의 가격은 어떻게 결정되나요? 어떤 절대적인 기준이 존재하나요? 그렇지 않습니다. 가격은 수요와 공급에 의해 결정됩니다. 공급이 수요를 초과하면 가격이 떨어지고, 수요가 공급을 초과하면 가격이 올라갑니다. 이렇게 가격은 점차 조정되다가 마침내 균형에 이르죠. 확률을 믿음으로 보는 베이즈 정리도 이와 비슷합니다. 믿음을 지속적으로 업데이트하다가 균형에 이른다는 점에서 말이죠. 실제로 자본주의의 아버지 애덤 스미스Adam Smith, 1723~1790와 베이즈 정리의 토머스 베이즈는 동시대

사람이며, 두 사람 모두 스코틀랜드에서 교육받았고, 철학자 데이비드 흄David Hume, 1711~1776의 영향을 받았다는 점에서 많은 부분이 유사합니다.[10] 결국 이 둘은 대중이 지닌 지혜의 장점을 취하는 합의 추구 과정이라고도 할 수 있습니다. 그리고 우리는 대중이 얼마나 지혜로운지 이미 제1장에서 살펴본 바 있습니다.

베이즈 정리는 확률을 믿음으로 바라보고 업데이트해나갑니다. 그렇다면 베이즈 정리가 자율주행차와 과연 무슨 관련이 있을까요? 자율주행차는 항상 불안해합니다. 자율주행차가 받아들이는 것은 무엇 하나 확실하지 않은 신호들뿐이죠. 자율주행차는 이런 악조건 속에서도 합리적으로 판단해 안전한 경로로 주행해야 합니다. 이때 자율주행차의 상황 판단은 수학 문제와 같이 단 하나의 규칙으로 깔끔하게 해결되지 않습니다. 주행 중 도로를 살펴보며 가야 할 구간과 가지 말아야 할 구간을 끊임없이 판단해야 합니다. 안전한 구간이라면 안전하다는 신호를 계속해서 업데이트하고, 위험 요소를 발견할 경우 위험하다는 신호를 지속적으로 업데이트하는 식이죠.

여기에 바로 믿음을 업데이트하는 베이즈 정리를 활용합니다. 자율주행차는 새로운 신호가 들어올 때마다 기존의 믿음을 새로운 믿음으로 끊임없이 업데이트합니다.

이 과정을 좀 더 쉽게 풀어보도록 하죠. 처음에는 위험하지 않은 구간이었는데, 라이다로 감지해보니 다소 위험해 보입니다. 이제 그곳을 다소 위험한 구간으로 인식합니다. 이번에는 레이더로 확인해보니 장애물을 감지해 좀 더 위험한 구간으로 확신합니다. 이제 자동차는 절대 그 구간으로 가지 않습니다. 위험할 것이 거의 확실하기

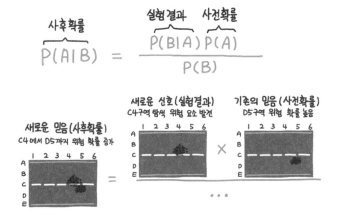

때문이죠. 자칫 특정 센서가 안전하다는 신호를 보낼지라도 이미 상당히 위험하다는 믿음을 갖고 있기 때문에 위험할 확률은 좀처럼 낮아지지 않습니다. 하지만 지속적으로 안전하다는 신호가 계속해서 유입된다면 다시 위험 확률은 낮아집니다. 이처럼 자율주행차는 여러 가지 신호를 받아 믿음을 지속적으로 업데이트하면서 운전해나갑니다.

자율주행차는 믿음을 지속적으로 업데이트하기 위해 여러 센서로 다양한 데이터를 수집합니다. 만약 GPS만 이용해서 도로를 주행한다고 가정한다면, 터널에 들어가거나 지하도를 통과할 때는 GPS가 작동하지 않아 매우 위험한 상황에 처하죠. 따라서 자율주행차는 각 센서의 약점을 보완해줄 다양한 센서를 병행해서 활용합니다.

센서 전쟁: 레이더, 라이다 그리고 카메라

먼저 **레이더**RAdio Detection And Ranging, Radar입니다. 레이더는 2차 세계 대전 전후에 영국에서 개발한, 상대방의 전투기를 탐지하는 군사용 장비입니다. 당시 전쟁에서 독일의 움직임을 사전에 포착하는 큰 활약을 하죠. 영화에서처럼 눈에 보이지도 않을 정도로 멀리 있는 상대방 전투기의 위치가 레이더에서는 보이죠. 레이더는 전자파를 쏘아 올려 물체에 반사된 반사파를 측정합니다. 덕분에 보이지 않을 만큼 원거리에 있는 적도 감지할 수 있죠. 적을 조기에 발견하는 데 무척 유용해서 현대전에서는 필수로 쓰이는 장비입니다. 그리고 레이더는 이제 자율주행차에도 필수입니다. 자율주행차에서 레이더는 반사된 전자파를 분석해 많은 정보를 알아낼 수 있죠. 전자파는 빛의 속도로 나아가 순식간에 물체를 인식할 수 있고 야간이나 악천후에도 안정적으로 작동합니다.

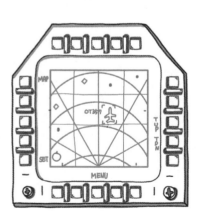

　반면 단점도 있습니다. 정밀하지 못하고 파장이 크기 때문에 작은 물체는 측정하기 어렵습니다. 또한 전자파가 물체에 맞고 되돌아올 때 시간과 각도의 차이가 발생하기 때문에 거리와 방향을 정확하게 파악하기가 어렵습니다. 이외에도 나무나 플라스틱 같은, 전기가 통하지 않는 부도체不導體는 전자파를 반사하지 못하기 때문에 인식을 잘할 수 없는 문제가 있습니다.

그럼에도 불구하고 요즘에는 레이더가 고급 승용차에도 달려서 나옵니다. 상대적으로 저렴하면서도 우수한 성능 덕분이죠. 제네시스 G80만 해도 후면에 후측방 레이더 2개를 포함해 차량 전체에 레이더를 5개나 달아, 첨단 운전자 보조 시스템Advanced Driver Assistance System, ADAS등에 활용하고 있습니다.

다음으로, **라이다**LIght Detection And Ranging, LiDAR입니다. 아마, 자율주행차 하면 가장 먼저 떠오르는 센서가 아닐까 합니다. 특히 대부분의 라이다가 자동차 지붕 위에서 빙글빙글 돌아가는 독특한 형태를 띠고 있어 자율주행차의 대표적인 모양새를 완성합니다.

레이더가 전자파를 발사해 반사파를 측정한다면 라이다는 레이저 빛을 발사해 반사되어 돌아오는 것을 측정합니다. 그래서 이름이 빛Light과 레이더Radar의 합성어인 라이다LiDAR죠. 라이다는 레이더에 비해 물체의 거리와 방향을 훨씬 더 정교하고 입체적으로 파악합니

다. 빛이 반사되어 돌아오는 시간을 측정해 각각의 거리를 알아내어 3차원 분석까지 가능하죠.

레이저 빛을 이용하는 라이다는 직선으로 길게 뻗어나가기 때문에 채널 단위로 레이저를 쏘면서 차량의 지붕 위에서 360도로 회전하는 방식으로 주로 활용됩니다. 가장 유명한 라이다 생산업체인 벨로다인의 64채널 라이다는 64개의 레이저가 분당 최대 900회 회전하며, 초당 최대 220만 차례 데이터를 측정하죠. 라이다는 일종의 디지털 스프레이로 볼 수 있습니다. 투명한 물체가 가득한 방에 64개의 빨간색 스프레이 통을 들고 분당 900회를 돌면서 뿌려댄다고 생각해보세요. 그러면 물체가 있는 자리에는 빨간색 형체가 남을 것입니다. 이처럼 라이다는 매우 높은 밀도로 주변 사물을 인식해 주변 환경을 바라봅니다.

자율주행차에서 라이다는 단순한 센서 그 이상의 의미를 갖습니다. 왜냐하면 벨로다인의 창업자 데이비드 홀David Hall은 두 번째 자율주행차 대회였던 2005년 다르파 그랜드 챌린지의 참가자이기도 하거든요. 아쉽게도 그의 팀은 코스를 완주하지 못했지만 대신 그는

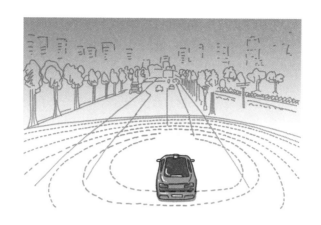

새로운 목표를 세웁니다. 대회에 참가하며 만들었던 라이다 센서를 자율주행차 용도로 개선하여 상용화하기로 말이죠. 서브우퍼 오디오 회사였던 벨로다인은 이때부터 64채널 라이다를 생산하기 시작합니다. 2007년 대회에서는 코스를 완주한 6개의 팀 중 5개의 팀이 이 센서를 채택할 정도로 유명해졌고, 미국 스미스소니언 역사박물관에 기증될 정도로 벨로다인의 라이다는 자율주행의 역사와 맥을 함께합니다.[11] 그리고 이후에 등장하는 거의 모든 자율주행차는 벨로다인의 라이다를 기본으로 탑재할 정도로 필수적인 센서가 됩니다.

물론 라이다가 장점만 있는 것은 아닙니다. 레이저 빛을 이용하는 특성상 악천후에 영향을 받습니다. 안개나 비 또는 눈 입자에 빛이 반사되면 주변 환경 인식에 왜곡이 발생하기 때문입니다. 감지 범위도 길지 않습니다. 전자파를 이용하는 레이더처럼 원거리를 측정할 수는 없고 빛을 이용하기 때문에 최신 라이다도 측정 범위가 고작 몇백 미터 수준에 불과합니다. 가격도 문제입니다. 점차 저렴한 라이다가 나오고 있지만 여전히 비싼 가격 탓에 대중화는 이릅니다. 아직 양산차에 장착하는 경우는 거의 없고, 자율주행을 실험하는 차량에만 겨우 달 수 있을 정도죠. 만약 여러분이 길거리에서 지붕 위에 뱅글뱅글 돌고 있는 무언가가 달려 있는 자동차와 마주쳤다면 그 자동차는 십중팔구 실험 중인 자율주행차일 겁니다.

자, 이제 레이더와 라이다의 장단점을 비교해서 정리해봅시다. 전자파를 이용하는 레이더는 장거리 측정이 가능하고, 물체 내부까지도 감지할 수 있습니다. 날씨의 영향도 거의 받지 않죠. 하지만 물체의 거리나 방향, 모양이나 구조는 제대로 파악하기가 어렵습니다. 반면, 빛을 이용하는 라이다는 정확하게 물체를 인식하고 밀도 있게 표현해낼 수 있지만 거친 날씨에 영향을 받고, 장거리 측정은 정확도가 현저히 떨어집니다.

이렇게 놓고 보면 어느 하나 완벽한 것은 없습니다. 하지만 자율주행차를 완벽하게 만드는 것은 이처럼 완벽하지 않은 센서들이 여러 개 모여 서로의 장단점을 보완해줄 때죠. 사용할 수 있는 센서가 많으면 많을수록 점점 더 완벽해집니다. 그리고 우리에게는 사람의 눈과 가장 유사한 센서가 아직 하나 더 남아 있습니다. 여기서 잠깐, 스탠리 얘기로 돌아가봅시다.

당시 스탠리는 이미 라이다를 장착하고 이를 핵심 센서로 활용합니다. 그러나 GPS가 터널에 들어가면 작동하지 않는 것처럼 당시 라이다에도 치명적인 문제가 있었습니다. 불과 30m 앞까지만 감지할 수 있었던 거죠. 이 말은 스탠리가 고속으로 주행하기는 어렵다는 얘기였습니다. 당시 대회에는 지그재그 형태의 도로가 많았기 때문에 무턱대고 속도를 높일 수 없는 환경이었지만 그렇다고 항상 안전한 속도로만 주행하면 승리를 장담하기 어려웠죠.

스탠퍼드 레이싱팀은 스탠리가 라이다의 범위를 넘어서는 구간을 파악할 방법을 찾기 시작합니다. 그리고 정답은 의외로 쉽게 찾을 수 있었습니다. 인간처럼 바라보면 되는 거였죠. 바로 카메라였습니다. 카메라는 라이다보다 훨씬 더 멀리 볼 수 있었습니다. 그래서 라이다가 주행 가능한 도로를 식별하고 카메라가 멀리까지 보면서 장애물이 없다고 판단하면 그 길은 안전한 거였죠. 이런 식으로 스탠리는 시야를 80m까지 확장할 수 있었고, 주행 속도를 최대 72km까지 높일 수 있었습니다.[12]

카메라, 동물의 눈으로 도로를 바라보다

스탠리가 우승한 2005년도만 해도 카메라로 측정한 도로 사진을 제대로 판별할 수 있는 기술은 턱없이 부족했습니다. 그래서 당시 스탠리가 택한 방법은 머신러닝 기법 중 하나인 클러스터링Clustering이었습니다. 클러스터링이란 비슷한 개체끼리 하나의 군집Cluster으로 묶는 기법을 말하는데, 당시 스탠리는 도로 사진을 하나의 군집으로 처리하고 비슷한 색상의 사진을 같은 도로로 판별하는 기법을 사용했습니다.

즉 주행 중인 바닥면의 사진을 카메라로 촬영하고 이 색상과 비슷한 색상이라면 그곳을 도로로 간주한 것이죠. 만약 사막을 달리는 중이라면 회색과 갈색이 섞인 색상의 묶음을 도로로 보는 겁니다.[13] 이렇게 스탠리는 지속적으로 사진을 촬영하면서 색상을 비교했습니다. 여전히 회색과 갈색이 섞여 있는 사진이라면 도로이고, 그렇지 않다면 도로가 아니라고 판단했죠. 도로로 판별했다면 이후에 쭉 이어지는 라인도 모두 도로로 보고 더욱 속력을 높였습니다. 이처럼 스탠리는 도로 색상을 지속적으로 반복 계산하면서 주행해 나갔습니다.

색상 비교만으로 도로 여부를 판별했다는 것은 지금 기준으로 보면 매우 위험한 발상이긴 합니다. 하지만 당시만 해도 이미지 인식에는 한계가 있었고, 당시 기술로는 최선의 방법이었죠. 스탠리는 이러한 방법으로 우승을 차지할 수 있었습니다. 물론 지금은 훨씬 더 정교한 기술이 있기 때문에 단순히 색상만 판별하는 게 아니라 카메라 영상 자체를 종합적으로 판단해 주행해 나갑니다. 그렇다면 지금의 자율주행차는 카메라가 촬영한 이미지를 어떻게 인식할까요?

페이스북의 AI 연구소장 얀 르쿤은 1989년에 〈손으로 쓴 우편번호 인식에 적용된 오차역전파법〉이라는 기념비적인 논문을 발표합니다. 미국 우체국이 제공한, 손으로 작성한 숫자 데이터를 이용했는데 오차율이 5%밖에 되지 않았죠. 그는 컨볼루션이라는 신경망 기법을 이용해 상업용 프로그램을 개발했고 은행 수표에 손으로 쓴 숫자를 읽어낼 수 있게 했습니다. 이 컨볼루션 기법은 동물 시각피질의 작동 원리에서 착안한 것으로, 동물의 눈으로 사물을 바라보는 방식과 비슷합니다. 무엇보다 아주 잘 인식했죠. 학계와 업계에서 모두 큰 성공을 거두었고, 이미지 인식 기술의 기념비적인 성과를 올렸습니다. 그렇다면 컨볼루션 기법은 어떻게 탄생했을까요?

생물학자 데이비드 허블David Hubel, 1926~2013과 토르스텐 비셀Torsten Wiesel, 1924~은 1959년, 고양이를 마취시킨 후 두뇌에 전극을 꽂아 시각피질의 활동을 관찰했습니다. 동물의 눈으로 유입된 시각 정보가 어떻게 시신경을 거쳐 뇌에서 처리되는지 그 과정을 살펴보고자 했죠. 먼저, 망막은 다양한 종류의 시각 데이터에 모두 반응했습니다. 그러나 세포들의 반응은 달랐습니다. 시각피질을 구성하는 세포는 점, 막대, 모서리 같은 특이한 모양에만 반응했습니다. 그래서 나중에 이 세포들에 막대 탐지기Bar Detector 또는 모서리 탐지기Edge Detector 라는 이름을 붙였죠.[14]

동물이 이미지를 판별하는 과정은 사물 전체를 한 번에 보

는 대신 부분으로 조각내어 살펴보는 것과 비슷했습니다. 복잡한 이미지를 단순한 선과 모서리로 해체하는 것이죠. 이 과정을 바탕으로 컨볼루션이라는 기법이 탄생합니다.

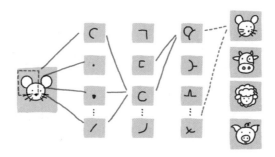

그림처럼 쥐 그림을 바라볼 때 조각낸 부분을 살피면서 필터링한 결과, 즉 컨볼루션 작업을 거치면 앞서 고양이의 시각 세포가 막대나 모서리 모양에 반응했던 것처럼 이미지의 특징을 인식하고, 이 특징을 모아서 학습하면 비로소 컨볼루션 방식의 딥러닝이 완성됩니다. 이러한 방식을 **컨볼루션 신경망**Convolutional Neural Network, CNN이라고 합니다. 이전에도 비슷한 방식으로 동물의 시각 반응을 구현해보려고 여러 차례 시도했지만 딥러닝은 이 모든 과정을 데이터를 이용해 자동으로 처리했다는 차이점이 있습니다. 그리고 르쿤은 1989년부터 이러한 컨볼루션을 이용한 신경망을 도입해 이미지 인식 기술 영역에서 혁신적인 성과를 거둡니다.

컨볼루션 과정을 수학적 형태로 좀 더 구체적으로 살펴봅시다. 컴퓨터는 먼저 그림과 같이 이미지 정보를 RGB 색상값 등의 숫자로 표

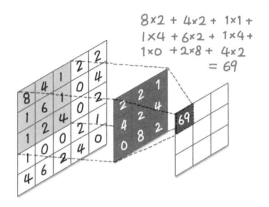

$$8\times2 + 4\times2 + 1\times1 +$$
$$1\times4 + 6\times2 + 1\times4 +$$
$$1\times0 + 2\times8 + 4\times2$$
$$= 69$$

주15

현합니다. 그리고 동물의 망막을 연상케 하는 필터에 가중치를 할당한 다음 이미지 전체를 훑으며 계산해나가죠. 곱셈, 덧셈한 결과를 출력하면 이미지의 특징이 숫자로 추출됩니다. 이 과정은 동물이 막대나 모서리에 반응하는 것과 비슷합니다. 막대나 모서리 모양 같은 이미지의 특징이 계산 결과로 추출되기 때문이죠. 실제로 이 방식은 매우 잘 작동했고, 앞서 소개한 이미지넷 대회에서 월등한 성능으로 1등을 차지한 것도 바로 이 컨볼루션 신경망 덕분입니다.

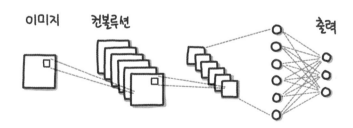

컨볼루션 신경망의 전체 과정을 펼쳐보면 앞의 그림과 같습니다.

여러 번 필터링한 결과를 인공 신경망의 뉴런을 거쳐 최종 결과로 추출하는 거죠. 딥러닝에서 가장 좋은 성과를 내고 있는 분야도 컨볼루션 신경망을 이용한 이미지 인식입니다. 자율주행차가 카메라로 촬영한 이미지를 정확하게 인식할 수 있는 이유도 바로 컨볼루션 신경망을 이용한 딥러닝 덕분입니다. 제1장에서 얘기한 것처럼 이미지넷 대회에서 모든 팀이 인간을 능가하는 수준에 이르렀고, 문제가 해결된 것으로 보고 2017년을 끝으로 대회가 중단되었다고 했죠. 이처럼 월등한 컨볼루션 신경망을 오늘날 자율주행차가 활용하고 있는 겁니다.

무엇보다 카메라는 인간이 사물을 인식하는 방식과 동일하게 환경을 인식할 수 있습니다. 예를 들어 차선 인식은 카메라만이 할 수 있습니다. 차선은 가드레일이나 연석 같이 형태를 띤 물체가 아니라 레이더나 값비싼 라이다 센서로도 제대로 인식하기가 어렵습니다. 반면 카메라는 차선을 인식할 수 있죠.

신호등이나 표지판도 마찬가지입니다. 반사파를 이용하는 레이더나 빛을 이용하는 라이다는 표지판이 있다는 정보만 알 수 있을 뿐

표지판에 그려진 내용까지는 파악할 수 없습니다.[16] 이 역시 카메라만이 가능하죠. 카메라로 들어온 이미지 정보를 지금까지 얘기한 컨볼루션 신경망을 이용해 인간보다 더 뛰어나게 인식합니다. 이제는 카메라만으로도 충분히 만족스러운 인식 성능을 낼 수 있죠. 실제로 테슬라의 경우 자율주행의 정체성을 표현하는 센서이자 가장 비싼 센서이기도 한 라이다를 없애고 카메라를 핵심적으로 활용하면서 자율주행을 구현하고 있습니다.

2015년 일론 머스크는 인터뷰에서 "라이다는 필요 없고, 레이더만으로 충분하다"라고 말합니다. 그리고 이렇게 덧붙였죠.[17]

라이다 없이도 충분히 가능합니다. 저는 라이다의 지지자가 아닐뿐더러 라이다가 현시점에 적합한 기술이라고 생각지도 않습니다.

그로부터 얼마 지나지 않아 이제 테슬라는 레이더조차도 필요 없다고 얘기합니다. 온전히 카메라만으로 자율주행을 완벽하게 구현하겠다고 선언한 거죠.

모방 학습, 인간의 운전 습관을 그대로 모방하다

카메라를 통한 사물 인식 기술은 거의 완성 단계에 있습니다. 성능을 더욱 높이기 위해서는 정교한 데이터가 훨씬 더 중요한 시점이 되었죠. 정확한 인식을 위해서는 수많은 주행 데이터에서 정교하게 라벨링된 학습 데이터가 필요합니다. 애초에 데이터가 정교하지 않다면 아무리 훌륭한 기술을 써도 좋은 결과를 내기는 어렵습니다.

도로 위 장애물이 라벨링된 주행 데이터

그림처럼 차량이 직접 보내온 주행 데이터에서 장애물을 라벨링합니다. 이를 학습 데이터로 활용하여 모델을 정교하게 개선해 나가죠. 라벨링은 전문적으로 교육받은 라벨러가 일정한 기준에 따라 합니다. 저마다 기준이 다르다면 아무리 훌륭한 딥러닝이라도 제대로 된 성능을 발휘할 수 없습니다. 일정한 기준에 맞춰 정교하게 라벨링하여 나중에 모델이 저마다 다르게 예측하는 일이 없도록 해야 합니다.

물론 아무리 정교하게 학습했다 할지라도 오인식은 반드시 일어납니다. 더구나 처음 맞는 상황이 발생했다면 다음번에는 대응할 수 있도록 상황 판단을 추가로 학습할 필요도 있습니다. 오인식이 발생하거나 자율주행 중 갑자기 차선을 제대로 인지하지 못한다면 주행 데이터에 판별하기 어려운 상황이 있다고 가정할 수 있습니다. 이 경우 인지하기 직전의 데이터를 올바르게 라벨링하여 다음번 학습의 데이터로 재활용합니다. 이런 방식으로 학습 데이터를 점점 더 정교하게 구축하면, 모델이 점점 더 정확하게 예측해낼 수 있죠.

매번 사람이 직접 라벨링하는 것은 아닙니다. 사람의 개입은 생각보다 비용이 많이 드는 작업입니다. 따라서 자율주행차가 스스로 특정 상황을 자동으로 인지하여 라벨링하기도 합니다.

갑자기 끼어들기 감지

예를 들어 차량이 갑자기 끼어들어 위험한 상황을 감지했다면 그 직전의 차량 행동, 예를 들어 깜빡이를 켜지 않았다거나 끼어든 차량의 좌우 움직임이 갑자기 빨라졌다거나 하는 경우를 위험한 상황으로 감지하고 자동으로 라벨링하여 이를 학습 데이터로 활용하는 거죠. 실제로 테슬라가 이러한 방식을 활용합니다. 끼어들기 등 갑자기 위험한 상황이 발생하여 급제동을 했다면, 전후 카메라가 촬영한 이미지를 위험 상황으로 라벨링하여 테슬라 측에 전송하죠.

이처럼 도로 상황을 더 정확하게 인지할 수 있도록 끊임없이 데이터를 구축하고 다시 학습합니다. 인식이 제대로 되지 않는 상황이 발생했다면 관련 데이터를 라벨링하여 다시 학습합니다. 차량에 위험한 상황이 발생했다면 직전의 데이터를 스스로 위험 상황으로 라벨링하여 학습합니다. 이렇게 정교함을 높인 모델을 차량에 배포하여 자율주행차의 정확도를 점점 더 높여 나갑니다.

그렇다면 상황을 인지한 후에는 어떻게 대응할까요? 이때 하는 일이 **모방 학습**Imitation Learning입니다. 상황을 인지한 후 해당 상황에서 어떤 식으로 운전하느냐는 전적으로 사람의 운전 습관을 그대로 모방한다는 얘기죠. 예를 들어 복잡한 교차로에 진입할 때 사람 운전자는 속도를 줄이고 천천히 진입합니다. 자율주행차도 이를 모방해 교차로에서 속도를 줄인 채 천천히 진입을 시도합니다. 이처럼 자율주행차는 먼저 데이터를 구축하고 학습을 통해 정확하게 상황을 인지한 후에는 인간의 주행 방식을 그대로 모방하여 실제 주행을 해나갑니다.

그렇다면 자율주행 단계는 어떻게 구분할까요? 한 번쯤 본 적이 있을지도 모르겠습니다. 자율주행 기술은 수준에 따라, 자동 주행 기능이 전혀 없는 0단계부터 완전 자율주행이 가능한 5단계까지 총 여섯 단계로 나뉩니다. 각 단계를 간단하게 요약하면 다음과 같습니다.

- 0단계: 자율주행 기능 없음.
- 1단계: 발 떼기 - 크루즈 컨트롤(정속 주행), 충돌 경고, 비상 제동 가능.
- 2단계: 손 떼기 - 조향 제어 가능.
- 3단계: 눈 감기 - 부분 자율주행 가능. 운전자는 책을 읽거나 영화를 볼 수 있음. 그러나 필요할 때 일정 시간 이내에 운전자가 즉각 개입할 수 있어야 함.
- 4단계: 뇌 끄기 - 고급 자율주행 가능. 운전자는 잠들어도 무방하지만 지정된 영역을 벗어나거나 특수한 상황에서는 운전자의 개입이 필요할 수 있음.
- 5단계: 완전 자율주행 가능. 인간의 도움이 전혀 필요 없음.

2024년을 기준으로, 자율주행을 내건 양산차는 여전히 2단계에 머물고 있습니다. 테슬라조차도 말이죠. 하지만 많은 자동차 회사들이 3단계에 도전하고 있으며, 아마 4단계 즈음 되면 세상은 지금과는 꽤 다른 모습일 거예요.

그렇다면 정말 자율주행 수준이 올라가면 아무런 문제가 없을까요? 운전자가 운전석에서 두 다리 뻗고 자는 장면이 정말로 펼쳐질까요?

완벽한 자율주행은 가능할까?

구글의 자율주행차 회사인 웨이모는 2020년에만 우리 돈 3조 2,000억 원에 달하는 돈을 투자받았습니다. 2021년에는 3조 5,000억 원을 추가로 조달받았죠. 2024년에 구글은 다시 7조 원 추가 투자를 발표했는데, 그럼에도 불구하고 웨이모의 상용화 시점은 여전히 오리무중입니다. 2024년 현재 도로를 주행하는 모든 완전 자율주행차의 수도 여전히 0대죠. 왜 이런 일이 일어났을까요?

많은 가정에서 사용하는 스마트 스피커와 비교해 보죠. 카카오미니나 SKT NUGU가 100번의 발화 중 99번을 제대로 알아듣는다면 정말 훌륭하다고 여길 수 있습니다. 그런데 100개의 정지 신호 중 99개를 제대로 인식하는 자율주행차가 있다고 생각해 봅시다. 마찬가지로 박수 쳐줄 생각이 들까요? 자율주행 기능에는 엄격할 수밖에 없습니다. 단 한 번의 오인식으로 끔찍한 결과를 초래할 수 있기 때문이죠. 단 한 번의 실수로 생명을 잃을 수도 있는 문제입니다. 이 때문에 자율주행 기술은 무엇보다 완벽에 가까워야 합니다. 그래서 특히 어렵죠. 공격적인 활용은 자칫 큰 재앙을 불러올 수 있습니다. 이미 테슬라의 자율주행 기능이 운전자의 안이한 대응을 불러 문제가 된 바가 있고 벌써 수차례의 사망 사고를 기록했습니다. 단 한 차례의 사망 사고를 낸 웨이모와는 대조적이죠. 이 역시도 상대 차가 중앙선을 넘어와서 발생한 사고였습니다.

테슬라의 자율주행 옵션인 완전 자율주행Full Self Driving, FSD은 이름과는 달리 여전히 2단계 수준에 불과합니다. 2단계에는 조향 제어 정도만 가능할 뿐이며, 운전자가 항상 전방을 주시하고 있어야 합니다. 그러나 유튜브에는 하루가 멀다 하고 테슬라에서 운전 중 잠든 운전자의 영상이 올라오고 있죠.

결국 테슬라는 자율주행 기능을 출시한 지 7개월 만인 2016년 5월, 미국 플로리다주에서 첫 번째 사망 사고를 기록합니다. 하얀색 트레일러 측면으로 돌진한 사고였죠. 당시 테슬라 모델 S는 하얀색 트레일러의 측면을 전혀 장애물로 인지하지 못해, 속도를 줄이지 않고 그대로 들이받고 말았습니다.

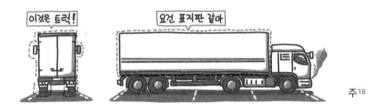

주18

차량은 엉망으로 구겨졌고 운전자는 그 자리에서 사망합니다. 숨진 운전자는 평소에 테슬라를 무척 사랑했고 유튜브에 테슬라 주행 영상도 여러 차례 올리기도 했던 터라 안타까움이 더 컸죠. 이후 사고 보고서에 따르면, 37분 동안 운전자가 운전대를 잡은 시간은 단 25초에 불과했습니다. 그뿐 아니라 핸들에 손을 올려두라는 경고음도 7차례나 울렸죠. 그는 테슬라의 자율주행 기능을 지나치게 과신했습니다.

자율주행에서 인식은 정말 어려운 문제입니다. 단 한번의 오인식으로 끔찍한 결과를 초래할 수 있기 때문이죠. 특히 한 번도 경험하지 못한 상황에서는 훨씬 더 어렵습니다. 테슬라의 자율주행차는 도로상에서 거대한 하얀색 트레일러의 측면을 본 적이 없었습니다. 밝은 하늘이 비치는 트레이너 측면을 테슬라는 하늘로 인식했고, 속도를 전혀 줄이지 않았습니다. 제동 장치는 전혀 작동하지 않았고, 그대로 충돌했죠.

볼보는 호주에서 처음으로 자율주행을 테스트하다가 캥거루 때문에 당황했다고 합니다. 지금까지 한 번도 점프하면서 움직이는 동물을 마주친 적이 없었기 때문이죠.[19] 2014년 구글의 자율주행차는 전동 휠체어를 탄 여성이 빗자루를 들고 도망가는 오리를 쫓아 도로로 나온 상황을 맞닥뜨렸습니다. 마찬가지로 난생처음 보는 광경에 구글의 자율주행차는 대응하지 못했죠.

또 다른 사고도 있습니다. 2018년 3월에 자율주행 모드로 운행하던 우버의 자율주행차가 야간에 보행자를 제대로 인식하지 못해 치고 맙니다. 차에 치인 보행자는 횡단보도가 아닌 곳에서 자전거를 밀면서 무단 횡단을 하던 여성이었는데, 자율주행차는 도로를 가로질러 가는 사람을 보행자로 인식해내지 못했습니다. 사고 6초 전에는 미확인 물체로, 그다음에는 차량, 마지막에는 자전거로 인식했으며, 사고 발생 1.3초 전에야 겨우 보행자로 분류하고 비상 제동이 필요하다고 판단했습니다. 하지만 대응할 시간이 너무 짧았죠. 게다가 자율주행차를 테스트하던 운전자는 사고 직전까지 전방을 주시하지 않은 채 스마트폰으로 TV쇼를 시청하고 있었습니다.

　사람이 운전할 때는 끊임없이 긴장 상태를 유지하고 있기 때문에 돌발 상황에도 즉각 대응할 수 있습니다. 하지만 자율주행에 모든 걸 맡겨두다 보면 긴장이 풀려 돌발상황에 대처할 수가 없습니다. 1.3초를 남겨두고 경고를 울려봐야 곧바로 브레이크 페달을 밟을 수 없죠. 이 때문에 테슬라 차량은 운전자가 핸들에 손을 올려두지 않으면 경고를 울리고 그래도 계속 핸들을 잡지 않으면 자율주행 모드가 풀리게 설정되어 있습니다.

　그럼에도 불구하고 사람들은 각종 편법을 동원하여 긴장 상태를 유지하지 않기(!) 위해 애를 씁니다. 그저 핸들에 손을 올리는 시늉만 하고 있거나 주행 중에 영화를 보거나 심지어 잠이 드는 경우도 있죠. 직접 운전을 하지 않은 상태에서 긴장감을 유지한 채 장시간 도로를 바라보기란 매우 어렵습니다. 이 상태에서는 차량이 갑자기 통제권을 운전자에게 넘겨도 제대로 대응할 수가 없겠죠. 이처럼 완벽하지 않은 자율주행은 오히려 사고 가능성을 더 높여 탑승자와 보행자 모두를 훨씬 더 위험한 상황에 빠트릴 수 있습니다.

이런 상황에서 자율주행차의 미래를 이미 상당한 수준의 자동화가 이뤄진 비행기 사례에서 엿볼 수 있을 것 같습니다.[20] 2009년 6월 리우데자네이루를 출발해 파리로 향하던 에어프랑스의 AF447편은 운행 중 비행 속도를 감지하는 피토관이 얼면서 오토 파일럿 기능이 멈춥니다. 그리고 조종을 인간 조종사에게 넘기죠. 여기까지는 흔히 있을 수 있는 일입니다. 테슬라 차량도 위험 구간에 들어서면 자율주행이 해제되고 인간에게 운전 임무를 넘깁니다.

비행기는 에어버스사의 A330 기종으로 자동화된 조종석과 전자식 제어 시스템을 갖춘 최신 기종이었습니다. 문제는 이처럼 고도로 자동화된 비행기를 기장이 수동으로 조종할 일이 거의 없었다는 것이죠. 그렇게 오토 파일럿 기능이 해제된 비행기가 갑자기 난기류에 부딪혀 쿵 하고 충격을 받습니다. 그러자 부기장은 당황하여 과잉 대응을 하고 맙니다. 조종간을 끝까지 당겨 고도를 높이고자 했죠. 그러

나 기수가 위로 향하자 속도가 줄어들면서 오히려 비행기는 실속 상태에 빠져 추락하기 시작합니다. 부기장은 실속 상태에 대응하지 못했습니다. 고도를 높여야 한다는 생각에만 빠져 조종간을 계속해서 위로 당깁니다. 결국 기수가 들린 채 비행기는 그대로 추락하고 말았습니다.

사실 실속 상태에서 빠져나오는 방법은 간단합니다. 조종간을 밀어서 기수를 내리고 속도를 높이면 되죠. 또는 조종간을 그냥 손에서 놓기만 해도 A330 같은 자동화된 기종은 다양한 장치를 써서 자세를 회복합니다. 이런 비행 기술은 경비행기 조종사도 알고 있는 기본 상식이지만 당황한 부기장은 비행기가 추락하기 시작하자 끝까지 조종간을 당긴 채 놓지 않았습니다. 그 결과 승객과 승무원을 포함한 탑승자 228명 전원이 사망하고 말았습니다.

어떻게 이런 황당한 일이 벌어졌을까요? 사고를 일으킨 부기장은 3,000시간에 가까운 비행 경험을 갖고 있었습니다. 하지만 비행기를 그동안 수동으로 조종해본 적이 거의 없었습니다. 3,000시간의 비행 경험은 자동 조종 장치로 작동하는 전자제어 시스템 비행기를 운항해본 경험뿐이었죠. 이처럼 자동화에 익숙해지면 고도로 훈련된 조종사조차도 기본적인 대응을 하지 못한 채 어처구니없는 사고를 내고 맙니다.

이번에는 좀 더 가까운 예를 들어보죠. 혹시 여러분의 운전면허는 '1종 보통'인가요? 그렇다면 지금 당장 수동 변속기의 1톤 트럭을 운전하라고 하면 제대로 할 수 있을까요? 저도 1종 보통 면허를 따기 위해 분명히 수동 변속기로 트럭을 몰아서 시험을 봤지만 지금은 운

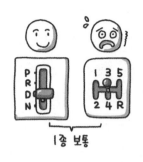

1종 보통

전할 자신이 없습니다. 왜냐하면 그 이후로 한 번도 트럭을 운전해본 적이 없기 때문이죠. 심지어 수동 운전조차 한 번도 해본 적이 없습니다. 면허를 취득한 뒤 20년 동안 계속 자동 변속기를 단 승용차만 몰았기 때문이죠.

아마 저처럼 수동 변속기로 운전하는 법을 잊어버린 사람이 꽤 많을 겁니다. 자율주행이 보편화된다면 우리 모두 아예 기본적인 운전 방법을 잊어버리게 되지 않을까요? 수십 년간 자율주행에만 의지해온 사람이 긴급 상황이 발생했다고 갑자기 직접 운전을 할 수 있을까요? 앞으로 자율주행에 익숙해질 사회가 반드시 고려해야 할 부분입니다.

자율주행의 딜레마, 누구를 희생해야 할까?

자율주행 앞에 놓인 과제는 기술만이 아닙니다. 정답이 없는 윤리 문제도 있죠. 기술적으로 완벽한 자율주행이 구현되었다고 해도, 윤리적인 판단을 요하는 상황에 처한다면 자율주행차는 어떻게 해야 할까요?

MIT는 자율주행차가 사고를 낼 수밖에 없는 상황을 **도덕 기계** Moral Machine라는 이름으로 명명하고, 온라인으로 공개 설문조사를 진행했습니다.[21] 연구자들은 다양한 시나리오를 설정했는데, 비교 대상의 수가 다른 경우, 대상이 동물인 경우, 연령이나 성별이 다른 경우 등이었죠. 이 문제는 **광차 문제**Trolley Problem의 자율주행차 버전이었습니다. 광차 문제는 1960년대에 제기된 유명한 윤리학 사고 실험(머릿속에서 생각으로 진행하는 실험)이죠.[22]

> 광차가 선로를 따라 이동하고 있습니다. 선로에는 5명이 묶여 움직이지 못하고 있습니다. 다행히 당신은 선로를 변경하는 레버 옆에 서있고, 선로를 변경하면 5명을 살릴 수 있습니다. 하지만 다른 선로에도 1명이 서 있어서 변경하면 그 사람이 치여 죽고 맙니다. 당신은 레버를 당겨야 할까요?

언뜻 쉬워 보이지만 결코 쉬운 문제가 아닙니다. 공리주의에 따라 1명을 희생해 5명을 구하면 과연 합리적일까요? 과연 내가 5명을 살리겠다고 무고한 1명을 희생하는 결정을 직접 내려도 될까요?

자율주행차 버전의 광차 문제인 도덕 기계도 이와 비슷한 여러 가지 질문을 제시했습니다. 몇 가지 질문을 살펴보죠.

1. 5명의 보행자를 치는 경우와 5명의 탑승자를 희생하는 경우가 있다면 어떤 선택을 해야 할까요?
2. 만약 그 5명이 전부 여자이거나 또는 임산부, 어린이라면요?
3. 탑승자가 1명이라면 5명의 보행자를 구하기 위해 1명의 탑승자를 희생해야 할까요?

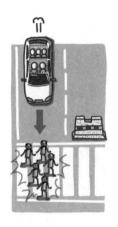

　이처럼 난해한 경우를 두고 자율주행차는 어떤 선택을 해야 할까요? 광차 문제에서도 논란은 5명을 살리기 위해 1명을 희생하는 결정을 과연 내가 내려도 되느냐 하는 것이었습니다. 마찬가지로 자율주행차가 이런 상황을 직접 판단하고 누군가의 희생을 택하는 것이 과연 옳은 일일까요?

　2018년 10월 MIT는 도덕 기계의 연구 결과를《네이처》에 발표합니다. 총 233개 국가에서 수백만 명이 참여한 4,000만 개의 설문 조사 결과를 꼼꼼히 분석하고 정리했죠. 도덕 기계의 연구 결과뿐만 아니라 자율주행차의 딜레마에 관한 별도 연구도 눈길을 끌었습니다.[23] 이 연구에서 참가자 76%는 10명의 보행자를 살리기 위해서는 1명의 탑승자를 희생할 수 있다고 답변합니다. 그 편이 훨씬 더 도덕적이라는 거죠. 하지만 자신 또는 가족이 그 차에 탑승하는 모습을 상상해 보라는 얘기를 듣고 "그래도 다수를 살리는 선택을 하는 그 차를 구매할 것이냐?"라는 질문을 받았을 때는 불과 19%만이 구매하겠다고 대답합니다.

결국 사람들은 도덕적으로는 다수를 살려야 한다고 하지만 정작 본인은 그런 차를 구매하지 않습니다. 이러한 딜레마 때문에 기술적으로 완벽한 자율주행차가 나온다 할지라도 자율주행차의 보급은 늦어질 수밖에 없습니다. 과연 다수를 위해 운전자를 희생시키는 차가 있다면, 이 차를 사랑하는 내 가족에게 선뜻 사줄 수 있을까요?

자율주행차가 바꿀 미래

이처럼 자율주행차는 넘어야 할 산이 많이 남아 있습니다. 완벽한 기술을 구현하기도 어렵지만 기술과는 전혀 상관없는 문제도 많이 산재해 있습니다. 그럼에도 불구하고 기업들은 천문학적인 비용을 들여 자율주행차에 투자합니다. 2014년부터 2017년까지 만 3년 동안 자율주행차 기술에 투자한 금액이 우리 돈으로 90조 원이 넘는다고 하니 정말 엄청나죠. 그렇다면 기업들은 왜 이렇게 많은 비용을 자율주행차에 쏟을까요?

자율주행차는 단순히 도로 환경만 바꾸는 것을 넘어 산업 전반에 엄청난 변화를 가져오기 때문입니다. 당장 자동차 시장에 큰 변화가 생깁니다. 개인이 자동차를 더 이상 소유할 필요가 없기 때문이죠. 언제든 앱으로 호출하면 집 앞까지 자율주행차가 달려와 대기하는 세상이 될 것이기 때문에 적어도 이동을 위해서는 자동차를 소유할 필요가 없어집니다.

대중교통에도 큰 변화가 생깁니다. 버스와 지하철 중심의 교통 체계는 지하철을 중심으로 재편될 것이고 골목마다 들어선 마을버스라는 개념도 재정의할 필요가 있겠죠. 운전사라는 직업도 대부분 사라질 겁니다. 지금의 버스, 택시, 트럭 운전에 연관된 직업은 대부분 사라지고 꼭 필요한 인력만 남게 될 겁니다. 우버로 대표되는 승차 공유 서비스도 대부분 자율주행차로 대체될 거예요. 우리나라의 카카오 택시도 예외는 아닐 겁니다. 승객이 앱에서 현재 위치로 호출하면 자율주행차가 정확하게 그 위치에 와서 대기하는 모습으로 변할 겁니다.

호텔 산업도 크게 영향을 받습니다. 더 이상 중간 지점에서 숙박할 필요가 없기 때문이죠. 마치 야간열차 침대칸을 이용할 때처럼 이동 중에도 자율주행차에서 숙박을 해결할 수 있습니다. 우리나라는 국토가 좁아서 크게 영향을 받진 않겠지만 미국처럼 큰 나라는 엄청난 영향을 받게 될 거예요. 부동산 업계도 요동칠 겁니다. 자율주행차가 이동의 제약을 줄이면 대중교통이 편리한 입지의 의미가 많이 약화됩니다. 이에 따라 부동산 가격의 기준도 지금과는 많이 달라지겠죠.

처음 자율주행차 대회를 개최한 목적이었던 군사 분야의 변화도 무시할 수 없습니다. 폭탄이 설치된 위험 지역을 가로질러 보급품을 운반하는 역할을 자율주행차가 훌륭히 해내겠죠. 이외에도 자율주행차가 우리 사회에 가져올 변화는 한두 가지가 아닙니다. 물류, 보험, 의료, 정비, 항공 등 일일이 열거하기도 힘들 정도로 다양한 분야가 자율주행차의 등장에 영향을 받습니다.

세계 최초의 내연기관 자동차는 1886년에 등장했습니다. 지금도

자율주행차의 등장에 영향을 받는 산업·직군

메르세데스 벤츠로 명맥을 잇는 칼 벤츠가 처음으로 만들었으며, 단기통 954cc 엔진으로 시속 16km 정도로 주행할 수 있었죠. 그 시작은 미약했습니다. 하지만 자동차는 빠르게 수천 년간 인류의 이동 수단이었던 마차를 완전히 몰아내고 교통의 역사를 새롭게 썼습니다. 마찬가지로 자율주행차가 또 다시 이동 수단의 혁명을 일으킬 것으로 예상합니다. 이에 따라 막대한 비용에도 불구하고 수많은 기업들이 자율주행 기술 개발에 엄청난 돈을 투자하고 있죠.

자동차를 미국에서는 'Automobile'이라고 부릅니다. 이 말은 '스스로'를 뜻하는 그리스어 'Autos'와, '움직이는'을 뜻하는 라틴어 'Mobilis'에서 왔습니다. 즉, '스스로 움직이는'이라는 뜻이죠. 그러나 지금까지의 자동차는 '사람이' 움직여야 했습니다. 이제 드디어 진정한 의미의 Automobile 시대가 우리 곁에 등장할 준비를 하고 있습니다.

제4장

검색엔진

구글이 세상을 검색하는 법

검색엔진 등장하다

우리는 매일 인터넷 검색을 하며 생활합니다. 궁금한 게 있으면 언제든, 무엇이든 검색창에 물어보죠. 하루에도 몇 번씩 검색 서비스에 **쿼리**Query를 날립니다. 이제 검색이 없는 세상은 상상할 수가 없습니다.

> "쇠퇴해가는 기억력을 보좌하기 위하여, 나는 뇌수의 분실分室을 내지 않을 수 없었던 것이다."

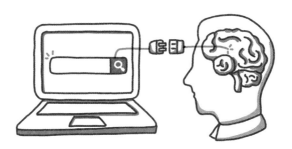

1930년대를 대표하는 한국문학가 이하윤의 수필 〈메모광〉에 등장하는 표현입니다. '뇌수의 분실'이란 문자 그대로 해석하면 '뇌의 방'이라는 뜻으로, 기억력을 보조하기 위해 별도의 저장 공간을 마련한다는 의미로 사용됐습니다. 말 그대로 메모장이 뇌수의 분실 역할을 한 거죠. 그리고 시간이 지나 지금은 단연 스마트폰이 뇌수의 분실 역할을 하고 있습니다.

무엇보다 지금의 분실은 단순히 정보를 저장하는 수준을 넘어섭니다. 필요한 정보를 곧바로 찾아주기도 하죠. 그 역할을 검색 서비스가 담당합니다. 검색은 현대인의 분실에 꼭 필요한 정보를 찾아주는 가장 핵심적인 역할을 담당하고 있죠. 또한 검색은 빠릅니다. 언제든 필요한 문서를 순식간에 찾아냅니다. 늘상 사용하다 보니 인터넷이라는 방대한 공간에 존재하는 수백 조 개의 문서 중에서 내가 찾는 문서를 골라서 찾아주는 엄청난 작업이라는 사실을 가끔씩 잊어버리곤 합니다.

우리나라에서 1등 인터넷 서비스는 검색 서비스인 네이버입니다.

해외에서는 구글이 1등이죠. 구글도 검색 서비스입니다. 중국도 다르지 않습니다. 중국의 1등 검색 서비스는 바이두입니다. 일본에서는 야후! 재팬, 러시아에서는 자국의 검색 서비스인 얀덱스Yandex가 1등 자리를 차지하고 있습니다. 검색 서비스는 국가를 가리지 않고 가장 인기 있는 1등 인터넷 서비스입니다. 인터넷 환경에서 검색의 위상을 잘 드러내죠. 사람들이 가장 필요로 하고 가장 많이 찾는 첫 번째 서비스, 명실공히 검색은 인터넷의 첫 관문이요, 지식의 출발점입니다.

인터넷 초창기, 웹이 서서히 인기를 얻어갈 무렵인 1990년대에는 디렉토리 서비스가 인터넷의 첫 관문이었습니다. 야후!가 대표적이죠. 요즘은 완전히 사라진 서비스로 평가받지만 2000년대 초반까지만 해도 야후!의 위세는 대단했습니다. 우리나라에도 야후!의 배너 광고비가 당시에 1억 원에 달할 정도로 엄청난 인기를 끌었습니다. 당시에는 네이버도 한참 뒤처져 있었죠. 디렉토리 서비스는 인터넷 사이트를 주제별로 일목요연하게 정리한 서비스를 말합니다. 예를

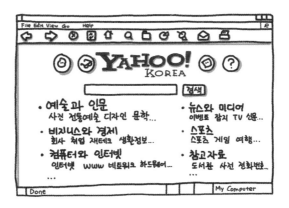

들어 '운동 〉 수영' 카테고리로 가면 '수영'과 관련된 사이트가 일목요연하게 나열되어 있는 것이죠.

그렇다면 어떻게 주제별로 정리할 수 있었을까요? 정답은 '사람'입니다. 초기에는 모두 사람이 직접 정리했습니다. 그래서 정확하게 분류할 수는 있었지만 곧 한계에 다다릅니다. 인터넷의 성장 속도가 지나치게 빨랐기 때문이죠. 1994년 1월에만 해도 전 세계에 웹사이트는 700개밖에 존재하지 않았습니다. 그해 말에는 1만 개로 늘어났고, 이듬해 말에는 10만 개가 생겨났습니다.[1] 이처럼 빠른 속도로 늘어나는 웹사이트를 수동으로 정리하는 데는 한계가 있었죠. 하지만 야후!는 여전히 사람이 직접 편집하는 디렉토리에 경쟁력이 있다고 판단했고, 디렉토리에 노출되지 않는 경우에만 검색엔진으로 넘어가도록 했습니다. 그리고 스탠퍼드의 두 대학원생이 만든 검색엔진을 도입합니다. 바로 구글이었습니다.

2004년이 되어서야 야후!는 사람들이 편집된 디렉토리보다는 검색엔진에 의존한다는 사실을 깨달았습니다. 하지만 이미 너무 늦었죠. 야후!는 구글과 결별하고 자체 검색엔진을 도입하지만 이미 세상은 온통 구글이 점령한 뒤였습니다. 이제 사람들은 야후!와 같은 전통적인 포털 사이트를 더 이상 시작 페이지로 삼지 않습니다. 구글을 인터넷의 관문으로 삼았죠. 야후!는 급속도로 몰락했습니다. 반면 구글은 세계 최고의 검색엔진이자 2024년 상반기 기준 시가총액 세계 4위 기업으로 성장합니다. 2023년에만 우리 돈으로 매출 430조 원, 영업이익 118조 원을 벌어들였죠.

엄청난 돈을 벌어들이다

어떻게 검색 기능만으로 이토록 엄청난 수익을 낼 수 있을까요? 초기 인터넷 광고는 전통 미디어인 신문 광고와 다를 바 없었습니다. 신문 판매 부수에 따라 광고 단가를 매기는 것처럼 사이트에 배너를 노출하고 노출 횟수에 따라 가격을 책정했습니다. 광고에 대한 사용자의 피드백은 고려 대상이 아니었죠.

그러다 검색엔진이 시장의 흐름을 주도하면서 본격적으로 검색광고를 도입합니다. 이제 항상 동일한 광고가 노출되는 게 아닌 쿼리에 적합한 광고를 매번 다르게 보여주는 타깃 마케팅을 진행하고, 사용자 피드백을 기반으로 광고료를 산정하는 **CPC 방식**Cost Per Click을 도입합니다.

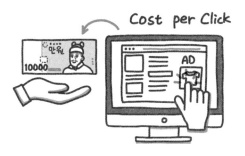

대표적인 사용자의 피드백이 클릭입니다. 사용자의 클릭에 따라 광고료를 매기기 때문에 이제 시스템은 더 정교해져야 했습니다. 마구잡이로 광고를 노출한다고 클릭 수가 늘지 않습니다. 클릭할 가능성을 높이는 게 핵심이죠. 사용자가 광고를 클릭할 수 있도록 상황에 꼭 맞는 광고를 노출해야 했습니다. 예를 들어 대도시에 근무하는 30대 사무직 남성이 '셔츠'를 검색하면 '폴로', '빈폴' 같은 유명 브랜드를 노출하고, 나아가 온라인 구매로 이어질 수 있도록 유도합니다. 검색엔진은 클릭률을 높이는 데 최선을 다합니다. 광고 효과가 높다면 광고주 입장에서도 클릭 단가를 지불하는 데 전혀 거부감이 없겠죠.

여기에 더해 검색광고는 경매 방식으로 판매했습니다. 예를 들어 폴로의 광고주가 '셔츠'라는 쿼리에 대해 클릭당 1,000원을 제시하고 빈폴의 광고주는 클릭당 1,200원을 제시했다면, 고객들은 '셔츠'를 검색했을 때 단가가 더 높은 빈폴의 광고를 먼저 접합니다. 이처럼 사용자의 클릭률을 높이려는 노력과 경매 방식이 정교하게 맞물려 광고가 노출됩니다. 단순히 경매 단가가 높다고 무작정 광고가 노출되는 게 아니라 클릭률을 함께 높이는 게 핵심이죠. 때문에 클릭률 예측 알고리즘은 입찰 광고 최적화에 매우 중요한 역할을 합니다.

이것이 바로 대표적인 검색광고 모델이자 검색엔진의 수익 모델입니다. 구글의 대표적인 수익모델이기도 하죠. 구글은 이 방식으로 2023년에만 330조 원을 광고 수익으로 거두었습니다. 참고로 구글이 2000년대 초반 검색광고를 도입하기로 했을 때 창업자인 래리 페이지와 세르게이 브린Sergey Brin, 1973~은 엄청나게 반대했다고 합니다. 검색의 순수성을 해칠 수 있다면서 말이죠. 하지만 결국 광고를 도입했고, 현재 구글의 광고는 총매출 430조 원 중에서 무려 80%나 차지하고 있습니다. 이를 통

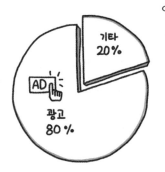

해 구글은 2024년 상반기 기준 시가총액 3,300조 원이 넘는 세계 4위 기업으로 성장했죠.

엄청난 문서를 수집하다

구글은 엄청난 수익뿐 아니라 엄청난 문서를 색인하고 있는 것으로도 유명합니다. 검색엔진이 인터넷에 있는 문서를 수집하여 검색에 적합하도록 보관하고 있는 것을 **색인**Index이라고 합니다.

구글은 2013년에만 무려 30조 개의 문서 색인을 마쳤습니다. 불과 3년 후인 2016년에는 100조 개가 더 늘어났다고 밝혔죠.[2] 모두 합해 2016년에만 총 130조 개의 문서를 색인하고 있습니다. 이후에는 더 이상 공개하진 않았지만 아마 2020년 이후에는 300조 개가 훨씬 넘는 문서를 색인하고 있을 것으로 추정됩니다.

이렇게 많은 문서를 대체 어디에 보관하고 있을까요? 구글은 엄청난 양의 문서를 고가의 컴퓨터 몇 대에 저장하는 게 아니라 일반 PC

처럼 저렴한 컴퓨터 수백, 수천 대에 나눠서 저장하는 방식을 택했습니다. 이를 위해 **구글 파일 시스템**Google File System, GFS이라는 효율적인 분산 파일 시스템을 만들어냈고 덕분에 아무리 큰 파일도 여러 대의 서버에 나누어 저렴한 비용으로 저장할 수 있게 됐죠. 이 방식은 또한 초기 빅데이터 플랫폼의 원형이 되어 이후에 본격적인 빅데이터 플랫폼이 등장하고, 나아가 인공지능의 시대가 열리는 계기가 됩니다. 사실상 지금의 빅데이터와 인공지능 분야는 구글이 기반을 닦았다고 할 수 있으며, 지금도 구글은 방대한 데이터를 기반으로 한 세계 최대의 빅데이터 회사이자, 세계 최고의 인공지능 연구기관입니다. 구글에서 발표하는 인공지능 플랫폼과 연구들은 전 세계 인공지능 업계를 주도하고 있다고 해도 과언이 아니죠.

구글은 이처럼 빅데이터 플랫폼을 구축해 엄청나게 많은 문서를 저장해 두고 있습니다. 그런데 놀라운 사실은 사용자가 쿼리를 입력하면 수많은 문서 중에서 딱 맞는 문서 10개를 정확하게 찾아낸다는 점이죠. 그리고 사용자는 92% 확률로 10개 중 하나를 클릭합니다. 여기까지 걸리는 시간은 0.5초가 채 걸리지 않죠.[3]

검색엔진은 어떻게 이런 엄청난 일을 해내고 있을까요? 검색하기 위해 가장 먼저 필요한 것은 문서를 수집하는 일입니다. 당연히 문서가 많으면 많을수록 좋겠죠. 그러기 위해서는 방대한 문서를 담을 수 있는 플랫폼이 필요합니다. 그래서 구글은 수백조 개가 넘는 방대한 문서를 담을 수 있도록 앞서 얘기한 거대한 분산 파일 시스템인 구글 파일 시스템을 구축했죠. 엄청난 검색 능력 뒤에는 이처럼 방대한 데이터 처리 능력이 뒷받침하고 있었던 셈입니다.

문서를 수집하려면 웹사이트를 구석구석 돌아다녀야 합니다. 웹은 말 그대로 링크로 연결된 거미줄Web과 유사한 형태를 띠고 있기 때문에 웹사이트에서 정보를 수집하는 로봇도 스파이더Spider(거미)라고 부릅니다. 웹 문서를 갈고리처럼 긁어온다고 해서 **크롤러**Crawler라고도 부르죠. 크롤러는 웹 문서를 방문할 때마다 특수한 데이터베이스인 '색인'에 정보를 추가합니다. 앞서 설명한 것처럼 색인은 문서를 검색에 적합하도록 보관하여 나중에 검색을 빠르게 수행하는 역할을 합니다.

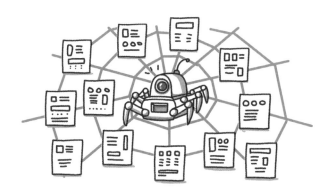

먼저, 크롤러에게는 방문할 사이트 목록이 필요합니다. 일종의 지도 출발지와 같죠. 크롤러가 해당 URL(주소)을 방문하면 사이트 내 웹 문서의 모든 링크를 식별하고 방문할 URL을 큐라는 목록에 계속해서 추가합니다. 그러면서 크롤러는 방문한 웹 문서에서 필요한 내용을 추출하여 저장하는 작업을 병행합니다. 원래 웹 문서를 해석하는 것은 브라우저의 몫이지만 크롤러가 웹 문서에서 정보를 제대로

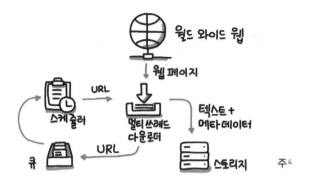

추출하기 위해서는 크롤러도 브라우저만큼이나 고도화할 필요가 있습니다. 가능하면 웹 문서를 만드는 개발자들이 규칙을 잘 지켜서 사이트를 만들면 좋겠지만 그렇지 않더라도 크롤러는 사람만큼이나 웹 문서의 내용을 잘 이해할 수 있어야 하죠. 그래서 검색의 첫 번째 작업을 담당하는 크롤러는 매우 정교해야 합니다. 크롤러는 웹 문서에서 정교하게 정보를 추출하고 이를 차곡차곡 저장합니다. 제목이나 본문 같은 텍스트는 물론 본문의 주제와 문서 길이 같은 메타 데이터도 추출하여 저장하죠.

이미 방문한 사이트는 다시 방문할 필요가 없겠죠? 한번 방문한 사이트는 일정 시간 재방문하지 않는 정책이 필요합니다. 스케줄러가 이런 정책을 관리하죠. 엄청나게 많은 웹 문서 URL 중에서 어떤 페이지를 먼저 방문할 것인가는 좋은 연구 주제이기도 합니다. 이를 선택 정책Selection Policy 연구라고 합니다. 구글이 서비스를 개시하기 전 스탠퍼드대학교에서 연구 프로젝트로 진행하던 시절, 우리나라의 조정후 박사가 스탠퍼드 박사과정 중에 진행한 연구가 크롤링 선택 정책

연구입니다. 조정후 박사는 이 연구로 유명해졌죠. 당시 stanford.edu 도메인의 18만 개 웹 문서를 효율적으로 크롤링하는 스케줄러 정책을 연구했습니다. 박사학위 논문 주제였고, 초창기 구글의 크롤러 구현

에 많은 기여를 했습니다. 그러나 구글에는 합류하지 않았습니다. 인터뷰에 따르면, 교수가 되고 싶어서 구글 합류를 포기했다고 하네요. 원하던 대로 지금은 UCLA 교수로 재직 중입니다.

스케줄러와 선택 정책 연구는 사이트 운영자들에게도 매우 민감한 이슈입니다. 무분별하게 웹상의 데이터를 끌어모으면 과도한 트래픽이 생겨 서비스에 피해를 줄 수도 있기 때문입니다. 국내 진출 초기에 구글은 지나친 크롤러 성능 때문에 한동안 국내의 많은 사이트에서 차단당하기도 했죠. 웹사이트 관리자를 대상으로 '더 나은 웹'이라는 세미나를 열어 전국을 돌며 차단을 해제해달라고 요청해야 할 정도였습니다.

크롤러 입장에서는 많이, 자주 방문할수록 좋습니다. 하지만 구글 크롤러가 열심히 하려고 너무 자주 방문하다 보니 사이트 운영자 입장에서는 트래픽이 적잖이 부담이 되었죠. 특히 과거 웹 호스팅은 일별 접속 횟수로 요금을 책정하고 접속 횟수를 제한했는데, 그걸 구글 크롤러가 대부분 소모해버리니 운영자 입장에서는 황당한 일이었습니다. 접속 횟수 초과로 사이트가 차단되면 비용을 추가로 지불하거나 아예 더 비싼 요금제를 택해야 하니 사이트 운영자의 고충도 상당했죠.

무엇보다 크롤러는 사람보다 훨씬 더 빠르고 자주 방문하며, 구석구석 데이터를 찾아다니기 때문에 사이트의 성능에 심각한 영향을 끼칠 수 있습니다. 크롤러가 초당 여러 번 요청을 수행하거나 대용량 파일을 다운로드하는 경우 서버는 크롤러의 부담스러운 요청을 처리하는 데 어려움을 겪겠죠. 구글에서도 자사의 크롤러를 차단하는 사이트가 점점 늘어나 골머리를 앓았고, 이 때문에 이를 해제해 달라고 적극적인 캠페인까지 벌여야 했습니다.

크롤러의 본래 목표는 색인을 만드는 일입니다. 색인은 문서를 검색에 적합하도록 만들어 검색을 빠르게 수행하는 역할을 한다고 했죠. 그런데 크롤러의 뛰어난 성능 덕분에 다른 분야에도 크롤러를 활용하고 있습니다. 다음과 같은 분야가 대표적이죠.[5]

- 가격 비교 사이트에서 여러 제품에 대한 가격 정보를 제공할 수 있도록 데이터를 수집합니다.
- 데이터 마이닝에 활용할 수 있도록 공개된 회사 메일 또는 주소를 수집합니다.

- 웹 분석 도구가 분석할 수 있도록 조회수나 링크 정보 같은 웹 문서의 다양한 메타 정보를 수집합니다.
- 정보 허브에 뉴스 사이트 등의 데이터를 수집하여 제공합니다.

검색엔진은 어떻게 검색할까?

이제 문서를 수집했으니 '색인'을 만들 차례입니다. 앞서 여러 번 색인을 언급했죠. 그렇다면 색인은 과연 어떤 형태로 구성될까요? 당장 여러분의 책장에서 아무 책이나 꺼내 차례에서 '색인' 혹은 '찾아보기' 페이지를 열어보세요. 특정 단어나 구절에 페이지 번호를 정리해 찾아보기 쉽게 만들어 놓았죠. 책에서 '갤럭시 노트'라는 단어가 등장하는 페이지를 찾는다고 가정해보죠. 첫 페이지부터 해당 항목을 찾을 때까지 계속 뒤져서는 원하는 페이지를 찾기가 너무 힘듭니다. 하루 종일 찾아야 할지도 모르죠. 이럴 때 참조하는 것이 바로 색인입니다. 참고로 이 책은 색인을 생략하고 '용어집'으로 대체했습니다만 색인이 있는 다른 책에서는 원하는 내용을 빨리 찾기 위해 색인부터 펼쳐 위치를 알아내면 됩니다. 전체 과정을 정리해 보죠.

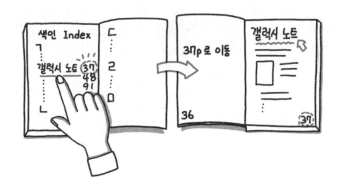

1. 책의 맨 뒤에 있는 색인을 펼친다.
2. 가나다 순으로 정리된 색인에서 '갤럭시 노트'를 찾아 이 단어가 포함된 페이지 번호를 알아낸다.
3. 해당 페이지를 열어본다.

이제 우리는 두꺼운 책에서도 손쉽게 '갤럭시 노트'라는 단어가 등장하는 페이지를 찾을 수 있습니다. 그리고 검색엔진이 웹 문서를 찾아내는 과정도 이와 유사합니다. 검색엔진도 무작정 모든 웹 문서를 살필 수는 없죠. 2020년 이후에 구글은 약 300조 개의 문서를 색인하고 있을 것으로 추정된다고 얘기한 바 있습니다. 문서 하나를 살피는 데

1초밖에 안 걸린다 해도 300조
개를 살피려면 950만 년이 넘게
걸립니다. 950만 년 전이면 인류
문명은커녕 인류가 원숭이에 더
가까웠을 시기죠. 당연히 이런
방식으로는 원하는 정보를 찾을
수 없습니다. 책의 색인처럼 항목을 먼저 정리해두는 과정이 필요하
죠. 이 과정을 색인 구축 과정이라고 합니다.

　웹 문서에서 색인을 위한 정보를 추출하는 작업은 생각보다 복잡
합니다. 물론 잘 정리된 HTML에 데이터가 차례대로 기입되어 있다
면 어렵지 않겠죠. 그러나 복잡한 웹 문서도 많고 요즘은 자바스크립
트로 사이트를 구성하여 어디가 제목이고 어디가 본문인지 소스만
봐서는 이해하기 힘든 경우도 많습니다. 그래서 크롤러는 점점 더 정
교하고 똑똑해지고 있고 이러한 크롤러가 잘 해석한 데이터를 바탕
으로 색인을 구축합니다.

　색인을 만들면 검색엔진은 어떻게 결과를 가져올까요? 그림을 살
펴보죠. '파란색'이라는 쿼리가 들어왔다면 색인을 기준으로 어떤 페

단어	페이지				
파란색 →	10	11	72	101	
단추 →	11	13	75	119	991
도자기 →	300	313	333		
주석 →	321				
나무 →	5	10	11	307	309

이지를 보여주면 될까요? 그렇죠. 10, 11, 72, 101페이지를 보여주면 됩니다. 그렇다면 쿼리가 여러 단어로 구성된 경우에는 어떻게 하면 될까요? 예를 들어, '파란색 나무 단추'라면요?

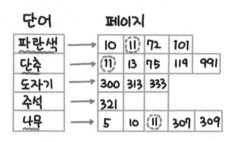

이 경우 '파란색'이 포함된 페이지, '나무'가 포함된 페이지, '단추'가 포함된 페이지 즉, 모든 단어가 속한 페이지를 찾아서 보여주면 됩니다. 11페이지 하나밖에 없네요. 이제 결과로 11페이지를 보여주면 됩니다. 어렵지 않죠?

다시, '파란색'으로 돌아가 봅시다. 10, 11, 72, 101, 총 4개 페이지를 보여준다고 했죠. 그렇다면 이 중 어떤 페이지를 가장 먼저 보여줘야 할까요? 그저 번호 순서대로 보여주면 될까요? 아닙니다. 그렇게 해서는 좋은 결과를 보여줄 수 없죠. 이제 랭킹이 등장할 차례입니다. 어떤 문서를 가장 먼저 노출할지 결정하는 알고리즘이죠. 사실 구글이 등장하기 이전에는 검색엔진들이 매우 단순하게 작동했습니다. 랭킹에도 그다지 신경을 쓰지 못했죠. 이렇게 되면 누구나 문제점을 쉽게 예상할 수 있습니다. 한몫 챙기려는 사람들이 인기 있는 쿼리에 자신의 사이트가 노출되게 하려고 수단과 방법을 가리지 않게 됩니다. 스팸이 등장하는 거죠. 이제 인터넷 화면은 엉망이 되기 시작합니다. 검색엔진 또한 덩달아 엉망이 되죠. 분명히 '은행'을 검색했는데, 내가 찾는 '우리 은행' 사이트가 아니라 대출 광고가 가득한 '우리 함께 은행' 같은 이상한 사금융 사이트만 잔뜩 노출됩니다. 구글이 등장하기 전에는 모든 검색엔진이 이런 상황을 벗어나지 못했습니다.

랭킹, 수십 조 가치의 줄 세우기 기술

그렇다면 어떻게 해야 스팸을 줄일 수 있을까요? 정보를 어떤 순서로 나열해야 할까요? 이 문제는 생각보다 훨씬 더 복잡하고 어렵습니다. 일찍이 노벨 문학상을 수상한 당대 최고의 철학자 버트런드 러셀 Bertrand Russell, 1872~1970은 "이 시대의 아픔 중 하나는 자신감이 있는 사람은 무지한데, 상상력과 이해력이 있는 사람은 의심하고 주저한다는 것이다"[6]라는 통찰력 있는 말을 통해 지식과 자신감 사이의 모순적인 관계를 예리하게 지적한 바 있습니다. 러셀의 이 관찰은 양질의 정보를 선별해 우선 순위를 매기는 작업이 얼마나 복잡하고 어려운 과제인지를 잘 말해줍니다. 그러나 인간의 위대한 발명품 중에는 자연에서 영감을 얻는 경우가 많으니 자연에서 좀 더 힌트를 찾아보겠습니다.

1921년 노르웨이의 동물학자 토를레이프 슈엘데루프 에베Thorleif Schjelderup-Ebbe, 1894~1976는 마당에 닭들이 어울리는 행태를 지켜보다가 A라는 닭이 B라는 닭을 지배하고, 또 B가 C를 지배하는 관계를 발견했습니다. 닭들 사이에 존재하는 위계질서를 '모이를 쪼아 먹는 순서'로 보고 '쪼는 순서'Pecking Order라는 명칭도 붙였죠.[7] 이것이 바로 '서열'입니다. 얼핏 닭들은 아무 의미 없이 저마다 모이를 쪼아 먹는 것처럼 보이지만 사실 무리 속에서 위계에 따라 각자의 자리를 인식하고 받아들였습니다. '닭대가리'라는 비속어까지 있을 정도로 멍청하다고 여겨지는 것과 달리, 닭은 무려 90마리나 되는 집단의 위계질서를 기억하고 있습니다. 서열은 인류가 탄생하기 전부터 존재했던 랭킹의 기원이라고 할 수 있죠. 인간의 사회적 순위도 서열의 한 형태로 볼 수 있습니다.

이 같은 질서를 따르면 한정된 먹이를 앞에 두고도 서로 싸우지 않고 먹을 수 있습니다. 불필요한 경쟁으로 닭들이 시간과 에너지를 소모하거나 부상을 입을 필요가 없죠. 제대로만 지켜진다면 합리적인 방식으로 보입니다. 그렇다면 과연 어떤 닭이 가장 먼저 모이를 '쪼아' 먹어야 할까요?

서로 다른 성질을 가진 대상을 어떻게 정량적으로 비교할 수 있을까요? 헝가리의 경제학자 페렌츠 야노시Ferenc Jánossy, 1914~1997는 말과 소의 몸집을 비교하는 문제를 두고 이렇게 얘기했습니다.

아이들은 모두 코끼리가 참새보다 크다는 사실을 압니다. 아이들은 소가 코끼리보다는 작고 참새보다는 크다는 사실을 인정하는 데 한치의 망설임도 없습니다. 마찬가지로 동물을 크기 순서로 나열하는 문제라면 아이들은 고양이를 소와 참새 사이에 두는 데 전혀 주저하지 않습니다. 그러나 말이 등장하는 순간 난처해집니다. 말은 어디에 두어야 할까요? 말은 소보다 클까요, 작을까요? 서로 다른 특성을 가진 대상을 비교할 때 순위 부여는 간단한 문제가 아닙니다. 서로 다른 특성을 고려하다 보면 모든 순위가 달라질 수 있기 때문입니다.

정답: 말은 소보다 키는 크지만 몸통은 작습니다.[8]

단일한 기준으로 순서를 정할 수 있다면 좋겠지만 어렵게도 세상은 그렇게 단순하지 않습니다. 크다, 작다라는 단순한 비교를 할 때 조차 어떤 특성을 고려하느냐에 따라(키 또는 몸통) 순서가 달라질 수 있기 때문입니다.

정리해 봅시다. 지금까지 우리는 2가지 힌트를 얻었습니다.

1. 순서를 따르는 것은 합리적이다.
2. 하나의 기준으로 순서를 정하기는 어렵다.

자, 이제 문제를 해결해봅시다. 순서는 합리적이지만, 하나의 기준으로 순서를 정하기는 어렵습니다. 경제학에서도 단일 기준으로 가치를 측정하는 방법을 고민한 적이 있습니다. 그리고 그 방법을 고안해냈죠. 바로 '돈'입니다. 같은 원리로 검색 분야에서도 순서를 정하는 잣대를 고안해볼 수 있지 않을까요?

다양한 특성을 모두 점수로 치환하고 점수의 총점으로 순서를 정하는 방식은 어떨까요? 아일랜드의 수학자 윌리엄 톰슨William Thomson, 1824~1907은 일찍이 "자신이 말하는 내용을 측정할 수 있고 또한 그것을 숫자로 표현할 수 있어야 비로소 그것을 안다고 말할 수 있다"라고 했습니다.[9] 경영학에서는 이를 빗대어 "측정할 수 없다면 관리할 수 없고, 관리할 수 없다면 개선할 수도 없다"라고도 하죠. 이처럼 측정가능한 숫자로 표현하는 일은 매우 중요합니다.

이 책에서는 여러 알고리즘을 소개하면서 숫자로 표현하는 것이 왜 중요한지 여러 번 언급합니다. 때로는 얼마나 숫자로 잘 표현하느냐가 알고리즘의 핵심이 되기도 합니다. 무엇보다 계산이 가능하려면 숫자로 표현할 수 있어야 하죠. 특히 컴퓨터는 0과 1로 모든 걸 표현하기 때문에 더욱 그렇죠. 숫자로 표현해야 비로소 컴퓨터의 강력한 계산 능력을 활용할 수 있게 됩니다.

체스 선수들의 순위를 메기는 방식 또한 좋은 예입니다. 이미 제2장에서 알파고를 설명하면서 체스 선수들이 순위를 메기는 방식을 살펴본 바 있죠. 엘로 평점을 이용해 정성적인 선수들의 역량을 정량적으로 판단할 수 있게 됐습니다. 이제 "그 체스 선수 실력이 어떻게 돼?"라는 질문에 "엄청나게 강해"라는 모호한 답변 대신에 "엘로 평점이 2,851점이야"라는 식으로 얘기할 수 있게 됐죠. 엘로 평점은 나 보다 점수가 높은 상대를 이겼을 때는 더 많은 점수를 얻는 구조로 되어 있습니다. 반대로 점수가 낮은 사람을 이기면 점수가 거의 올라가지 않습니다. 나보다 강한 상대에게 승리해야 더 많은 점수를 획득하는 매우 합리적인 점수 산정 방식이죠.

그렇다면 검색 랭킹을 매기기 위해서는 어떻게 점수를 정해야 합리적일까요? 검색엔진이 문서의 점수를 정하는 과정은 말과 소의 비교처럼 저마다 다른 특성을 지닌 문서를 비교하는 과정과 유사합니다. 단순히 한두 가지 조건이 아니라 종합적인 면을 모두 고려해야 하죠. 구글의 경우 약 200여 가지의 랭킹 조건을 이용한다고 알려졌습니다.[10]

- 쿼리가 문서 제목에 포함되어 있는가?
→ 지금은 예전만큼 중요도가 높진 않지만 제목에 쿼리가 포함되어 있다면 중요한 문서라고 판단합니다.

- 긴 문서인가?

→ 짧은 글보다는 긴 글이 품질 점수가 높습니다.

- 문서 로딩이 빠른가?

→ 빠른 문서는 더 좋은 경험을 줍니다.

- 사이트에 접속할 수 없는 상황이 자주 발생하는가?

→ 빠른 로딩과 함께 사이트의 안정성은 매우 중요합니다. 자주 다운되
  는 사이트에 있는 문서라면 아무리 내용이 좋아도 문서를 보기가 어
  렵겠지요.

- 모바일에서 잘 보이는가?

→ 이제 모바일 인터넷 트래픽이 PC를 앞질렀습니다. 문서가 모바일에
  서 잘 보이느냐는 매우 중요한 사항입니다.

- 문서 내에 쿼리가 많이 포함되어 있는가?

→ 딱 한 번 나오는 것보다는 여러 번 반복해서 나오는 게 좋겠죠. 이 개
  념은 유사도를 판별하는 TF-IDF 알고리즘의 바탕이기도 합니다. 이
  후에 다시 설명하겠습니다.

- 동일한 사이트에 중복으로 나오는 콘텐츠인가?

→ 긴 문서로 만들기 위해 불필요하게 내용을 반복하는 경우가 있습니
  다. 당연히 감점 요인입니다.

- 다른 문서에서 복사한 내용인가?

→ 흔히 불펌이라고 하죠. 당연히 불펌한 문서는 점수가 낮고, 원본이 더
  높은 점수를 받아야겠죠. 이 부분도 판단하여 점수에 포함합니다.

- 본문 내용의 수준이 지적인 내용인가, 욕설로 가득한 내용인가?

→ 글의 품위도 평가 기준으로 삼습니다.

- 저작권이 정식으로 표기되어 있는가?

→ 저작권을 제대로 표시한 문서가 좋은 문서일 가능성이 높습니다.

- SNS에 링크가 걸려 있는가?

→ 좋은 문서라면 트위터 같은 SNS에 링크가 퍼진 경우가 많겠죠.

이처럼 랭킹 조건의 종류는 매우 다양합니다. 이 모든 조건들의 점수를 합해 종합 점수가 가장 높은 문서를 1등으로 보여주는 것이죠.

최신 문서를 찾아서

기술은 항상 발전하고, 과거의 지식은 새로운 지식으로 끊임없이 업데이트됩니다. 대개는 새로운 정보가 옛날 정보보다 더 좋죠. 최신 문서에 좀 더 높은 점수를 주는 건 어찌 보면 당연합니다. 특히 뉴스 같은 경우에는 최신 문서의 강점이 극대화됩니다. 누구도 오래된 뉴스를 보고 싶진 않을 테니까요. '갤럭시 노트 신제품' 같은 쿼리가 좋은 예입니다. 여러분이 검색엔진에서 찾고 싶은 문서는 갤럭시 노트의 최신 기종 소식일 것입니다. 4~5년 전에 출시한 구버전 갤럭시 노트 소식이 상위에 올라오는 걸 원치는 않겠죠.

그래서 일반적으로 최신 문서일수록 점수 경쟁이 치열합니다. 반면 오래된 문서들은 비교적 점수 차이가 적죠. 1주일 이내에 발행된 문서끼리는 하루 차이로도 점수 차이가 많이 나지만 2년 전에 발행된 문서는 3년 전 문서와 별 차이가 없습니다. 그 정도 시간이 지나면 이미 정보의 의미가 많이 약해진다고 보기 때문이죠.

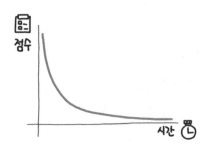

여기서 중요한 건 최신 문서일수록 항상 점수가 높다는 점입니다. 그렇다면 오래된 문서들은 더 이상 검색 결과 상단을 차지할 수 없을까요? 꼭 그렇지만은 않습니다. 최신에 관한 점수가 떨어져도 점수를 유지해줄 또 다른 조건들이 있습니다. 그것이 무엇인지 살펴보죠.

품질 좋은 문서를 찾아서

품질이 좋은 문서란 어떤 문서일까요? 여기에는 정말 다양한 기준이 있습니다. 앞서 구글의 랭킹 조건을 얘기하면서 잠깐 언급했던 '문서가 길수록', '문서 로딩이 빠를수록', '모바일에서 잘 보일수록' 같은 조건이 모두 품질 범주에 포함됩니다. 품질이 좋은 문서란 검색 쿼리에 관계없이 항상 좋은 문서를 말합니다. 예를 들어 문서가 길면 짧은 문서보다 더 품질이 좋은 문서라 할 수 있습니다. 한두 문장으로 끝나는 글보다는 긴 글이 좀 더 유용한 내용을 담고 있을 확률이 크겠죠.

또는 권위 있는 사이트에 실려 있다면 품질이 좋은 문서로 볼 수 있습니다. 아무래도 개인 블로그의 글보다는《뉴욕 타임스》에 올라온 뉴스 기사가 훨씬 더 권위가 있겠죠. 위키백과의 글도 마찬가지입니다. 위키백과는 집단지성의 결정체로, 훌륭한 정보의 출처로서 권위를 인정받기 때문에 위키백과의 문서도 대부분 좋은 문서로 분류되죠. 이처럼 권위 있는 사이트의 문서는 좋은 품질의 문서로 볼 수 있습니다. 그렇다면 사이트나 문서의 권위는 어떻게 측정할까요?

과거에는 좋은 사이트를 제대로 구분해내지 못했고 당연히 검색 랭킹도 제대로 작동하지 않았습니다. 엉뚱한 문서가 상위에 등장하는 경우가 잦았고 심지어 스팸 사이트가 검색 결과 상위를 온통 차지하기도 했죠. 사용자들은 검색 결과에 불만을 품기 시작했습니다.

수학계에 **에르되시 수**Erdős Number라는 게 있습니다. 전 세계를 돌며 평생을 수학 연구에만 몰두해온 에르되시 팔Erdős Pál, 1913~1996은 평생 1,500여 편의 논문을 쓴 것으로도 유명한데, 논문 대부분을 다른 학자들과 공동으로 집필했습니다. 혼자서 연구하기보다는 전 세계를 돌아다니며 훌륭한 연구자와 함께 연구하는 것을 평생의 가치로 여겼죠. 그러다 보니 수학자들 사이에서는 에르되시와 함께 공동 논문을 쓴 경험을 엄청난 영예로 여깁니다.

'에르되시 수'란 에르되시와 몇 단계에 걸쳐 네트워크로 연결되어 있는지를 나타내는 수입니다. 그와 직접 공동 논문을 쓴 학자는 모두 512명입니다. 이 512명이 에르되시 수 1이죠. 그리고 이 512명과 함께 공동 논문을 쓴 사람은 에르되시 수 2입니다. 이런 식으로 번호가 이어지는데, 수학 저널에 논문을 한 편이라도 기고한 수학자의 경우, 거의 대부분이 에르되시 수 8 이하라고 알려져 있습니다. 당연히 숫자가 낮을수록 영예가 높아집니다. 뛰어난 업적을 남긴 수학자일수록 에르되시 수가 낮은 경향이 있습니다. 그래서 에르되시 수는 농담처럼 얼마나 더 뛰어난 수학자인지를 나타내는 척도로 쓰이기도 합니다.

논문을 평가하는 가장 중요한 척도는 인용 횟수입니다. 다른 논문에 많이 인용될수록 좋은 논문이라는 점은 논문을 한 편이라도 써보신 분들은 이미 잘 알고 있을 겁니다. 에르되시 수가 낮을수록 실력이 뛰어나다고 본다면, 인용 횟수가 많다는 것은 뛰어남을 증명하는 척도로 볼 수 있습니다. 이 2가지를 잘 조합한다면 문서의 품질을 정교하게 측정할 수 있지 않을까요? 실제로 논문의 인용 횟수를 활용해 문서의 품질을 평가하는 알고리즘이 탄생합니다.

페이지 랭크, 구글의 역사가 탄생하다

1998년 스탠퍼드에서 박사 과정 중이던 세르게이 브린과 래리 페이지는 문서의 품질을 평가하는 획기적인 알고리즘을 고안합니다. 유명한 사이트가 많이 가리킬수록 문서의 점수가 올라가는 알고리즘으로, 좋은 논문은 인용 횟수가 많다는 아이디어에서 출발했죠. 여기에

에르되시 수가 낮을수록 권위가 높아진 것처럼 권위 있는 사이트에 가중치를 높였습니다. 예를 들어 개인 블로그가 내 문서를 링크하는 것보다《뉴욕 타임스》가 내 문서를 소개한다면 내 문서의 점수가 훨씬 더 많이 올라가는 거죠.

이 알고리즘의 이름은 **페이지 랭크**Page Rank입니다. 웹 문서Page를 랭크했다는 의미이기도 하지만 구글 창업자 중 한 명인 래리 페이지의 이름에서 따왔기 때문이기도 합니다. 두 가지 의미를 모두 지닌 재미있는 이름이죠. 그렇다면 간단하게 페이지 랭크 점수를 계산해 볼까요?

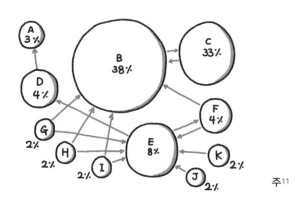

주11

몇 개의 링크가 문서를 인용하고 있는지(횟수)와 현재 웹 문서의 점수(권위)를 먼저 살펴야 합니다. 모든 웹 문서 점수의 합은 100%입니다. 각각의 웹 문서는 100%에서 점수를 할당받아 나눠 갖죠. 여기서 웹 문서 E의 점수는 8%입니다. 그렇다면 어떻게 해서 웹 문서 E가 8%의 점수를 얻었는지 계산해봅시다.

웹 문서 E를 가리키는 문서는 총 6개입니다. 이 중 점수가 2%인 문서가 G, H, I, J, K 모두 5개이고 F는 4%의 점수를 갖고 있습니다. 페이지 랭크는 내 웹 문서의 점수를 링크한 다른 웹 문서에 나눠주는 방식입니다. 점수가 2%인 문서는 다른 문서에게 최대 2%만 줄 수 있지만 점수가 4%인 F는 다른 문서에 최대 4%를 줄 수 있죠. 따라서 F가 링크한 문서는 높은 점수를 받을 확률이 커집니다. 이렇게 권위에 차이가 생기고, 이는 에르되시 수가 낮을수록 명성을 얻게 되는 것과 유사합니다.

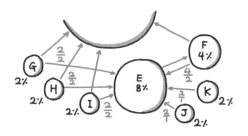

자신을 향하는 화살표의 수는, 즉 링크된 횟수는 많을수록 좋습니다. 웹 문서 E를 보면 총 6개의 문서가 문서 E를 링크하고 있고, 그래서 총 6개 문서의 점수를 합산하여 점수를 얻습니다. 그런데 각각의 문서가 자신의 점수를 모두 나눠주는 건 아닙니다. 해당 웹 문서가 링크한 문서의 개수만큼 점수를 쪼개서 나눠줍니다.

예를 들어보죠. 웹 문서 F의 점수는 4%이며, 문서 2개를 링크하고 있습니다. 따라서 자신의 점수를 링크 개수로 쪼갠 $\frac{4\%}{2}$ =2% 점수를 링크한 문서에 각각 나눠줍니다. 반면 웹 문서 K는 자신이 링크한 문서가 문서 E 하나밖에 없으므로 자신의 점수 2%를 모두 문서 E에 줍니다. 결국 웹 문서 E가 F와 K에게서 받는 점수는 동일합니다. 이 같은 원리로 웹 문서 E의 점수를 모두 계산해보면 다음과 같습니다.

$$\frac{2}{2} + \frac{2}{2} + \frac{2}{2} + \frac{2}{1} + \frac{2}{1} + \frac{4}{2} = 9$$

E의 총점은 9점, 즉 9%입니다. 그런데 웹 문서 E는 8%로 표기되어 있습니다. 이렇게 차이가 나는 이유는 댐핑 팩터Damping Factor 때문입니다. 댐핑 팩터란 쉽게 말해 사용자들이 싫증을 낼 확률을 반영한 값입니다. 즉 링크를 따라가 웹 문서를 읽다가 어느 순간 흥미를 잃어 해당 문서에서 벗어날 확률이 15% 정도라면, 댐핑 팩터는 이 값을 반영하여 0.85가 됩니다. 페이지 랭크 논문에서도 댐핑 팩터의 기본값을 0.85로 정했습니다. 이 때문에 문서 점수는 9점이지만 댐핑 팩터를 반영해 소수점 이하는 적절히 올림합니다.

$$9 \times 0.85 \approx 8$$

이렇게 댐핑 팩터를 반영한 최종 점수는 8%입니다. 사용자들이 얼마나 싫증을 잘 내는지, 즉 댐핑 팩터의 비율이 얼마인지에 따라 해당 문서의 점수와 전체 순위는 많이 달라질 수 있습니다.

이제 권위가 어떻게 점수에 차이를 내는지를 살펴보죠. 이번에는 동일하게 링크를 하나씩만 받은 웹 문서 A와 C를 살펴봅시다.

웹 문서 A와 C는 동일하게 하나의 링크만 받았지만 점수는 차이가 많이 납니다. 그 이유는 A와 C를 링크한 웹 문서 D와 B의 점수 차이가 크기 때문입니다. D는 자체 점수가 4%밖에 되지 않는, 아마 개인 블로그 정도로 보입니다. 그래서 댐핑 팩터 0.85를 반영하면 웹 문서 A는 3% 정도의 점수밖에 얻지 못합니다.

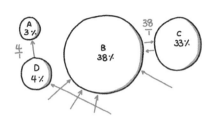

반면 웹 문서 B는 《뉴욕 타임스》 같은 매우 권위 있는 사이트로 보입니다. 점수가 38%나 되기 때문에 웹 문서 B에 링크가 걸린 웹 문서 C는 댐핑 팩터를 반영해도 점수가 33%나 됩니다.

$$38 \times 0.85 \approx 33$$

이처럼 권위 있는 문서가 참조하면 점수가 더욱 높아집니다. 링크된 수가 같아도 어떤 문서에 링크되었는지에 따라 점수 차이가 크게 벌어지죠. 특히 웹 문서 E는 링크가 많음에도 링크를 하나밖에 받지 못한 웹 문서 C보다도 점수가 한참 낮습니다. 그만큼 페이지 랭크에서는 권위 있는 문서에서 링크를 받는 것이 중요합니다.

이것이 바로 페이지 랭크의 작동 원리입니다. 그리고 이 원리에 따라 페이지 랭크는 마법처럼 작동했습니다. 권위 있는 사이트가 많이 참조할수록 순위가 올라가는 구조 덕분에 권위가 없는, 이른바 스팸 사이트는 아무리 링크를 늘려봐야 순위에 오를 수 없게 됐습니다. 점차 검색엔진에서 스팸이 사라지기 시작했고, 높은 검색 품질을 무기로 구글은 검색 시장을 하나둘 점령하기 시작했습니다. 2024년 상반기 기준으로 구글의 전 세계 검색 시장 점유율은 91%가 넘습니다. 이를 시작으로 구글은 안드로이드, 크롬, 유튜브 등으로 시장을 확대해나갔고 이제 구글은 2024년 상반기 기준 전 세계에서 시가총액이 4번째로 높은 3,300조 원의 가치를 지닌 세계 최고의 기업으로 성장했습니다.

이 모든 것의 시작은 페이지 랭크였습니다.

쿼리에 딱 맞는 문서 찾는 법

앞서 소개한 2가지 랭킹 조건은 쿼리와는 관련이 없습니다. 최신 문서도, 품질이 좋은 문서도 쿼리와 상관없이 판별할 수 있기 때문이죠. 그래서 페이지 랭크는 품질 지표를 사용자의 검색 여부와 상관없이 주기적으로 계산하고 미리 저장해두기도 합니다. 그러면 매번 계산하지 않아도 되기 때문에 검색 속도를 높일 수 있죠.

이제 살펴볼 유사도 점수는 쿼리와 직접 관련이 있습니다. 쿼리에 따라 실시간으로 점수를 계산해야 하기 때문에 미리 계산해두기도 어렵습니다. 그렇지만 매우 중요합니다. 특히 쿼리와 그에 따른 문서가 얼마나 유사한지는 사실상 검색엔진의 핵심이라고 할 수 있죠. 누구나 내가 입력한 쿼리에 딱 맞는 결과를 원하니까요. 그렇다면 어떻게 쿼리에 딱 맞는 문서를 불러올 수 있을까요?

먼저, 사용자가 입력한 쿼리가 문서 어디쯤에 위치하느냐가 중요합니다. 제목에 위치하는지 또는 본문에 위치하는지, 아무래도 제목

주12

이 훨씬 더 중요하므로 제목에 위치하는 경우 더 높은 점수를 줍니다.

또한 순서대로 매칭되었는지도 중요합니다. 쿼리가 '갤럭시 노트 신제품'인 경우, 문서에 이들 단어가 차례대로 표시되어 있다면 유사한 문서라고 할 수 있겠죠. 검색 분야에서는 이를 **근접도**Proximity라고 하며, 단어와 단어 사이의 간격이 좁을수록 더 유사한 문서라고 판단하고 높은 점수를 줍니다. 예를 들어 다음과 같은 두 문서가 있다고 가정해보죠.

- 얼마 전 삼성전자에서 갤럭시 노트의 신제품을 출시했습니다. 새로운 기능에 대한 고객들의 기대가 큽니다.
- 신제품이 나온지 벌써 1년여가 지났지만 노트에 글을 쓰는 느낌을 주는 갤럭시는 아직 등장하지 않고 있습니다.

이 경우 쿼리와 매칭하는 단어가 가까이 있는 첫 번째 문서가 훨씬 더 높은 점수를 받을 수 있습니다. 두 번째 문서는 매칭하는 단어들의 근접도가 매우 떨어집니다. 그리고 실제로 쿼리가 의도하는 바와 관련성이 적은 내용이기도 합니다. 두 번째 문서는 사실상 쿼리와 유사한 문서라고 보기는 어렵습니다. 이처럼 컴퓨터가 문서의 내용을 실제로 이해하지는 못하더라도 단어의 근접도 만으로도 더 유사한 문서를 찾아낼 수 있습니다.

TF-IDF 그리고 마법 같은 BM25

근접도만으로도 유사한 문서를 판별할 수 있지만, 훨씬 더 훌륭한 유사도 알고리즘이 있습니다. **TF-IDF**라는 알고리즘입니다. TF-IDF를 정보 검색 분야에서는 가장 중요한 발명품으로 꼽습니다. 2015년 추천 시스템을 조사한 한 연구 결과에 따르면,[13] 무려 83%의 시스템이 TF-IDF를 사용하고 있을 정도로 TF-IDF는 검색엔진과 추천 시스템을 대표하는 알고리즘입니다. 그렇다면 과연 TF-IDF는 어떤 알고리즘이고, TF-IDF 점수는 무엇일까요?

여기서 TF는 'Term Frequency'로 '단어의 출현 빈도'를 의미하고 IDF는 'Inverse Document Frequency'로 '문서 출현 빈도의 역수'를 의미합니다. IDF는 다른 문서에 많이 출현할수록 작은 값이 된다는 얘기죠. 원래 IDF 점수는 로그로 계산하지만 여기서는 쉽게 설명하기 위해 단순히 출현 빈도만 이용해 $\frac{1}{문서\ 출현\ 빈도}$ 형태의 간단한 분수로 나타내겠습니다. 이렇게 하면 해당 문서에 많이 출현할수록, 다른 문서에는 적게 출현할수록 TF-IDF 점수가 커집니다. 간단한 예를 들어보죠. '갤럭시 노트 신제품'이라는 쿼리에 대해 다음 5개 문서의 TF-IDF 유사도 점수는 각각 몇 점일까요?

문서	내용
A	갤럭시 노트 신제품 출시
B	갤럭시 노트 신제품 출시 새로운 노트 만나보세요
C	갤럭시 노트 과연 기존 노트 시리즈와 차별화된 노트 될까
D	갤럭시 전용 케이스 얇아진 두께에 따라 더욱 도드라져 보이는 디자인
E	삼성전자 역대 최고 실적 기록 반도체의 힘 파운드리 상반기 최대 매출

먼저 쿼리를 단어 단위로 구분하여 각각의 점수를 구한 뒤 합산합니다. 즉 '갤럭시 노트 신제품'이라는 쿼리의 점수를 구하려면 '갤럭시'의 점수, '노트'의 점수, '신제품'의 점수를 구해서 합산해야 하죠.

그렇다면 하나씩 계산해보겠습니다. 먼저, '갤럭시'는 별로 높은 점수를 얻지 못합니다. 왜냐하면 문서 E를 제외한 모든 문서에 '갤럭시'

라는 단어가 포함되어 있기 때문이죠. 희소성이 없습니다. 이 말은 IDF 점수가 낮다는 걸 의미합니다. TF-IDF 점수는 '단어 출현 빈도 $\times \frac{1}{\text{문서 출현 빈도}}$'의 결과이기에 해당 단어가 많은 문서에 포함되어 있을수록 IDF 점수는 낮습니다. 문서 A에서 '갤럭시'는 1번 나왔으므로 TF 점수는 1점, 4개의 문서에서 출현해 '갤럭시'의 IDF 점수는 $\frac{1}{4}$ 점입니다. 그래서 '갤럭시'에 대한 문서 A의 TF-IDF 점수는 둘을 곱한 $\frac{1}{4}$ 점입니다. 같은 방식으로 문서 B, C, D 모두 $\frac{1}{4}$ 점입니다. E에는 '갤럭시' 단어가 등장하지 않으므로 $\frac{0}{4}$, 즉 0점입니다. 정리해보면 다음과 같습니다.

문서	내용	'갤럭시' TF-IDF 점수
A	갤럭시 노트 신제품 출시	0.25
B	갤럭시 노트 신제품 출시 새로운 노트 만나보세요	0.25
C	갤럭시 노트 과연 기존 노트 시리즈와 차별화된 노트 될까	0.25
D	갤럭시 전용 케이스 얇아진 두께에 따라 더욱 도드라져 보이는 디자인	0.25
E	삼성전자 역대 최고 실적 기록 반도체의 힘 파운드리 상반기 최대 매출	0

같은 방식으로 '노트'의 TF-IDF 점수를 구해봅시다. '노트'는 3개 문서에서 등장하므로 IDF 점수는 $\frac{1}{3}$ 점입니다. 그런데, 문서 C에서는 '노트'라는 단어가 무려 3번이나 등장합니다. 따라서 문서 C의 '노

트'에 대한 TF-IDF 점수는 $\frac{3}{3}$ 이므로 1점이나 됩니다.

마지막 단어의 점수도 구해보죠. 단어는 '신제품'입니다. 이 단어를 포함한 문서들은 점수를 제법 많이 가져갈 수 있을 것 같네요. 회소성이 높은 단어이기 때문입니다. '신제품'은 문서 A와 B, 이렇게 2개 문서에만 출현합니다. 문서에 1번만 등장해도 바로 $\frac{1}{2}$ 점을 얻을 수 있죠. 이제 모든 점수를 계산해 정리하면 다음과 같습니다.

문서	내용	'갤럭시' TF-IDF 점수	'노트' TF-IDF 점수	'신제품' TF-IDF 점수	'갤럭시 노트 신제품' TF-IDF 점수
A	갤럭시 노트 신제품 출시	0.25	0.33	0.5	1.08 (3등)
B	갤럭시 노트 신제품 출시 새로운 노트 만나보세요	0.25	0.66	0.5	**1.41** **(1등)**
C	갤럭시 노트 과연 기존 노트 시리즈와 차별화된 노트 될까	0.25	1	0	1.25 (2등)
D	갤럭시 전용 케이스 얇아진 두께에 따라 더욱 도드라져 보이는 디자인	0.25	0	0	0.25
E	삼성전자 역대 최고 실적 기록 반도체의 힘 파운드리 상반기 최대 매출	0	0	0	0

'갤럭시', '노트', '신제품'에 대한 점수를 각각 계산해 봤습니다. 그

렇다면 '갤럭시 노트 신제품'이라는 전체 쿼리의 TF-IDF 점수는 어떻게 될까요? 어렵지 않습니다. 단순히 세 단어의 점수를 합산하면 됩니다. 표의 맨 우측에 표기했습니다. 점수는 문서 B가 1.41로 가장 높고, 따라서 검색 결과에 가장 먼저 등장하게 됩니다. 그다음은 문서 C, A 순으로 노출이 되겠네요. 반면 문서 E는 0점으로 쿼리와 전혀 관련이 없습니다. 따라서 이 문서는 검색 결과에 노출되지 않죠. 문서 D도 점수가 매우 낮기 때문에 한참 뒤에 나오거나 아예 결과에서 배제될 가능성이 높습니다. 어떤가요? 쿼리의 의도와 검색 결과로 나온 문서의 내용이 좀 맞는 것 같나요?

여기까지가 TF-IDF 점수의 기본적인 구조입니다. 검색과 추천 시스템의 83%가 사용한다는 TF-IDF 점수의 핵심이 바로 이러한 계산 방식이죠. 물론 여기서는 이해를 돕기 위해 단순한 형태로 표현했지만 실제로는 이렇게까지 간단하지는 않습니다. 훨씬 더 복잡하죠. 그렇다면 실무에 실제로 쓰이는 좀 더 정교한 점수 계산 방식을 살펴보고, 결과가 어떻게 다른지 한번 알아볼까요?

TF-IDF를 기반으로 하는 점수 계산 방식 중 가장 성능이 좋다고 알려진 방식으로 **BM25**가 있습니다. 'Best Matching 25'의 약자로, 1990년대 런던 시티대학교에서 여러 가중치 조합을 연구한 결과물을 'Okapi'라는 정보 검색엔진에 적용해 논문을 발표했는데, 여기서 유래한 BM25 가중치 조합은 지금까지도 여러 검색엔진에서 널리 사용할 정도로 성능이 뛰어납니다. 구글은 물론이거니와 네이버와 다음 등 사실상 국내외 모든 검색엔진이 채택한 유사도 계산 방식이죠. 그렇다면 과연 어떻게 구현한 수식이고, 어떤 특징이 있길래 대부분의 검색엔진이 채택해 쓸까요?

　기본적으로 BM25는 TF-IDF의 방언 정도로 볼 수 있습니다. TF-IDF의 원리를 다시 한번 떠올려보죠. 문서 내에서 해당 단어가 많이 나올수록(단어 출현 빈도), 다른 문서에는 해당 단어가 포함되어 있지 않을수록(문서 출현 빈도) 점수가 커지는 계산 방식입니다. BM25도 원리는 동일합니다. 다른 문서에 등장하지 않는 단어가 해당 문서에 많이 포함되어 있을수록 높은 점수를 얻죠. 그리고 여기에 몇 가지 최적화를 덧붙여 훨씬 더 합리적인 점수를 유도합니다. BM25의 수식을 풀어서 정리해보면 다음과 같습니다.

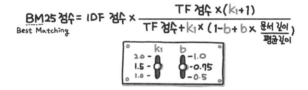

　복잡해 보이지만 단순히 수식이 어렵다고 좋은 성능이 나오는 것은 아닙니다. 어려워 보이는 수식 이면에는 성능을 높이기 위한 여러 장치가 숨어 있죠. 먼저 BM25에서는 TF 점수가 무한대로 증가하지 않습니다. 수식에 특정 점수 이상을 넘지 않도록 하는 장치가 숨어 있죠. 또한 문서 길이를 살펴보는 장치가 수식에 포함되어 있습니다. TF-IDF는 문서 길이는 평가하지 않기 때문에 긴 문서가 무조건 유리하지만 BM25는 현재 문서 길이와 전체의 평균 길이를 비교하면서 가중치를 조절하는 장치를 포함하기 때문에 같은 조건에서는 오히려 짧은 문서가 좀 더 유리합니다.

이외에도 BM25 수식에는 정체를 알 수 없는 k_1과 b라는 값이 있는데요. 이 두 값은 랭킹을 모델링하는 개발자가 임의로 정하는 값입니다. 매개변수Parameter라고 부르는데, 일종의 스위치 역할을 하죠. 예를 들어 점수가 좀 더 가파르게 상승하도록 하려면 k_1을 크게 잡으면 됩니다. 이렇게 하면 단어 출현 빈도에 따라 점수가 좀 더 가파르게 상승하죠. 스위치를 올리는 것과 비슷합니다. 이처럼 BM25에는 k_1과 b라는, 개발자가 조절할 수 있는 두 개의 값이 있습니다. 최종 점수 분포를 정하기 위해 임의로 설정하는 값이죠. 어려운 개념은 아니지만 주로 통계학을 전공한 개발자들이 전체 문서의 특성과 점수 분포 등을 살펴보면서 어떤 값을 넣을지 결정합니다.

기본값으로는 k_1=1.5과 b=0.75를 사용합니다. 기본값으로 설정하고 앞서 활용한 쿼리인 '갤럭시 노트 신제품'의 BM25 점수를 계산해보죠. 먼저 각각의 IDF 점수부터 구해보겠습니다.

기존에 TF-IDF 점수를 구했을때의 IDF 점수와는 조금 다릅니다. 앞서 IDF 점수는 예시를 위해 매우 단순하게 계산했지만 실제로 IDF

단어	문서 출현 빈도	IDF 점수
갤럭시	5개 문서 중 4개 문서	0.2343
노트	5개 문서 중 3개 문서	0.2343
신제품	5개 문서 중 2개 문서	0.3364

점수를 정교하게 구하려면 몇 가지 로그 계산을 거쳐야 합니다. 이 계산은 조금 복잡하기 때문에 미리 계산해둔 값을 사용하겠습니다. 특이한 부분은 '갤럭시'와 '노트'의 출현 빈도가 다름에도 불구하고 IDF 점수가 같다는 점입니다. 왜 그럴까요? 두 단어 모두 출현 빈도가 빈번하기 때문입니다. 고작 3~4개 문서에 등장할 뿐인데 뭐가 빈번하냐고 물을 수 있지만 핵심은 빈도가 아니라 비율입니다. 횟수는 많지 않지만 전체 비율로 보면 각각 60%, 80%에 해당하죠. 전체 문서가 5개밖에 되지 않기 때문입니다. 만약 전체 문서가 5개가 아니라 1억 개라고 가정해보죠. 여기에 동일하게 비율이 80%라 한다면 무려 8,000만 개 문서에 해당 단어가 등장하는 겁니다. 이렇게 보면 매우 빈번하다고 할 수 있겠죠?

이처럼 과반수가 넘게 출현하는 단어는 계산식에 따르면 IDF 점수가 마이너스로 나올 수 있기 때문에 보정해 주는 작업이 필요합니다. 각각 최솟값으로 보정해야 하고, 여기서는 그 값이 0.2343입니다. 구체적인 값은 크게 중요하지 않습니다. 하지만 어떤 경우에 큰 값이 나오고 어떤 경우에 작은 값이 나오는지는 정확하게 인지하고 있어야 합니다. 다시 한번 얘기하지만 다른 문서에 등장한 적이 없는 희귀한 단어는 값이 높게 나오고, 빈번하게 등장하는 단어는 값이 낮게 나옵니다. 즉 '갤럭시'처럼 여러 문서에 걸쳐 자주 등장하는 단어는 IDF 값이 작고, '신제품'처럼 다른 문서에는 등장하지 않는 희귀한 단어는 IDF 값이 큽니다. BM25 수식을 살펴보면 IDF 점수를 곱하기 때문에 희귀한 단어일수록 더 높은 점수를 받을 수 있겠죠. 이 부분만 잘 기억하면 됩니다. 먼저 단어 '갤럭시'에 대한 점수를 구하기 위해 IDF 점수 0.2343을 적용해 보겠습니다.

문서 A의 내용은 '갤럭시 노트 신제품 출시'였습니다. 그렇다면 '갤럭시' 단어의 TF 점수는 얼마일까요? 문서 A에서 '갤럭시'는 1번밖에 등장하지 않았으므로 1입니다. k_1과 b는 각각 기본값인 1.5와 0.75를 그대로 사용합니다. 수식에서 남은 건 $\frac{\text{문서 길이}}{\text{평균 길이}}$ 입니다. TF-IDF 점수를 구할 때는 없었던 이 값이 무슨 역할을 할까요? BM25는 문서의 길이로 점수의 가중치를 조절한다고 설명한 바 있죠. 예를 들어 문서 A의 내용인 '갤럭시 노트 신제품 출시'라는 문장에 들어간, 띄어쓰기로 구분한 단어 수는 4입니다. 이렇게 현재 문서의 길이를 구한 값을 전체 문서의 평균 길이의 값으로 나누면 BM25 점수에 가중치를 부여할 수 있습니다. 띄어쓰기로 구분한 전체 문서의 평균 길이는 $\frac{4+8+9+10+11}{5}$ =8.4입니다. 이제 문서 A의 $\frac{\text{문서 길이}}{\text{평균 길이}}$ 에 대입하면 $\frac{4}{8.4}$ 이므로 0.47이 나옵니다. 만약 문서 E라면 $\frac{11}{8.4}$ 이므로 1.3이 되겠죠. 이처럼 해당 문서의 길이가 짧을수록 값이 작아집니다. 이 값은 분모에 위치하기 때문에 값이 작을수록 BM25 점수는 커집니다. 문서 A에서는 0.47로 작은 값이 나왔기 때문에 BM25 점수는 비교적 크겠네요. 자, 이제 필요한 모든 값을 채웠습니다. 마지막으로 수식에 대입하여 계산해 보면 BM25 점수를 구할 수 있습니다.

$$\text{'갤럭시' BM25 점수} = 0.2343 \times \frac{1 \times (1.5 + 1)}{1 + 1.5 \times (1 - 0.75 + 0.75 \times \frac{4}{84})} = 0.3066$$

계산이 모두 끝났습니다. 문서 A의 '갤럭시'에 대한 BM25 점수는 0.3066입니다. 마찬가지로 다른 단어의 점수도 각각 구해서 TF-IDF를 계산했을 때처럼 합산하기만 하면 전체 점수가 나옵니다. 이렇게 BM25 전체 점수를 계산해서 기존에 구했던 TF-IDF 점수와 비교해 보면 다음과 같습니다.

문서	내용	'갤럭시 노트 신제품' TF-IDF 점수	'갤럭시 노트 신제품' BM25 점수
A	갤럭시 노트 신제품 출시	1.08(3등)	**1.05 (1등)**
B	갤럭시 노트 신제품 출시 새로운 노트 만나보세요	**1.41 (1등)**	0.92(2등)
C	갤럭시 노트 과연 기존 노트 시리즈와 차별화된 노트 될까	1.25(2등)	0.61(3등)
D	갤럭시 전용 케이스 얇아진 두께에 따라 더욱 도드라져 보이는 디자인	0.25	0.21
E	삼성전자 역대 최고 실적 기록 반도체의 힘 파운드리 상반기 최대 매출	0	0

어떤가요? BM25 점수는 앞서 계산했던 TF-IDF 점수와는 조금 다르네요. 그래서 랭킹도 다릅니다. 문서 A가 1등이고 문서 B가 2등, 문서 C가 3등입니다. 어떤 점수가 좀 더 합리적으로 보이나요? 쿼리가 '갤럭시 노트 신제품'이라면 모든 단어가 문서에 포함되어 있고 문서의 길이가 가장 짧은 A가 1등이 맞지 않을까요? 그렇다면 BM25 점수가 더 합리적이라고 할 수 있겠네요. 마찬가지로 모든 단어가 문서에 포함되어 있지만 문서의 길이가 조금 더 긴 B는 2등이 됩니다. 그리고 유사한 내용이지만 일부 쿼리가 포함되어 있지 않은 C는 3등이 되겠죠. 역시 BM25 점수가 합리적이네요. TF-IDF 점수일 때는 문서 C가 2등이었는데, C는 '신제품'이라는 단어를 포함하지 않기 때문에 당연히 문서 A나 문서 B보다 밀리는 게 맞을 것 같습니다.

BM25 점수는 최종적으로 A-B-C 순으로 우리가 기대하는 순서와 동일하게 나왔습니다. 정말 정교하고 성능이 좋은 방식이죠. 이제 왜 국내외 대부분의 검색엔진이 BM25를 채택하고 활용하는지 알 수 있을 겁니다.

A/B 테스트, 검색 개선을 확인하는 법

자, 지금까지 랭킹을 이해하기 위해 꽤 기나긴 과정을 거쳤습니다. 점수를 구하려 계산하다 보니 아무래도 수학을 많이 사용했네요. 그래서 좋은 랭킹 공식을 만들기 위해서는 좋은 알고리즘을 사용하는 것과 함께 수학 실력도 중요합니다.

랭킹의 결과는 최종적으로 사용자에게 노출된다는 점에서 검색엔진 기술의 꽃이라고 할 수 있습니다. 그렇다면 검색엔진은 최종 순위를 어떻게 정할까요? 직전에 살펴봤던 유사도 점수가 순위를 결정하는 중요한 요인이긴 하지만 유사도 점수만 높다고 항상 1등이 되지는 않습니다. 철인 3종 경기에서 마라톤이 가장 중요하다 해도 결국은 수영, 사이클, 마라톤 세 종목의 모든 시간을 합산하여 1등을 정하는 것과 유사하죠.

마찬가지로 지금까지 살펴본 최신, 품질, 유사도에 더해 다른 여러 조건에 해당하는 점수를 적절한 비율로 합산하여 최종 점수를 계산합니다. 이 과정을 거쳐 최종 점수 순으로 나열한 것이 비로소 검색엔진이 판단하는 최종 결과이죠.

그렇다면 이 결과가 과연 적합한지, 적절한 비율로 점수를 산정했는지, 그러니까 많은 사람이 실제로 좋아할 만한 결과인지는 어떻게 알 수 있을까요?

그 방법으로 **A/B 테스트**가 있습니다. 랭킹을 정말 제대로 개선했는지 가장 확실하게 알 수 있는 방법이죠. 여러분도 한 번쯤 들어본 적이 있을지도 모릅니다. A/B 테스트의 시초는 과학 분야에서 사용했던 무작위 대조 시험Randomized Controlled Trial입니다. 무작위 대조 시험은 말 그대로 피실험자를 2개 이상의 그룹에 무작위로 할당하여 한 그룹(실험 그룹)은 개선된 조건으로 실험을 수행하고, 다른 그룹(대조 그룹)은 기존 조건으로 실험하여 그 결과를 비교하는 방식입니다. 실험 그룹의 결과만으로는 개선한 조건에 따른 결과인지 아니면 다른 요인에 의해 우연히 도출된 결과인지 알아내기가 어렵기 때문에 이를 검증하기 위해 대조 그룹과의 차이를 비교하는 거죠. A/B 테스트는 이 무작위 대조 시험을 온라인에서 구현한 것을 말합니다.

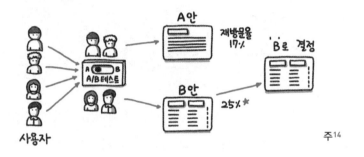

첫 A/B 테스트는 2000년대 초반 구글이 사용자를 무작위로 나눈 두 집단에 서로 다른 검색 결과를 보여준 실험이었습니다. 실험 그룹에는 검색 결과 페이지에 링크 20개를 노출했고, 대조 그룹에는 기존처럼 링크를 10개만 보여주고 클릭과 재방문율을 비교했습니다. 결과는 매우 성공적이었죠. 이후 A/B 테스트는 지속적으로 확대되었고, 지금은 구글뿐 아니라 거의 모든 온라인 서비스가 A/B 테스트를 당연한 절차로 수행하고 있습니다.

데이터 분석 분야에서 인과관계를 밝히는 일은 무척 어려운데 A/B 테스트가 해결책을 제시했습니다. 인과관계를 밝히는 가장 좋은 방법인 직접 시험을 실제로 진행한 거죠. 예전에는 이런 시험을 오프라인에서는 단 한 번만 진행하기도 상당히 힘들었습니다. 그룹을 통제하는 것부터가 쉽지 않고, 실험 진행은 물론 결과를 정리하는 것도 보통 일이 아니었기 때문이죠. 시간과 비용 모두 많이 드는 작업이었습니다. 하지만 A/B 테스트는 이런 무작위 대조 시험을 온라인에서 간편하게 진행할 수 있도록 구현해냈고 그 결과는 매우 성공적이었습니다.

이후 A/B 테스트는 데이터를 근거로 서비스를 개선하는 좋은 수단이 되었습니다. 흔히 '데이터 기반 의사 결정'이라는 얘기를 많이 하는데, A/B 테스트는 바로 데이터 기반 의사 결정을 하는 데 가장 핵심적인 역할을 한다고 볼 수 있죠. 특히 최근에는 페이스북이 A/B 테스트를 적극 활용하는 것으로 알려져 있습니다. 페이스북을 자주 이용하는 분은 자신의 페이스북 화면이 다른 친구의 화면과 다를 때가 많다는 걸 발견한 적이 있을지도 모르겠네요.

어느 날 페이스북에 접속했더니 처음 보는 버튼이 있거나 친구들 화면에는 보이지 않는 희한한 게시물이 내 화면에서만 뜬다면 전부 A/B 테스트의 결과인 셈이죠. 이처럼 페이스북은 과도할 정도로 A/B 테스트를 진행하고 있고, 실제로 여러분은 알게 모르게 여러 서비스의 A/B 테스트에 노출되어 있습니다. 2000년대 초반 A/B 테스트를 처음 도입했던 구글은 지금은 매년 1만 회 이상 A/B 테스트를 진행하는 것으로 알려져 있습니다.[15]

A/B 테스트는 말 그대로 사용자에게 2가지(또는 여러 가지) 다른 결과를 보여주고 반응을 살핍니다. 앞서 여러 랭킹 조건을 활용해 최고의 랭킹 알고리즘을 만들었다면 전체 서비스에 적용하기 전에 사용자들이 정말 이에 반응하는지 미리 일부에 적용해보고 사용자 반응이 개선되는지 점검하는 거죠. 아무리 수학적으로 우아해 보이는 모델이라도 실제로 사용자들은 좋아하지 않을 수 있습니다. 그렇기 때문에 사용자의 반응을 미리 실험해보는 A/B 테스트가 반드시 필요하죠. A/B 테스트로 어떤 결과에 사용자들이 더 만족하고 클릭을 많이 하는지 봅니다. 새롭게 만든 랭킹 알고리즘이 훨씬 더 좋다면 당연히 기존 대비 더 많은 클릭이 뒤따라야겠죠. 이처럼 말 그대로 A안과 B안을 비교한다고 하여 A/B 테스트입니다. A안을 노출하면 17%가 클릭하는 데 반해 B안을 보고는 25%가 클릭한다면 B안이 훨씬 더 좋다고 판단할 수 있습니다.

이제 B안으로 전체 서비스를 교체하고 새로운 A/B 테스트를 진행합니다. 물론 개선안의 결과가 더 좋지 않다면 그 안은 폐기해야겠죠. 이 과정은 끊임없이 반복됩니다.

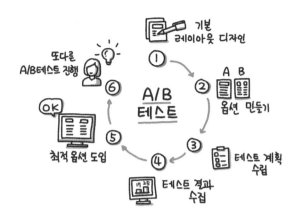

이처럼 데이터를 기반으로 사용자들이 더 좋아할 때까지 끊임없이 성능을 개선해나갑니다. 이것이 바로 A/B 테스트의 원리이고, 랭킹 알고리즘이 개선되었는지 효과를 효율적으로 측정하는 방식이기도 합니다.

검색엔진 최적화, 창과 방패의 싸움

구글이나 네이버의 검색 결과에서 상위를 차지하면 엄청난 트래픽을 가져올 수 있습니다. 특히 돈에 관련한 쿼리라면 더더욱 그렇죠. 예를 들어 네이버에 '꽃배달'이라는 쿼리를 입력했을 때 1등으로 올라오는 사이트가 있다면 엄청난 매출을 기대할 수 있겠죠? 그래서 **검색엔 진 최적화**Search Engine Optimization, SEO를 시도하는 업체들은 여러 가 지 실험을 해보면서 랭킹을 높이기 위해 끊임없이 도전합니다. 구글

성능 최적화 / 키워드 분석 / 링크 생성 / 메타 태그 TAG / 사이트맵 최적화 / 트래픽 모니터링 / <HTML> 소스코드 리뷰

검색 엔진 최적화

에는 200여 가지의 랭킹 조건이 있는데, 검색엔진 최적화는 이들 조건 사이에서 바늘구멍 같은 빈틈을 찾아 랭킹을 올리기 위해 끊임없이 노력하는 거죠.

이를 위해 다양한 수단을 동원합니다. 다양한 메타 태그를 부여해보기도 하고, 인기 있는 키워드도 분석합니다. 링크를 추가한다던지 사이트맵을 개선하기도 하죠. 소스코드까지 다른 형태로 바꿔봅니다. 이렇게 검색엔진이 좋아할 수 있도록 끊임없이 시도하죠. 반면 검색엔진 업체들은 쉽게 랭킹을 올릴 수 없도록 알고리즘을 개선하고 진화시킵니다. 단순히 메타 태그를 몇 개 부여한다고 랭킹이 쉽게 올라가선 곤란하겠죠. 품질이 좋은 문서만 랭킹에 오를 수 있도록 검색엔진 업체들은 계속해서 방어 로직을 개선합니다.

이 싸움은 끝이 없습니다. 아마, 검색 서비스가 존재하는 한 계속되겠죠. 어차피 완벽한 알고리즘이란 존재하지 않습니다. 알고리즘은 끊임없이 진화할 것이고 그럴수록 여러분은 점점 더 똑똑한 검색엔진을 이용할 수 있게 될 거예요.

점점 더 똑똑해지는 구글 검색의 진화

원래 검색엔진의 역할은 쿼리에 정확하게 매칭하는 문서를 찾아주는 것입니다. 구글을 비롯한 요즘의 검색엔진은 충분히 이 역할을 해내고 있죠. 하지만 사람들은 점점 더 똑똑한 검색엔진을 원합니다. 이제는 쿼리의 맥락을 파악하여 적절한 문서를 제시해주는 수준에 이르렀죠.

'소니에서 개발한 회색 콘솔'이라는 쿼리를 예로 들어보죠. 이 쿼리에 구글은 정확하게 '플레이스테이션'을 포함한 문서를 정답으로 제시합니다. 쿼리에는 게임기나 플레이스테이션에 대한 언급이 전혀 없지만 검색엔진은 쿼리를 이해하고 이에 적합한 문서를 제시하는 거죠.

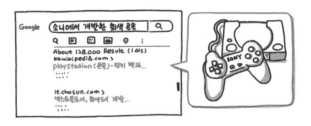

이렇게 작동하기 위해서는 검색엔진이 단순히 문서가 해당 단어를 포함하는지 여부만 판단할 게 아니라 단어와 단어 사이의 관계를 파악하고 문장의 의미를 정확하게 이해해야 합니다. 이때 딥러닝이 문장의 의미를 이해하고 이에 맞는 정답을 찾아주는 역할을 합니다. 예컨대 딥러닝은 유사도 점수를 계산할 때 '갤럭시 노트 신제품' 쿼리와

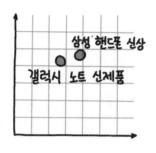

관련해 '삼성 핸드폰 신상'이라는 단어에도 가중치를 줄 수 있습니다. 서로 비슷한 의미를 지니고 있기 때문이죠. 딥러닝은 이처럼 비슷한 의미를 지닌 단어를 비슷한 숫자로 표현할 수 있고 따라서 유사한 의미를 지닌 단어로 판별해낼 수 있습니다.

이와 관련한 구체적인 알고리즘은 제7장에서 좀 더 자세히 살펴보겠습니다. 챗봇에서 쓰이는 유사도 판별 알고리즘과 거의 동일한 알고리즘이 검색엔진에도 반영되거든요. 이처럼 자연어 처리에 쓰이는 여러 기술은 검색에도 유용하게 활용됩니다. 애초에 검색 기술 자체가 인간의 자연어를 보다 정확하게 이해하는 과정이기도 하니까요.

딥러닝은 검색의 결과뿐만 아니라 검색과 관련한 다양한 분야에도 활용됩니다. 오타 교정이 대표적입니다. 일반적으로 사람들은 매일 입력하는 10개의 쿼리 중 1개 정도는 맞춤법이 틀리기 마련입니다. 맞춤법이 틀리면 정상적인 검색 결과를 얻을 수 없겠죠. 이 경우 오타를 교정해 바른 쿼리를 입력할 수 있도록 제안하는데, 이때 딥러닝이 오타를 교정할 수 있도록 도움을 줍니다.[16]

예컨대 세바시 발표를 보고 싶어 구글 검색창에 '세바시 15분 프레젠테이션'을 입력하는데 실수로 '네바시'라고 입력하고 말았습니다. 이 경우 원래는 의도한 결과가 나오지 않겠죠. 하지만 요즘 구글 검색창은 '세바시'로 교정해서 결과를 보여 줍니다. 수많은 데이터를 통해 어떤 문장이 잘못되었고, 어떤 문장이 정상인지를 판별할 수 있도

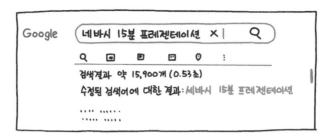

록 학습했고, 이를 이용해 가장 적합한 문장으로 오타 교정을 제안하는 거죠. 과거에는 편집 거리Edit Distance라고 하여 정상적인 철자와 얼마만큼 틀렸는지를 계산하여 오타를 교정했지만 이제는 수많은 데이터로 학습한 딥러닝으로 오타를 훨씬 더 정교하게 교정해냅니다. 그뿐 아니라 최근에는 검색이 단순한 텍스트 이해를 넘어, 복잡한 문장과 이미지도 이해하고, 번역과 제안까지 하죠. 여기에 마찬가지로 딥러닝이 큰 역할을 하고 있습니다.

2021년 상반기에 구글은 MUMMultitask Unified Model이라는 기술을 발표합니다. 복잡한 질문에 답하기 위해 딥러닝을 결합한 새로운 기술이죠.

"지난번에 애덤스산에 하이킹을 다녀왔는데 올가을에는 후지산을 가보려고 해. 어떤 다른 준비가 필요할까?"

MUM은 이렇게 복잡한 쿼리도 의미를 파악하고 결과를 보여줍니다. 먼저, 애덤스산과 후지산을 비교하여 높이나 등산 정보 등을 찾습니다. 또한 하이킹을 준비하고 있다는 점을 파악하고 하이킹을 위한 적절한 피트니스 운동과 가을 날씨에 맞는 하이킹 장비를 추천하죠. 방대한 정보를 바탕으로 애덤스산과 후지산이 높이는 같지만 일본

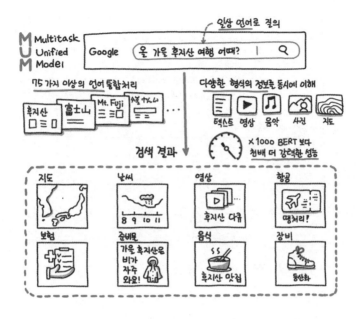

후지산의 가을은 장마 기간이므로 지난번과 달리 방수 재킷이 필요하다는 사실을 알려줍니다. 이때 문서뿐만 아니라 비디오나 이미지 정보도 함께 찾아서 보여주죠. MUM은 제7장 챗봇에서 살펴볼 버트라는 모델보다 성능이 1,000배 더 강력합니다. 사람이 이해하는 것 이상의 엄청난 성능을 보인다고 할 수 있죠.

언어의 장벽을 제거하려는 시도도 하고 있습니다. 아무래도 후지산 하이킹 정보는 주로 일본어로 되어 있겠죠. 구글은 최근 75개 언어를 모두 통합하여 학습하는 모델을 구축했습니다. 그래서 한국어로 '후지산 하이킹'을 검색해도 원래는 일본어로만 볼 수 있었던 '후지산에서 가장 전망이 좋은 곳', '유명한 지역의 온천', '인기 있는 기념품 가게' 등의 웹 문서를 우리말로도 보여줍니다. 구글 MUM은 진정한 개인 비서의 시대에 성큼 다가섰죠.

　이하윤의 수필 〈메모광〉으로 시작해서 참 많은 얘기를 나눴습니다. 스마트폰은 이제 단순한 분실分室의 역할을 넘어 똑똑한 검색 서비스를 담고 있습니다. 검색은 점점 더 문서, 비디오, 이미지 같은 형식의 경계, 언어의 경계를 무너트리고 복잡한 질문을 이해하며 방대한 정보를 바탕으로 추천까지 하는 진정한 개인 비서의 역할을 톡톡히 해내고 있습니다. 앞으로도 검색은 인공지능 시대의 핵심 서비스로 계속해서 자리매김할 겁니다. 지금처럼 꾸준히 발전한다면 여러분은 어떠한 정보도 빠르고 정교하게 찾아낼 수 있을 거예요.

제5장

스마트 스피커

시리는 쓸모 있는 비서가 될 수 있을까

인공지능 비서의 탄생

"헤이 카카오, 오늘 비 와?"

"네, 오늘 역삼동 날씨는 흐리고 오후에 비가 오겠어요. 나가실 때 꼭 우산을 챙겨가세요."

이제는 스마트 스피커와 대화하는 게 낯설지 않죠. 2011년 애플은 음성 비서 시리를, 2014년 아마존은 스마트 스피커 에코를 출시했습니다. 에코의 음성 비서 알렉사는 이제 7만 개가 넘는 기능을 갖춘 엄

청난 플랫폼이 됐습니다. 뒤이어 마이크로소프트가 코타나를 출시했고 2016년에는 구글이 구글 어시스턴트를 출시하며 경쟁에 뛰어들었습니다.

우리나라도 열기가 뜨겁습니다. 2016년 SKT는 음성인식 서비스이자 스피커 NUGU를 국내에서 가장 먼저 만들었습니다. 뒤이어 네이버가 2017년에 클로바를 출시했고, 카카오도 이에 뒤질세라 2017년 여름 카카오미니를 선보입니다. 무엇보다 카카오는 6개월 만에 제품을 출시한 것으로 유명합니다. 당시 카카오는 다음커뮤니케이션과 합병하면서 음성인식 스피커를 만들수 있는 기술을 자연스럽게 확보했고, 이를 이용해 단기간 내에 제품을 출시할 수 있었죠. 다음커뮤니케이션은 질문에 정확하게 대답해줄 수 있는 고품질의 검색엔진을 보유하고 있었고, 한글 문장을 정확하게 분석할 수 있는 자연어 처리 엔진도 있었습니다. 2013년에는 현재 카카오 최고 AI책임자인 이상호 박사가 운영하던 음성인식 회사 다이알로이드를 인수해 국내 최고 수준의 음성인식 기술도 확보했죠. 이렇게 핵심기술을 모두 보유했기 때문에 개발은 일사천리로 진행되었습니다. 당시 저 또한 카카오에 근무하면서 다음커뮤니케이션이 오랫동안 보유했던 우수한 기술을 이용해 빠르게 개발하는 모습에 감탄했던 기억이 납니다.

이처럼 스마트 스피커는 어느 날 갑자기 하늘에서 뚝 떨어진 기술이 아닙니다. 스마트 스피커 뒤에 숨어있는 핵심 콘셉트와 기술(에이전트 기반의 아키텍처, 자연어 이해, 온톨로지 등)은 수십 년 동안 연구소의 연구 주제 중 하나였고, 마침내 기술이 무르익어 카카오처럼 하나의 제품으로 빠르게 탄생되었죠. 물론 여기에는 첫 발을 내디딘 **시리**Siri의 업적이 가장 큽니다. 무엇보다 시리 이전에는 음성인식 비서라는 카테고리가 존재하지도 않았죠. 시리의 업적은 음성인식이라는 개념을 대중화한 것입니다.[1] 2012년 이상호 박사는 인터뷰에서 "애플 시리를 보면서 5년 안에 모든 검색 방법을 음성이 대체할 것이라는 확신이 들어 다이알로이드를 창업했다"[2]라고 얘기했습니다. 그만큼 음성인식이라는 영역을 처음으로 개척한 시리의 영향력은 국내외를 막론하고 대단했죠.

애플 시리, 음성인식 비서의 시대를 열다

이처럼 2011년 애플 아이폰에 탑재된 시리가 등장한 이후부터 본격적으로 음성인식 비서의 시대가 열렸습니다. 물론 그 이전에도 무수히 많은 음석인식 제품이 있었지만 사실상 시장에 끼친 효과는 미미했죠.

원래 시리는 스탠퍼드대학교에서 시작된 민간 연구소 SRI 인터내셔널의 연구 프로젝트였습니다. 그러다 가능성을 본 일부 연구원이 독립해 스타트업을 세우죠. 시리는 당시 그 스타트업의 이름이자 제품의 이름이기도 했습니다. 처음에는 음성인식 기능이 없었습니다. 텍스트로 메시지를 입력하면 텍스트로 응답하는 제품이었죠. 2009년 즈음 시리는 이미 완성 단계에 있었습니다. 당시 시리는 음성인식 서비스가 아니라 텍스트를 입력하면 응답해주는 챗봇에 가까웠습니다. 이사회는 이 정도 서비스로는 시장에서 반응을 얻기 힘들겠다고 판단해 출시를 1년 연기하고 향후 회사의 운명을 바꿔줄 결정적인 기능의 도입을 추진합니다. 바로 음성인식 기능입니다. 그렇게 개발된 당시의 시리가 얼마나 뛰어났는지를 보여주는 재미난 일화가 하나 있습니다.

2009년 가을, 시리의 이사회 멤버이자 베타 테스터였던 노먼 위너스키Norman Winarsky, 1947~는 비행기에 앉아 이륙하기를 기다리고 있었습니다. 그런데 그때 출발이 지연되고 있다는 방송이 인터폰으로 들려왔습니다. 위너스키 옆에 있던 승객이 그에게 묻습니다.

"얼마나 지연될 것 같아요?"

위너스키는 모르겠다고 대답하죠. 그리고는 "한번 확인해 보죠"라며 휴대폰을 꺼내 아직 공개되지 않았던 시리를 켜고 말했습니다.

"시리, 유나이티드 98편이 몇 시에 도착할 예정이지?"

아직 소리내어 읽는 기능조차 없었던 시리는 말풍선을 띄워 대답합니다.

"비행기는 1시간 30분 늦게 도착할 예정입니다."

옆에 있던 승객은 깜짝 놀라 이렇게 말합니다.

"왜 이코노미석에 앉아 있는 거예요? 곧 일등석에 앉게 될 백만장자 같은데!"[3]

시리는 2010년에 아이폰 앱으로 출시됩니다. 출시를 1년 가까이나 연기하면서 음성인식 기능을 탑재한 이사회의 판단은 성공적이었죠. 출시되자마자 시리는 폭발적인 인기를 끕니다. 하지만 이때까지만 해도 시리는 애플과는 전혀 관련이 없는, 스타트업이 만든 앱에 불과했죠. 이때 스티브 잡스Steve Jobs, 1955~2011가 시리에 주목합니다. 앱이 출시되고 2주 남짓 지났을 때 잡스는 시리의 공동 창업자 대그 키틀러스Dag Kittlaus에게 직접 전화를 걸어 이렇게 말합니다.

"안녕하세요? 스티브 잡스입니다."

장난 전화라고 생각한 키틀러스는 곧바로 전화를 끊어버립니다. 하지만 곧이어 두 번째 전화가 걸려옵니다.

"정말, 스티브 잡스입니다."

잡스는 시리의 공동 창업자들을 자신의 집으로 초대합니다. 잡스의 거실에 모인 시리의 창업자들은 3시간이 넘도록 음성 인터페이

스, 대화형 인공지능, 궁극적으로 왜 애플이 승리할 것인가에 관해 얘기를 나누죠. 마침내 잡스는 이들에게 제안합니다.

"회사를 인수하고 싶습니다."

시리는 앱을 출시한 지 불과 두 달여 만에 애플의 품에 안깁니다. 안드로이드와 블랙베리 버전을 출시하려던 계획은 당연히 취소되었고, 이제 시리를 아이폰과 통합하는 작업이 본격적으로 진행되죠. 잡스는 인수 이후에도 매주 진행하는 시리의 주간회의에 참석하며 높은 관심을 보였습니다. 제품을 공개하기 몇 달 전에는 구내식당에서 시리 개발팀과 잡스가 우연히 마주쳤는데, 다른 사람들의 인사에는 형식적으로 응하던 스티브 잡스가 시리팀을 보더니 멈춰 서서 아주 반갑게 인사했죠.

"시리 친구들! 잘 돼가나요?"

인수된 지 1년이 지난 2011년 10월 4일, 마침내 시리는 애플 아이폰 4S에 정식으로 탑재되어 세상에 모습을 드러냅니다. 애플은 시리를 아이폰의 핵심 기능으로 소개했습니다. 이 날 발표 내용의 대부분을 시리의 풍부한 기능을 소개하는 데 할애했죠. 그런데 이때 매우 안타까운 사건이 발생합니다. 잡스가 바로 다음 날인 10월 5일, 췌장암으로 세상을 떠나고 만 거죠. 시리팀에 각별한 관심을 가졌던 잡스는 사망하기 직전에도 아이폰 4S와 시리의 출시를 방송으로 지켜봤다고 알려졌지만 죽음을 목전에 둔 그는 이제 아무것도 할 수가 없었습니다.

그렇게 등장한 시리는 엇갈린 평가를 받습니다. 사람들은 일정 관리 기능이나 풍부한 답변을 장점으로 꼽지만 다양한 자연어 대응이 부족하고 제한적인 기능만을 수행하기 때문에 사실상 진정한 비서로 보기엔 아직 많이 부족하다고 평합니다. 무엇보다 잡스의 사망이 결정적인 영향을 끼쳤습니다. 시리의 인수를 직접 추진했고, 적극적인 후원자이기도 했던 잡스의 갑작스러운 죽음은 시리팀을 큰 혼란에 빠뜨리죠. 게다가 시리 품질에 대한 연이은 비판, 애플의 폐쇄적인 운영 정책, 무엇보다 시리팀과 애플 경영진과의 갈등으로 인해 결국 시리팀 초창기 멤버 대부분이 애플을 떠납니다. 앞서 잡스의 전화를 받았던 키틀러스도 시리가 출시되고 겨우 3주 후 회사를 떠나죠. 시리의 아버지라고 불리던 핵심 개발자 애덤 체이어Adam Cheyer, 1966~도 자리를 비웁니다.

이들은 애플을 떠난 후 2012년 비브랩스Viv Labs를 설립해 인공지능 개인 비서를 만듭니다. 이 회사는 우리와도 꽤 관련이 깊습니다. 이 회사를 2016년에 삼성전자가 인수하거든요. 그렇게 해서 **빅스비**Bixby가 탄생합니다. 애플의 시리와 삼성전자의 빅스비는 같은 뿌

리를 공유하고 있는 셈이죠.

아마존 알렉사, 스마트 스피커의 시대를 열다

이번에는 아마존 얘기를 해보죠. 첫 음성인식 비서는 애플의 시리였
지만 스마트 스피커라는 카테고리를 처음 만든 회사는 아마존입니
다. 원래 제품명은 '플래시'라는 이름의 원통형 스피커였다고 합니다.
그러나 마지막에 에코Echo라는 이름으로 바꾸었고, 2014년 세계 최
초의 스마트 스피커를 세상에 내놓죠. 오늘날 에코는 전 세계에 1억
대가 넘게 팔린 베스트셀러이며, 미국 시장조사 기업 이마케터가 조
사한 바에 따르면, 미국 가정에 있는 스마트 스피커의 약 70%가 에
코라고 합니다.

  에코를 부르는 호출어가 처음에는 '아마존'이었다고 합니다. 제프
베이조스 Jeff Bezos, 1964~ 는 제품 개발 막바지까지 아마존을 고집했으
나 엔지니어들은 아마존이라는 단어가 일상 대화에서 너무 흔하게
나오지 않을까 걱정했습니다. 아마존은 이미 세상에서 가장 유명한

쇼핑몰의 이름이었기 때문이죠. 핀치Finch, 프라이데이Friday, 사만다Samantha등을 검토하다 결국 베이조스가 직접 아이디어를 낸 **알렉사Alexa**를 호출어로 결정합니다. 인류의 지식과 배움의 중심지였던 고대 이집트 도서관 알렉산드리아의 근사한 오마주였죠.

이제 알렉사는 단순히 에코의 호출어를 넘어 아마존의 인공지능 플랫폼 그 자체를 가리키는 이름이 되었습니다. 그리고 재밌게도 알렉사가 등장한 2014년 이후에는 미국에서 자녀의 이름을 더 이상 알렉사로 짓지 않습니다. 아마도 매일 날씨를 알려달라고 재촉당하는 비서의 이름을 자녀의 이름으로 정하고 싶지 않아서겠죠. 실제로 2015년에만 해도 알렉사라는 이름은 32번째로 인기 있는 이름이었지만 2019년에는 139위가 되어 버렸습니다.[4] 마찬가지 이유로 시리Siri라는 이름도 자녀의 이름으로 점점 쓰지 않습니다.

스마트 스피커는 어떻게 말을 알아들을까?

그렇다면 스피커는 어떻게 사람의 말을 알아듣고, 사람이 원하는 대답을 해줄 수 있을까요? 먼저, 스피커는 스스로 말을 알아듣거나 말을 하지 못합니다. 이게 무슨 얘기일까요? 스피커 자체는 껍데기라는 말이죠. 실제로 사람의 말을 알아듣는 과정은 음성을 녹음하여 서버로 보내 분석하는 과정이고, 사람에게 말을 하는 기능은 녹음된 음성을 서버에서 받아와 재생하는 것입니다. 스피커는 사실상 마이크가 달린 일종의 블루투스 스피커에 불과하죠.

그렇다면 음성을 어떻게 서버로 전송할까요? SKT의 NUGU라면 "아리야", 카카오미니라면 "헤이 카카오"라고 부르면 스피커가 "네?"하고 반응하면서 깨어나죠. 이 과정을 **웨이크업**Wake-Up이라고 합니다. 이때부터 사용자가 질문하거나 요청하면 이를 녹음하여 서버로 전송합니다. 참, 스피커는 껍데기라고 했지만 딱 한 가지 특이한 기능이 내장되어 있습니다. 바로 "헤이 카카오" 같은 웨이크업 단어

를 알아듣기 위한 음성인식 엔진이죠. 추가 기능 없이 딱 웨이크업 단어만 알아들을 수 있는 매우 조그만 음성인식 엔진이 스피커에 내장되어 있습니다.

가끔씩 스피커가 업데이트를 한다며 끄지 말고 잠시만 기다려 달라고 할 때가 있는데, 이때 이 조그만 음성인식 엔진을 업데이트합니다. 보통 업데이트가 끝나고 나면 이전보다 웨이크업을 훨씬 더 잘하죠. 웨이크업 이후에는 본격적으로 음성 파일을 서버로 전송하여 분석을 진행합니다. NUGU라면 SKT의 서버로, 카카오미니라면 카카오의 서버로 전송합니다. 일부 예외는 있지만, 이제부터 마이크에 녹음된 모든 음성을 서버로 전송하여 분석합니다.

서버로 전송된 음성 파일은 어떤 과정을 거쳐 분석될까요? 이제 여기서부터는 거대한 서버 시스템이 관여합니다. 그리고 시스템을 각각의 기능에 따라 크게 '이해' 영역인 '음성인식'과 '자연어 이해'로, '실행' 영역인 '다이얼로그 매니저'와 '스킬' 그리고 '생성'의 영역인 '자연어 생성'과 '음성 합성'으로 나눌 수 있습니다.

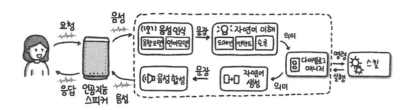

사람의 목소리를 알아듣는 음성인식 과정

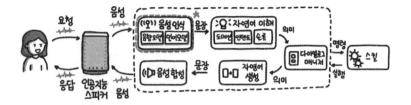

'음성인식'부터 살펴보겠습니다. 스피커는 어떻게 인간의 말을 알아들을까요? 대번에 잘 알아듣는 것처럼 보이지만 사실 인간의 말을 알아듣는 과정은 생각보다 훨씬 복잡하고 정교합니다. 사람은 보통 문자보다 말을 먼저 익히기 때문에 음성인식이 문자인식보다 쉽지 않을까 생각할 수 있지만 오히려 반대죠. 우리가 모국어가 아닌 언어를 성인이 되어서 배울 때는 말보다 글이 더 쉽게 느껴집니다. 컴퓨터도 마찬가지입니다. '모라벡의 역설'을 떠올려보면 이해가 쉽겠네요. 말을 배우는 것은 다섯 살배기 아이도 쉽게 하지만 컴퓨터는 그렇지 못합니다. 더구나 컴퓨터 입장에서는 음성 언어의 가변성과 음성 자체에 내재하는 소음 등 여러 이유로 음성인식이 문자인식보다 훨씬 더 까다롭습니다.

사실 소음 속에서 신호를 구별하고 적절한 문자로 이해하는 작업은 컴퓨터뿐 아니라 사람에게도 쉽지 않은 일입니다. 우리말로 된 유튜브 영상을 볼 때도 자막이 없으면 내용을 이해하기 힘들 때가 있죠. 가만 생각해보면 우리가 다른 사람의 말을 이해하는 과정은 단순히 음성을 듣는 일만 포함하는 것이 아닙니다. 함께 대화하는 장소,

처한 상황, 상대의 표정, 입 모양, 손짓에 담긴 수많은 메시지를 종합적으로 이해한 결과죠.

단지 음성만 듣고 대화의 내용을 알아내는 것은 사람에게도 매우 힘든 일입니다. 당장 옆사람과 등을 대고, 대화 주제를 정하지 않은 채 갑자기 아무 말이나 한다고 생각해보세요. 상대방이 무슨 얘기를 하는지 알아차리는 데 시간이 좀 걸릴 것입니다. 이처럼 음성만으로 내용을 정확하게 인식하는 작업은 인간에게도 매우 벅찬 일이고, 컴퓨터에게는 더욱 어려운 일입니다.

그렇다면 실제 음성인식 과정을 살펴봅시다. 음성인식은 한마디로 시간의 흐름에 따라 역동적으로 변동하는 음성의 파형을 다루는 일입니다.

과거에는 소리의 최소 단위인 음소가 결합하여 단어와 구문을 만드는 규칙을 언어학자들이 분석해 if-then 규칙으로 프로그래밍했습니다. 그러니까 음성의 파형에서 음소를 인식한 다음, 음소의 고유한 배열을 기반으로 단어를 인식했죠.

이 방식은 철저하게 규칙에 따라 음성을 인식했지만 곧 한계를 드러내고 맙니다. 사람들은 제각각 음소를 다르게

발음하고, 음소의 패턴은 가까이 있는 음소에 영향을 받으며, 생략되는 음소도 많습니다. 심지어 같은 사람이라도 발음하는 방식이 늘 일정하지 않죠. 언제나 일정한 규칙으로 또박또박 발음하는 건 방송에 나오는 아나운서들에게나 해당되는 얘기입니다.

초기에는 단어 사이에 명확한 공백이 존재할 거라 예상했지만 실제로는 그렇지 않다는 점도 문제를 복잡하게 만들었습니다. 말소리의 크기나 어조(운율)가 단어의 의미를 바꾸는 것도 문제였죠. 동음이의어나 구문을 구별하는 문제도 까다롭습니다. 이 밖에도 앞서 얘기한 것처럼 음성 외에 여러 가지 요소를 종합적으로 고려해야 합니다. 화자가 누구인지, 어떤 상황에서의 대화인지, 앞선 대화의 맥락이 무엇인지 등등 분석을 어렵게 하는 요인은 무척 많습니다.[5] 이러한 음성의 극단적인 유연함은 도저히 규칙으로 정리할 수 있는 것이 아니었죠.

음향 모델, 음성의 파형에서 단어를 인식하다

음성인식의 역사를 거슬러 올라가 보겠습니다. 앞서 자율주행차의 역사가 시작되는 데 큰 역할을 했던 다르파가 이번에도 등장합니다. 다르파는 1971년부터 5년간 음성인식 기술을 겨루는 개발 대회를 주최하고, 참가팀들에게 연구 기금을 적극적으로 지원했습니다. 스티브 잡스와 그의 친구들이 차고에서 첫 개인용 컴퓨터인 애플 I를 만들어 창업한 때가 1976년이니, 혁신적인 연구를 지원하는 다르파답게 개인용 컴퓨터의 시대가 열리기도 전에 음성인식 대회를 치른 셈입니다.

하지만 음성인식 기술은 오랫동안 큰 진전이 없었습니다. 음성의 파형을 규칙으로 구분하려는 시도가 생각보다 좋은 성과를 내지 못했죠. 규칙 기반보다 통계 기반이 더 좋은 성능을 낼 것으로 생각한 연구자들이 1970년대 중반부터 **은닉 마르코프 모델**Hidden Markov Model이라는 방법을 응용하기 시작합니다. 은닉 마르코프 모델은 말 그대로 은닉된Hidden 상태와 관찰 가능한 결과로 구성된 통계적 모델입니다. 간단하게 예를 들어보면 날씨에 따른 행동 결과를 다음과 같이 표현할 수 있습니다.

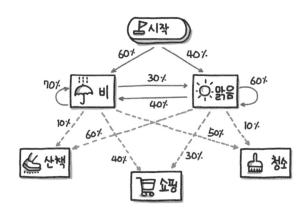

여기서 은닉된 상태는 날씨입니다. 즉 보이지 않는 상태를 말하는데, 예를 들어 창문이 없는 방 안에 갇힌 채로 며칠간의 날씨를 예측한다고 해보죠. 날씨를 눈으로 확인할 수는 없지만 다행히도 동거인이 있습니다. 동거인은 매일 날씨를 확인하고 그날의 일정을 결정하기 때문에 며칠간 동거인의 행동을 보면 날씨를 확률로 예측할 수 있습니다. 예를 들어 비가 오는 날에 동거인은 50% 확률로 청소를 하지만 산책할 확률을 10% 밖에 되지 않습니다. 반대로 날씨가 맑을 때는 청소할 확률이 10%이지만 산책할 확률은 60%나 됩니다. 또한 날씨가 변할 확률을 미리 계산해둘 수 있습니다. 해당 지역에 비 올 확률이 60%이고 비가 온 다음 날 다시 비가 올 확률은 70%, 맑을 확률은 30%라면 여기에 지난 며칠간의 행동을 관찰해 얻은 확률을 더해 모델을 만들어 날씨를 예측할 수 있지 않을까요?

그래서 동거인이 지난 5일간 한 행동을 관찰해봤습니다. 동거인이 '청소-청소-쇼핑-산책-청소'를 했다고 한다면, 지난 5일간의 날씨는 과연 어땠을까요? 확률 모델을 이용해 은닉된 상태인 날씨의 확률을 알아내는 것을 디코딩이라고 합니다. 디코딩 과정을 거쳐 가장 가능성이 높은 날씨를 확률적으로 추정해 볼 수 있죠. 디코딩 결과 날씨가 '비-비-비-맑음-비'일 확률이 가장 높습니다. 이처럼 관찰 결과에 따라 은닉된 상태를 확률적으로 예측할 수 있으며, 이러한 확률적 표현을 앞서 얘기한 은닉 마르코프 모델이라고 합니다. 그리고 동일한 원리를 음성인식에도 적용할 수 있습니다. 어떤 특정 파형(관찰한 결과)이 '에이-비-시'라면 해당 발음(은닉된 상태)은 'A-B-C'일 가능성이 가장 높다는 식으로 예측할 수 있죠.

이렇게 은닉 마르코프 모델을 적용한 통계 기반은 규칙 기반보다 훨씬 더 좋은 성능을 보여줬습니다. 하지만 이러한 노력에도 불구하고 1990년대 중반까지는 음성의 40% 이상을 잘못 인식했습니다. 이후 점차 개선되었으나 2010년 무렵까지도 여전히 15% 정도의 오류율을 보였죠. 이제 기존 방식을 넘어설 또 다른 혁신이 필요했습니다. 이 무렵부터 연구자들은 딥러닝에 기반한 접근법을 연구하기 시작했습니다.

물론 이전에도 인공 신경망을 음성인식에 도입하려는 시도는 여러 차례 있었습니다. 하지만 당시에는 제대로 학습하는 방법을 알지 못했죠. 무엇보다 음성의 파형은 시간의 흐름에 따라 순서대로 구성되는 데이터인데, 당시의 인공 신경망은 이런 시계열 구조를 제대로 학습하지 못했습니다. 하지만 딥러닝이 이미지 인식 분야에서 좋은 성과를 내기 시작하면서 이를 지켜본 음성인식 과학자들의 행보 또한 빨라졌습니다. 음성인식은 이미지나 영상인식과 마찬가지로 음성의 파형이라는 방대하고 복잡한 데이터를 다루는 일입니다. 인공 신경망이라는 거대한 모델이 마찬가지로 탁월한 능력을 발휘할 수 있을 거라 생각했죠. 그뿐 아니라 시간의 흐름에 따라 순서대로 구성되는 시계열 형식도 학습할 수 있는 **순환 신경망**Recurrent Neural Network, RNN 이라는 인공 신경망 구조도 고안해 냅니다.

딥러닝이 위력을 발휘하기 위해서는 많은 데이터가 필요했습니다. 하지만 문제는 없었습니다. 인터넷 세상이 열리면서 음성 데이터 또한 폭발적으로 늘어났거든요. 그뿐 아니라 음성 데이터를 변조해 학습 데이터를 보강하기도 했습니다. 녹음된 음성을 이리저리 늘리거나, 높낮이를 바꾸거나, 잡음을 추가하는 방법 등으로 데이터의 양을 몇 배나 더 늘릴 수 있었죠.

이제 딥러닝과 빅데이터를 이용해 성능이 뛰어난 음성인식 모델을 만들 수 있게 됐습니다. 이를 음성의 파형으로 단어를 인식하는 **음향 모델**Acoustic Model이라고 합니다. 그리고 딥러닝이 좋은 성과를 내기 시작하면서 음향 모델의 성능도 급격히 좋아졌습니다. 그렇다면 이렇게 훌륭한 음향 모델로 이제 음성인식 기술은 완성된 걸까요?

언어 모델, 오인식 단어를 보정하다

과거의 음성인식은 앞서 얘기한 것처럼 음소의 특징과 예상 지속시간을 표시한 매개변수를 수작업으로 일일이 입력해서 처리하는 방식이었습니다. 하지만 이런 방식에는 한계가 있었습니다. 예컨대 실제 대화에서는 음성 단어에서 특정 음소가 생략되는 일들이 벌어졌기 때문이죠.

사람의 경우 'going'을 빠르게 발음하면 'goin'이 될 수 있음을 알게 된다면, 마찬가지로 'driving'을 'drivin'으로 발음할 수 있다는 사실을 터득할 수 있습니다. 그렇게 발음하는 것을 들어보지 못했어도 추론할 수 있죠. 인간의 인식 능력은 생각보다 뛰어납니다. 사진의 일부분이 지워지거나 왜곡되어도 사진 속 인물의 정체를 금방 알아볼 수 있죠. 우리 뇌는 패턴을 인지하기 때문입니다. 정보의 일부분만 인지하더라도 우리 인지 능력은 패턴의 변하지 않는 특징을 정확하게

감지해냅니다.[6]

리오넬 메시

　이 같은 인간의 인지 능력을 적극 활용하는 예술 분야가 바로 캐리커처입니다. 화가가 코 같은 얼굴의 특정 부위를 과장해서 그린다 해도 얼굴의 전체적인 분위기가 남아 있다면 누군지 금방 알아차릴 수 있습니다. 인간의 인지 능력 덕분이죠.

　인간의 인지 능력은 우리가 언어를 이해할 때도 작동합니다. 잘못 알아들은 단어도 상식에 기반해 보정해서 이해합니다. 그동안 규칙 기반의 음성인식이 좋은 성과를 내지 못했던 이유는 이처럼 오인식을 보정할 수 있는 두뇌의 역할이 결여되어 있었기 때문이기도 합니다. 만약, 음성을 잘못 인식하더라도 그동안의 학습 결과를 토대로 사용할 확률이 높은 단어로 보정해 준다면 훨씬 더 좋은 성과를 낼 수 있겠죠. 이것이 바로 **언어 모델**Language Model의 역할입니다.

　눈을 가리고 말을 하면 무슨 얘기인지 알아듣기가 쉽지 않습니다. 상대방의 표정이나 입 모양을 볼 수 없기 때문이기도 하지만 어떤 주제로 대화 중인지 알 수 없기 때문이기도 하죠. 만약 극장에서 영화를 보고 나왔거나 머리가 아파 약국에 들어간 상황이라면 훨씬 더 대화하기가 수월할 거예요. 언어 모델은 영화나 두통 같은 사전 지식의 역할을 합니다. 약국에서 머리가 너무 아파 말을 조리 있게 못해도 약사는 상황을 충분히 인지하기 때문에 적절한 약을 처방해줄 수 있을 겁니다.

그렇다면 사전 지식에 관해 좀 더 알아봅시다. 여러분이 아무리 청력이 좋고 영어가 익숙하다 해도 영어를 모국어로 쓰는 사람들보다 영어를 정확하게 이해하기는 힘듭니다. 왜냐하면 영어가 모국어인 사람들은 단어가 잘 들리지 않더라도 그 앞에 들은 단어를 바탕으로 단어를 유추할 수 있기 때문입니다. 이는 영어에 대한 사전 지식이 풍부하기 때문입니다. 그리고 이것이 바로 언어 모델의 역할이죠. 또한 해당 단어가 동음이의어일 때는 언어 모델이 더욱더 위력을 발휘합니다.

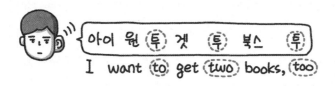

"I want to get two books, too"라는 문장은 우리에게 '아이 원 투 겟 투 북스, 투'로 들립니다.[7] '투'라는 발음이 세 군데나 있죠. 만약 영어를 잘 못하는 사람이라면 각각의 '투'를 제대로 들었다고 해도 무슨 단어인지 정확하게 알아내기가 쉽지 않습니다. 이 경우 to는 동사 앞에 위치하고, two는 명사 앞에 나올 가능성이 높고, too는 보통 문장 맨 마지막에 나온다는 언어 규칙을 미리 인지하고 있어야 이 발음들을 이해할 수 있습니다. 물론, 원어민이라면 굳이 이런 문법 규칙을 숙지하지 않더라도 자연스럽게 이해할 수 있습니다. 심지어 명사와 동사를 구분하지 못하더라도 그동안 익힌 언어 습관으로 당연하다는 듯 to, two, too라는 걸 알아차릴 수 있습니다. 이것이 바로 사전 지식을 학습한 언어 모델이 하는 일입니다. 그리고 우리가 영어를 원어민보다 잘하지 못하는 이유이기도 하죠.

이번에는 우리말로 살펴보죠. 스피커에게 한번 "오늘 날씨 엿 돼?"라고 물어봅시다. 과연 스피커가 '엿 돼'를 그대로 '엿 돼'로 인식할까요? 물론 음향 모델은 이렇게 인식할 수 있습니다. 하지만 언어 모델은 절대로 이렇게 인식하지 않습니다. 언어 모델은 즉 사전 지식이라고 했죠. 언어 모델은 '날씨가 엿 돼'라는 문장을 사전에 본 적이 없습니다. 따라서 관련한 지식을 갖고 있을 리가 없죠. 분명히 언어 모델은 '날씨가 어때'라는 문장을 수없이 보았을 것이고 사전 지식을 갖고 있습니다. 따라서 '오늘 날씨가'라는 문장 뒤에는 '어때'가 등장할 가능성을 이미 높은 확률로 인지하고 있습니다. 언어 모델은 음향 모델이 목소리를 잘못 인식하더라도 이를 확률 기반으로 다시 보정합니다. '오늘 날씨 엿 돼'를 우리가 흔히 묻는 '오늘 날씨 어때'로 보정하는 거죠.

이번에는 기계가 아니라 사람에게 물었다고 가정해 보죠. 친구에게 "주말에 넌닌맨 봤어?"라고 물어봅니다. 친구는 '넌닌맨'이 뭐지? 라고 생각하겠죠. 일단 '봤어?'라고 묻는 걸 보니 뭔가 보는 것 같군요. 그렇다면 뉴스나 TV 프로그램일 가능성이 높겠네요. 그런데 앞에 수식어가 '주말에'입니다. 그렇다면 주말에 볼 수 있는 무언가군요. 주말에 보는 뉴스? 주말에 보는 TV 프로그램? 아! 주말에 하는 유명한 TV 연예 프로그램 '런닝맨'이 떠오릅니다. 발음도 비슷해 보이네요. 그렇다면 분명히 귀로는 '넌닌맨'이라고 들었던 단어가 사실은 '런닝맨'일 가능성이 높겠네요. 따라서 친구의 질문은 '주말에 런닝맨 봤어?'일 겁니다.

사람은 이렇게 뇌의 인지 작용을 거쳐 오류를 보정하고 제대로 알아듣습니다. 흔히 우리말로는 '개떡같이 말해도 찰떡같이 알아듣는다'라고 표현합니다. 실제로 인간의 뇌는 찰떡같이 알아듣죠. 그렇다면 같은 질문을 기계에게 해보죠. 분명히 음향 모델은 '넌닌맨'으로 인식하겠지만 언어 모델을 적용하면 결과의 확률이 변합니다.

- "넌닌맨" = 음향 모델 80% + 언어 모델 1%
- "런닝맨" = 음향 모델 22% + 언어 모델 90%

이렇게 되면 전체 확률은 '런닝맨'이 훨씬 더 높기 때문에 기계는 '런닝맨'으로 인식합니다.

언어 모델은 우리가 일상에서 자주 쓰는 문장에서 출현하는 단어의 확률을 학습합니다. 보통은 책이나 뉴스의 문장으로 학습해서 책이나 뉴스에 많이 나오는 단어일수록 더 높은 점수를 부여하죠. '넌닌맨'으로 들었지만 책이나 뉴스에서 '넌닌맨'이라는 단어를 본 적이 없기 때문에 언어 모델은 '넌닌맨'일 확률이 1%에 불과하며, 대신 '런닝맨'일 가능성은 90%라고 말합니다. 아마 연예 뉴스에 '런닝맨'이라는 단어는 자주 등장했을 거예요. 게다가 여러 문장에서 '런닝맨' 단어 근처에는 '주말'이나 '보다'같은 단어가 있었을 것입니다. 따라서 '주말' 다음에 '런닝맨'이 나올 가능성에 매우 높은 가중치를 부여하죠. 여기서는 무려 90% 확률로 판단하고 있네요. 이제 기계도 잘못 알아들었더라도 사람과 마찬가지로 이를 보정할 수 있습니다. 사전 지식을 바탕으로 '찰떡같이' 알아듣는 거죠. 그렇게 해서 기계 역시 "주말에 넌닌맨 봤어?"를 "주말에 런닝맨 봤어?"로 알아듣습니다.

요즘 나오는 스피커에는 화면이 달려 있기도 합니다. 음성인식 결과를 화면에 비춰주죠. 스마트폰으로 음성인식 기능을 사용할 때도 스마트폰 화면에 인식된 문장이 나오죠. 이때 화면을 자세히 살펴보면 음성인식 결과를 들은 순서대로 출력하다가 인식이 끝나면 마지막에 문장 전체를 한번에 보정하는 과정이 보입니다. 예를 들어 "주말에", "넌넌맨", "봤어"라고 인식하다가 사용자가 말을 끝맺었다고 판단하면 출력한 문장이 갑자기 "주말에 런닝맨 봤어?"로 바뀌면서 명령이 실행되죠. 마지막 단계에서 문장을 보정하는 역할이 바로 언어 모델의 작동 방식과 유사합니다. 음향 모델이 단어를 인식하면 언어 모델은 보다 그럴듯하게, 실생활에서 쓰일 확률이 높은 문장으로 바꿔주죠. 이처럼 화면이 있는 음성인식 기능을 사용하면 음향 모델과 언어 모델의 원리를 간접적으로나마 체험할 수 있습니다.

자연어 이해, 언어를 이해하다

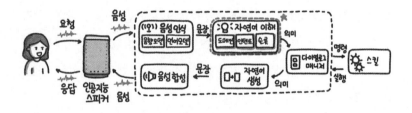

인간의 입에서 나온 음성 파형을 텍스트 문장으로 바꿨다면 이때부터 컴퓨터는 또 다른 어려운 문제에 직면합니다. 문장의 의미를 알아내는 일이죠.

과거 애플 컴퓨터용으로 출시됐던 세계 최초의 어드벤처 게임인 콜로설 케이브 어드벤처Colossal Cave Adventure는 이 문제를 아주 쉽게 처리했습니다. 게이머가 단 두 단어만 사용할 수 있도록 제한했거든요.[8] 모든 명령어는 'Go West'(서쪽으로 가), 'Grab Ax'(도끼를 잡아),

'Take Key'(열쇠를 가져) 이런 식이었죠. 얼핏 봐도 규칙은 매우 간단합니다. 동사+명사 형태였습니다. 출시된 연도가 1976년이었으니 당시 기술로는 어쩔 수 없는 일이기도 했습니다. 이런 경우 언어를 이해하는 방식은 매우 간단합니다. 띄어쓰기를 기준으로 첫 번째 단어와 두 번째 단어를 분리한 후 첫 번째 단어인 동사는 명령, 두 번째 단어인 명사는 목표로 설정하는 거죠. 이제 어떠한 '목표'에 대해 어떠한 '명령'을 내리도록 프로그래밍하면 됩니다. 언어의 이해가 모두 끝난 겁니다.

하지만 아쉽게도 현실은 게임이 아닙니다. 현실은 매우 복잡합니다. 인간이 만든 단어 간 관계와 규칙은 상상할 수 없을 정도로 복잡하고 무궁무진합니다. 초기에 과학자들은 규칙을 컴퓨터에 열심히 가르쳤습니다. 언어학자들이 인간의 언어 규칙을 파악한 다음 그 규칙을 일일이 프로그래밍으로 입력했죠. 하지만 이 같은 방식은 한계가 분명했습니다. 같은 단어라도 의미나 표현되는 방식이 정말로 다양했고 규칙은 끝이 없었죠. 예를 들어 '달리다'를 뜻하는 'run'은 그 의미가 무려 200가지가 넘습니다.[9]

뿐만 아니라 run은 동사로 주로 쓰이지만 명사로 쓰이기도 합니다. 이렇게 되면 단순히 run이 등장했을 때 이 단어가 어떤 의미인지, 명사인지 동사인지 앞뒤 단어나 문맥을 파악하지 못하면 결코 알아낼 수 없죠. 게다가 사람들은 간혹 논리에 어긋나거나 문법에 맞지 않는 말도 사용합니다. 때로는 중요한 단어를 생략하죠. 그럼에도 불구하고 기계는 문장의 의미를 파악해야 합니다. 기계가 이러한 난관을 뚫고 과정을 처리하는 것을 **자연어 이해**Natural Language Understanding, NLU라고 합니다. 말이나 글의 의미가 무엇인지 알 수 있도록 언어를 구조화하는 것이죠.

스마트 스피커가 텍스트 문장을 감지하면 먼저 도메인을 구분합니다. 이를 도메인 분류라고 하죠. 스마트 스피커에 들어가는 기술이 아직 표준화된 것은 아니라서 각각의 스피커마다 이를 지칭하는 용어가 다릅니다. 여기서는 가장 먼저 스마트 스피커를 출시한 아마존이 주로 사용하는 용어를 따르겠습니다. 아마존은 도메인이라고 부르는데, 이는 카테고리를 분류하는 과정입니다.

발화	도메인
"오늘 날씨 어때?"	날씨
"최신 가요가 듣고 싶어."	음악
"레스토랑 예약해 줘."	예약

이처럼 문장이 어떤 카테고리에 해당하는지 판별하는 과정이 바로 도메인 분류죠. 자연어 이해의 첫 관문이기도 합니다. 도메인을 분류한 이후에는 무엇을 해야 할까요? 사용자의 의도를 파악해야 합니다. 이를 인텐트 분류라고 합니다. 앞의 표에 내용을 좀 더 채워보죠.

발화	도메인	인텐트
"오늘 날씨 어때?"	날씨	조회
"최신 가요가 듣고 싶어."	음악	재생
"레스토랑 예약해 줘."	예약	진행

각 문장의 의도를 파악해 인텐트를 분류했습니다. 이처럼 내용을 구조화하면 기계가 각각의 내용에 따라 적절한 행동을 취할 수 있겠죠? 요컨대 어떤 음성이 도메인 '음악', 인텐트 '재생'으로 분류됐다면 이제 스피커는 스트리밍 서비스에서 음악을 재생하려 할 겁니다. 그런데, 여기서 중요한 부분이 빠졌습니다. 발견하셨나요?

"오늘 날씨 어때?"라는 질문에 과연 어느 지역의 날씨를 알려줘야 할까요? 전국의 날씨가 다를 텐데 말이죠. 이렇게 누락된 정보를 채워주는 과정을 **슬롯 필링**Slot Filling이라고 합니다. 말 그대로 빈 공간Slot을 채우는Filling거죠. "오늘 날씨 어때?"라는 문장에서 지역 정보가 비어 있으니, 이 정보를 예측하여 채워줘야 합니다. 위치를 말하지 않았다는 건 십중팔구 현재 위치를 말하는 거겠죠? 이제 현재 위치의 정보를 채워주면 됩니다. 이것이 바로 슬롯 필링입니다. "최신 가요

가 듣고 싶어"라는 요청에는 어떻게 반응해야 할까요? 이 문장에는 비어 있는 슬롯이 없네요. '최신 가요'라는 명확한 목표가 있고, 재생이라는 인텐트를 파악했으니 '최신 가요'를 '재생'하면 될 것 같아요. 이미 필요한 슬롯이 채워져 있기 때문에 슬롯 필링이 필요하지 않습니다.

마지막 사례는 조금 어려워 보입니다. "레스토랑 예약해 줘"라는 요청을 해결하기 위해서는 어느 레스토랑(장소)인지, 언제(시간) 예약이 필요한지, 몇 명(인원)인지 등과 같은 추가 정보가 필요합니다. 이 정보를 자동으로 파악하거나 유추하기는 매우 어려워 보입니다. 이 경우에는 슬롯을 채우기 위해 추가 질문을 합니다. 사람과 대화하듯이 대화를 이어나가는 거죠. 이를 **멀티 턴**Multi-Turn이라고 합니다. 필요한 정보를 얻기 위해 여러 번 반복해서 묻고, 응답에서 필요한 정보를 추출하여 빈 슬롯을 채워 나가는 거죠. 필요한 정보가 모두 채

위지면 그제야 완료되었다는 메시지를 출력하고 예약 과정을 모두 종료합니다.

발화	도메인	인텐트	슬롯	슬롯 필링
"오늘 날씨 어때?"	날씨	조회	위치: 현재 위치	O
"최신 가요가 듣고싶어"	음악	재생	대상: 최신 가요	X
"레스토랑 예약해 줘"	예약	진행	장소: 빕스 시간: 오늘 오후 7시 인원: 3명	O

자, 이제 표의 내용을 모두 채웠고, 이렇게 자연어 이해가 끝났습니다. 사실 레스토랑 예약의 슬롯 필링을 하려면 여러 번 대화를 반복해야 하고, 이전 대화를 기억해야 하기 때문에 다양한 기능을 구현해야 합니다. 단순히 자연어 이해 단계에서 한번에 처리할 수 있는 기능은 아니죠. 이런 기능은 다음 단계인 **다이얼로그 매니저**Dialogue Manager에서 처리합니다. 다이얼로그 매니저는 자연어 이해에서 처리한 내용을 받아 실행 명령을 내리는 역할도 겸합니다.

다이얼로그 매니저, 명령을 실행하다

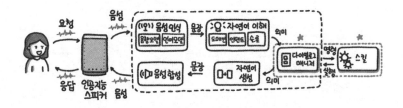

다이얼로그 매니저의 역할은 하나에 국한되지 않습니다. 앞서 음성 인식이나 자연어 이해가 자신의 역할에 맞는 특정 기능만 수행했다면, 다이얼로그 매니저는 사실상 그 이외의 모든 작업을 수행합니다. 앞에서 슬롯 필링을 위해서는 멀티 턴(여러 번의 대화)이 필요했습니다. 이 경우 대화 내용을 기억해두어야 하고, 궁금한 내용은 외부 지식 기반 서비스에 연결하여 찾아보기도 해야 하는데, 이런 기능을 모두 다이얼로그 매니저가 수행합니다. 무엇보다 여러 도메인에 맞춰 적절한 행동을 수행하도록 명령을 내리는 역할을 합니다. 대표적으로 음악을 틀거나, 날씨를 조회하라는 명령을 내리는 거죠.

물론 다이얼로그 매니저가 직접 음악을 틀거나 할 수 있는 건 아닙니다. 말 그대로 매니저이기에 음악을 틀 수 있는 서비스, 예를 들어 멜론 같은 서비스에 접속해 최신가요 목록을 찾아서 음악을 재생하도록 명령을 내리는 거죠. 이렇게 음악을 재생한 후에는 결과를 통보합니다. 참고로 멜론 같은 여러 서비스를 이용하는 기능을 **스킬**Skill이라고 합니다. 회사마다 조금씩 다르게 부르긴 하지만 아마존 알렉사나 카카오의 챗봇 플랫폼인 카카오 i 오픈빌더, 네이버 클로바 모두 이러한 서비스 기능을 스킬이라고 부릅니다. 스마트 스피커에서 스킬은 스스로 작동하지 않습니다. 반드시 다이얼로그 매니저가 개입하고, 판단하여 스킬에 명령을 내리죠. 다이얼로그 매니저가 '음악 재생'이나 '날씨 조회' 같은 명령을 스킬에 내리면 스킬에 등록된 서비스가 실행되어 결과를 받아오는 구조입니다.

"오늘 날씨 어때?"라는 문장은, 자연어 이해 과정에서 다음과 같이 정리되었습니다.

- 도메인: 날씨

- 인텐트: 조회

- 위치: 현재 위치

그렇다면 이제 어떻게 실행하면 될까요? 먼저 '날씨'에 해당하는 스킬을 찾습니다. 아마도 해당 스킬에는 기상청 서비스가 등록되어 있을 겁니다. 이제 기상청 서비스에 명령을 내려 현재 위치의 날씨를 조회합니다. 그렇게 알아낸 정보를 적절하게 가공해 다음과 같은 응답으로 만들어냅니다.

- 응답: 비, 25도

자연어 생성, 대화를 디자인하다

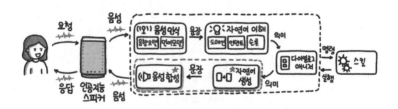

'비'가 내리고 온도는 '25도'입니다. 이제 다 끝났네요. 최종 결과를 사용자에게 알려주는 일만 남았습니다. 자연스러운 문장을 만들어 그걸 읽어주기만 하면 되겠죠. 그렇다면 자연스러운 문장은 어떻게 만들까요?

앞서 살펴본 '이해' 영역(음성인식, 자연어 이해)에서는 딥러닝이 좋은 성능을 보였고, 사실상 '이해' 영역은 모두 딥러닝을 채택했다고 봐도 틀리지 않습니다. 그렇다면 자연어 생성도 딥러닝을 적극 도입하여 통계적인 방법을 거쳐 기계가 자유롭게 문장을 생성하도록 두면 될까요?

100번의 발화 중 99번을 제대로 알아듣는다면 똑똑한 스피커라고 말할 수 있겠죠. 하지만 반대로 100번의 문장 중 99번만 정확하게 생성해낸다면 마찬가지로 똑똑한 스피커일까요? 만약 잘못 생성한 그 1번의 문장이 "인간은 모두 죽어야 해!"라는 문장이라면요? 이런 문제 때문에 '생성' 영역에서는 아직까지 딥러닝의 활용이 조심스럽습니다. 물론 최근에 챗GPT는 이를 다른 방식으로 제어하고 있지만 챗GPT조차도 응답을 완벽하게 통제할 수 있는 건 아니죠.

게다가 스마트 스피커는 챗GPT와는 조금 다릅니다. 무엇보다 **문제해결용 대화시스템**Task-Oriented Dialogue System이라는 차이가 있습니다. 목적이 분명한 대화만을 주로 한다는 얘기죠. 예를 들어 날씨를 묻거나 레스토랑을 예약하기 위한 대화는 목적이 뚜렷합니다. 따라서 스마트 스피커는 자유로운 대화보다는 목적에 맞는 대화에 방점을 맞추죠. 이 때문에 자유롭게 대화를 생성하지 않고 정해진 템플릿에 정보를 채워서 문장을 생성하는 방법을 주로 사용합니다.

"현재 날씨는 ○○고, 온도는 ○○도입니다."

날씨를 알려주기 위해 이 같은 템플릿에 값을 채워 넣습니다. 템플릿에 응답을 대입해보면 다음과 같습니다.

"현재 날씨는 비가 내리고, 온도는 25도입니다."

좋습니다. 이제 생성된 문장을 스피커가 읽기만 하면 됩니다. 물론 단순한 템플릿을 쓰면 매번 똑같은 방식으로 답변하기 때문에 식상할 수 있으니 더욱 풍부한 대화를 위해서 템플릿을 다양하게 구성합니다. 여러 개의 템플릿으로 번갈아가며 대답한다면 훨씬 더 사람처럼 다양하게 대답할 수 있겠죠.

이러한 작업을 두고 대화를 디자인한다고 말합니다. 물론 언젠가는 이 작업도 딥러닝 기반의 통계적인 방법으로 해결할지 모르지만 아직까지는 사람이 정교하게 설계한 대화 디자인이 스마트 스피커에는 주류를 이루고 있습니다. 특히 목적이 뚜렷한 문제해결용 대화시스템을 추구하는 스마트 스피커는 모두 정교한 대화 디자인을 기반으로 작동하고 있죠. 항상 단조로운 답변만 한다는 단점은 있지만 불필요한 응답을 하는 경우는 거의 없습니다. 적어도 "인간은 모두 죽어야 해!" 따위의 답변은 절대로 하지 않죠.

연결 합성, 문장을 자연스럽게 읽을 수 있을까?

그렇다면 스마트 스피커는 어떤 과정을 거쳐 문장을 읽을까요? 스마트 스피커는 템플릿을 기반으로 제한된 문장을 생성하기 때문에 마찬가지로 제한된 음성만 재생하면 됩니다. 그래서 성우가 녹음한 소리가 아직까지는 품질이 가장 좋습니다. 딥러닝이 아무리 발전한다 해도 아직 성우보다 더 잘 읽기는 어렵기 때문이죠. 지하철의 안내 방송을 생각하면 이해가 쉽습니다.

"이번 역은 강남, 강남역입니다. 내리실 문은 왼쪽입니다."

안내 방송은 성우가 직접 녹음한 소리이기 때문에 매우 자연스럽습니다. 이 경우 "이번 역은 OO, OO역입니다. 내리실 문은 왼쪽/오른쪽입니다."라는 문장을 녹음해놓고 역명이나 지명은 따로 녹음해 덧붙이면 되겠죠. 녹음한 소리를 조합하면 하나의 자연스러운 문장을 만들어낼 수 있습니다. 이러한 방식을 연결 합성 또는 USS Unit

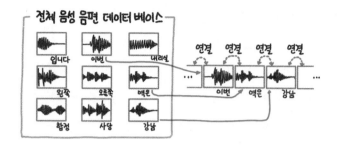

전체 음성 음편 데이터 베이스

입니다 이번 내려서

왼쪽 오른쪽 역은

합정 사당 강남

연결 연결 연결 연결

이번 역은 강남

주10

Selection Synthesis(음편 선택 합성)라고 하는데, 미리 녹음된 음성을 기준에 따라 잘게 쪼개어 음편Unit을 만들고 가장 적합한 음편을 선택Selection 하여 음성을 합성Synthesis하는 방식을 말합니다.

마치 잡지나 신문지에서 글자를 오려내 편지를 쓰는 것과 비슷한 방식입니다. 글자만 충분하다면 어떤 문장이든 만들어낼 수 있죠. USS라는 명칭이 이 같은 과정을 말해줍니다. 무엇보다 원음을 그대로 사용하므로 음질이 매우 자연스럽다는 장점이 있습니다. 연결 합성 기술은 내비게이션에도 사용되며, 이처럼 항상 일정한 답변을 하는 경우에 무척 유용합니다. 물론 여러 개의 녹음을 조합하다 보니 초기에는 운율의 부조화로 자연스럽지 못한 경우도 있었고, 연결 부분에서 잡음이 들리기도 했지만 최근에는 기술이 향상되어 한 문장을 읽는 것처럼 자연스러워졌습니다.

내비게이션을 사용하는 분은 USS 방식으로 만든 음성이 익숙할 거예요. 스마트 스피커 또한 내비게이션과 유사하게 정해진 문장을 주로 읽기 때문에, 국내에 출시된 대부분의 스피커는 USS 방식을 거친 목소리를 내고 있습니다.

음성 합성, 인간보다 더 자연스러움을 향해

음성 합성 분야는 딥러닝이 가장 빠르게 발전하는 분야이기도 합니다. 그동안 규칙 기반이 매번 통계 기반, 특히 딥러닝에 주도권을 내준 것처럼 음성 합성도 언젠가 모두 딥러닝으로 교체되는 것은 시간 문제라고 많은 이가 예상하죠. 최근에는 문장 전체를 딥러닝으로 합성하려는 시도도 많이 하고 있습니다. 이때도 성우의 목소리를 녹음한 데이터가 필요한 것은 동일합니다. 기존에는 정해진 문장을 녹음하고 단순히 필요한 단어들을 조합하여 문장을 만들었다면 딥러닝을 이용한 음성 합성은 성우가 몇 시간 동안 자유롭게 녹음한 데이터를 학습해 어떤 문장이든 성우 목소리를 기반으로 합성해낸다는 차이가 있죠.

물론 음성을 합성하는 일이 쉽지는 않습니다. 자연어는 억양이 오르내리고, 속도가 느려지다가 빨라지며, 어떤 음절은 강세를 주고 어떤 음절은 가볍게 지나가기도 합니다. 구글에서 대화 디자인을 담당하는 언어학자 마거릿 어번Margaret Urban은 "흐름, 음조, 표현, 감정, 소리 크기, 속도 등, 이 모든 것이 대화의 의미를 상대방에게 전달하는 요소입니다"라고 말했습니다. 말의 음조와 리듬을 조절하는 운율 역시 의미를 전달하기 때문에 영혼 없는 기계의 목소리처럼 들리지 않도록 하는 것이 매우 중요하다는 거죠.[11] 이런 부분에서 딥러닝 기반의 음성 합성은 여전히 부족한 면이 많습니다. 아직은 사람이 직접 문장을 읽는 것만큼 자연스럽지 못하죠. 첫 부분만 들어도 '아, 이건 기계가 읽는 문장이구나'라고 바로 알아차릴 수 있을 정도입니다.

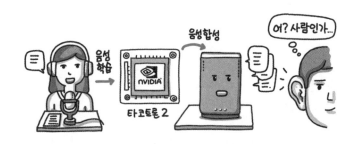

하지만 딥러닝은 점점 발전을 거듭하고 있고, 음성 합성 모델 또한 나날이 정교해지고 있습니다. 특히 구글이 제안하고 엔비디아에서 구현한 음성 합성 모델 **타코트론2**Tacotron2는 사람과 거의 구분할 수 없을 정도로 자연스러운 음성을 합성해냅니다. 초기에는 운율 정보, 음향 정보, 음의 길이 같은 여러 매개변수의 값을 예측하는 단계에 머물렀고 이를 조합해 음성을 생성했지만 타코트론2 같은 최신 딥러닝 모델은 이런 복잡한 과정을 생략하고 입력과 출력이 한번에 진행되는 엔드투엔드End-To-End 방식을 채택해 더 자연스러운 음성을 만들어냅니다. 또한 중간 단계에 쓰였던 전문 지식을 요하지 않아 훨씬 더 쉽게 모델을 구축할 수 있죠.

음성을 합성하는 과정은 크게 두 단계로 요약할 수 있습니다.

1. 텍스트 → 멜 스펙트로그램
2. 멜 스펙트로그램 → 음성

타코트론2의 역할은 이 중 첫 번째 단계인 텍스트를 **멜 스펙트로**

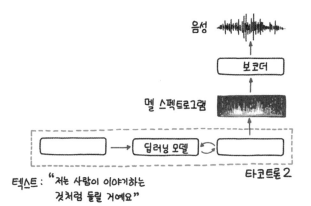

음성

보코더

멜 스펙트로그램

딥러닝 모델

텍스트: "저는 사람이 이야기하는 것처럼 들릴 거예요"

타코트론2

주12

그림Mel Spectrogram으로 만드는 과정을 담당합니다. 멜 스펙트로그램이란 소리나 파동을 시각화하여 파악할 수 있도록 표현한 것으로, 음파와 비슷하게 생겼지만 색상의 차이, 농도를 포함해 더욱 풍부한 정보를 표현할 수 있으며, 이를 인간이 인지할 수 있는 주파수 대역으로 변환해 낮은 해상도로 압축한 것을 말합니다. 기존에는 이 과정 하나만 해도 상당히 복잡한 절차를 거쳐야 했으나 타코트론2 같은 딥러닝 모델은 엔드투엔드 방식으로 이 과정을 단순화했습니다.

다음으로 멜 스펙트로그램을 실제 음성으로 바꾸는 작업이 필요합니다. 이 단계를 처리하는 기술을 보코더Vocoder라고 하며, 얼마나 노이즈 없이 깨끗하고 선명한 음질을 생성할 수 있는지가 이 기술의 핵심입니다. 원래 보코더 또한 복잡한 규칙으로 구현되었으나 최근에는 보코더에도 딥러닝을 적용해 성능을 높이고 있습니다. 엔비디아의 타코트론2에는 엔비디아에서 자체 개발한 딥러닝 보코더를 함께 제공해 매우 깨끗한 음질을 들려줍니다. 최근에는 이 두 단계 방식마저 한 단계로 통합해 멜 스펙트로그램 추출 없이 텍스트에서 음성을 바로 생성하는 진정한 엔드투엔드 방식의 모델도 연구되고 있습니다.

이처럼 음성 합성 모델은 점점 단순한 형태로 변하면서 성능은 오히려 더 좋아지고 있습니다. 풍부한 표현력을 지닌 딥러닝의 힘이라고 할 수 있죠. 여러 사람이 음성 품질에 1점부터 5점까지 점수를 매겨 평가하는 방식인 MOS 테스트에서 사람이 직접 읽은 음성이 4.58점을, 타코트론2는 4.53점을 받았습니다. 이 정도면 사람인지 아닌지 거의 구분이 안 되는 수준이죠.

딥러닝 알고리즘은 계속해서 발전하고 있습니다. 이제 단순히 스크립트를 읽는 것을 넘어 어린 나이에 세상을 먼저 떠난 딸의 목소리를 재현한다거나, 성우가 맡았던 목소리 연기를 대신하기에 이르고, 오디오북 콘텐츠는 물론 영어회화 서비스에도 쓰입니다.[13] 알파고가 인간을 능가한 것처럼 조만간 딥러닝이 사람보다 더 자연스러운 소리를 내게 될지도 모를 일입니다.

스마트 스피커가 말하는 과정을 다시 한번 정리해 보죠.

1. 사람이 질문하면 음성을 텍스트 문장으로 변환하고,
2. 문장을 이해한 다음에는 명령을 생성합니다.
3. 명령으로 스킬을 실행한 다음에는 다시 문장을 만들어내고,
4. 마지막으로 음성을 합성하여 문장을 소리내어 읽습니다.

이것이 바로 스마트 스피커의 작동 방식입니다. 지금도 여러분의 곁

에서 이러한 방식으로 작동하고 있
죠. 스마트 스피커는 항상 여러분의
말을 들어줄 준비가 되어 있습니다.
진정한 인공지능 비서를 꿈꾸면서
말이죠.

"헤이 카카오!"

제6장

기계번역

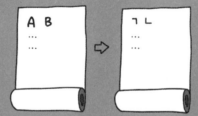

외국어를 몰라도 파파고만 있다면

위대한 인공지능, 깨어나다

2016년 겨울, 《뉴욕 타임스》에 '위대한 인공지능, 깨어나다'The Great A.I. Awakening[1] 라는 흥미로운 제목의 기사가 올라왔습니다.

이 기사는 진정한 인공지능의 시대가 열렸다는 놀라운 내용을 담고 있었죠. 발단은 이렇습니다. 2016년 11월 초 어느 금요일 늦은 밤, 온라인으로 강의를 준비하던 도쿄대학교의 레키모토 준이치曆本純一 교수는 구글 번역의 품질이 갑자기 엄청나게 좋아졌다는 사실을 깨

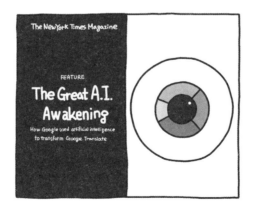

닫습니다. 호기심에 그는 한밤중에 잠도 잊은 채 구글 번역을 실험합니다. 먼저 《위대한 개츠비》에서 문장을 뽑아 무라카미 하루키村上春樹, 1949~가 일본어로 번역한 문장과 구글이 번역한 문장의 품질을 비교했습니다. 무라카미 하루키의 번역에서는 하루키의 문체가 느껴졌습니다. 그런데 오히려 구글이 번역한 문장은 훨씬 더 직관적이고 이해하기가 쉬웠습니다. 불과 하루 전만 해도 구글의 영어-일본어 번역은 제대로 읽기도 어려울 정도로 엉망이었는데, 갑자기 번역 품질이 획기적으로 개선된 거죠. 일본 트위터에서 이 사건이 회자되었고, 그다음 날 트위터 트렌드 1위는 '구글 번역'이 차지합니다. 구글 번역이 도입한 기술은 바로 인공 신경망이었습니다.

인간의 언어가 정말 어려운 이유

인공 신경망이 도대체 어떤 역할을 했길래 번역 품질이 하루아침에 좋아졌을까요? 그 과정을 하나씩 따라가 보겠습니다.

먼저 인간의 언어부터 살펴봅시다. 인간의 언어는 정말 어렵습니다. 여기에는 크게 3가지 이유를 들 수 있습니다.[2]

1. 너무 많은 규칙

먼저 규칙이 너무 많습니다. 인간의 언어를 몇 가지 규칙만으로 설명하기란 사실상 불가능합니다. 왜냐하면 인간의 언어는 신조어가 생겨나면서 계속 확장하기 때문이죠. 언어의 기원을 설명하는 이론도 너무 많아서 1866년 파리 언어학회는 이 주제에 관한 토론을 아예 금지시켜버릴 정도였습니다.

언어는 살아 움직이는 생명체처럼 끊임없이 진화합니다. 예컨대 100년 전에 한반도에 살던 사람이 눈앞에 나타나도 그와 대화를 이어가기가 힘들지도 모릅니다. 100년 동안 우리말이 달라졌기 때문이죠. 인간의 언어는 어떤 특정한 규칙을 따라 과학적인 방식으로 발전하지 않습니다. 세월을 거친 흔적이 인간의 언어에 고스란히 반영됩니다.

그 예는 스탠퍼드대학교 댄 주래프스키Dan Jurafsky, 1962~ 교수가 쓴 책,《음식의 언어》The Language Of Food에도 잘 나와 있습니다. 음식에 붙여진 이름은 어떤 규칙에 따라 지은 게 아니라 음식의 역사를 따라 자연스럽게 생겨난 경우가 많다는 거죠. '케첩'을 예로 들어보죠. 케첩이란 이름은 어느 나라에서 지었을까요? 영국 아니면 프랑스나 독일에서 건너온 이름일까요? 아닙니다. 놀랍게도 이 이름은 중국에서 태어났습니다. 생선으로 만든 소스를 의미하는 '규즙'鮭汁의 중국어 발음이 '꿰짭'이고, 이것이 영어권 나라로 넘어와 케첩이 되었습니다.

'담배'라는 이름은 어디서 왔을까요? 중국이나 일본일까요? 놀랍게도 '담배'는 포르투갈어에서 왔습니다. 포르투갈어인 'tabaco'를 일본에서 담바고タバコ로 불렀고, 이것이 우리나라로 넘어와 담파고, 담바 등으로 부르다 '담배'가 표준어가 됐죠.

이처럼 사물의 이름은 일정한 패턴을 따라 생겨나지 않습니다. 전혀 예상치도 못한 나라나 언어에서 파생되기도 하죠. 역사와 유행에 따라서도 생겨납니다. 인간은 경험으로 이런 언어의 패턴을 어렴풋

이 이해하고 있지만, 사실상 인간도 언어의 모든 규칙을 이해하기는 어렵습니다. 우리가 영어를 아무리 공부해도 실력이 잘 늘지 않는 것도 비슷한 이유 때문이죠.

2. 너무 많은 오류

모든 사람이 문법에 맞게 말하면 좋겠지만 사실 일상적인 대화에는 엄청나게 오류가 많습니다. 그럼에도 대화가 가능한 것은 우리의 뇌가 웬만한 오류는 보정하고 이해하기 때문입니다. 분명히 문법에 어긋난 문장인데, 우리는 아무렇지 않게 받아들이죠.

캠릿브지대학교의 연결구과에 따르면, 한 단어 안에서 글자가 어떤 순서로 배되열어 있는가 하것는은 중하요지 않고, 첫째번와 마지막 글자가 올바른 위치에 있것는이 중하요다고 한다.[3]

이상한 점을 눈치채셨나요? 얼핏 보면 이상한 점을 잘 눈치채지 못할 정도로, 우리의 뇌는 이런 오류에 잘 대처합니다. 인간의 두뇌는 정말 대단하죠. 하지만 과연 기계도 이런 오류 투성이 문장을 이해할 수 있을까요?

3. 너무 많은 의미

같은 발음을 지닌 단어가 여러 뜻을 갖는 경우가 있습니다. 우리말 중에는 대표적으로 '배'가 있죠. '배가 크다'라고 한다면 여기서 '배'는 무엇을 의미할까요? '먹는 배'일까요? '타는 배'일까요?

단어만 봐서는 정확한 의미를 이해할 수 없습니다. 앞뒤 문장과 전체적인 맥락을 살펴봐야 비로소 '배'가 정확히 어떤 의미인지 알 수 있죠. 어떤 단어는 한두 가지를 넘어 수십 가지 뜻이 있습니다. 영어에서는 'had'를 들 수 있겠네요. 'had'는 그 뜻이 엄청나게 많습니다.

I had a delicious breakfast with my best friend here.

이 문장을 예전의 번역기들은 이렇게 번역했습니다.

나는 맛있는 아침과 여기서 나의 최고의 친구와 가졌다.

단어를 하나씩 대입하면 틀린 부분 없이 번역된 듯 보이지만 문장 전체를 읽어보면 전혀 말이 되지 않는 문장이죠. 자연스러운 한국어 문장이 아닙니다. 이 문장은 다음과 같이 번역해야 합니다.

절친한 친구와 함께 맛있는 아침을 먹었다.

사실 영어-한국어 번역은 수십 년간 연구해도 그 결과가 신통치 않았습니다. 이처럼 간단한 문장에서도 알 수 있듯, 우리말과 영어는 문법이나 어순이 완전히 다른데다 'had' 같은 영어 단어가 너무나 다양한 의미로 사용되기 때문입니다. had는 주로 '가졌다'는 의미로 쓰이지만, 'breakfast'와 함께할 때는 '먹었다'는 의미로 주로 쓰입니다. 이런 변수가 한두 개가 아닙니다. 'had'의 사전적 의미는 무려 30가지가 넘습니다. 함께 나오는 단어가 무엇이냐에 따라 제각각 다른 의미를 지니죠. 네이버 영한사전에서 'had'가 갖는 의미[4]를 몇 개만 더 살펴봅시다.

- I had a delicious breakfast with my best friend here.
  절친한 친구와 함께 맛있는 아침을 먹었다.
- She had some friends with her.
  그녀는 친구 몇 명과 함께 있었다.
- You've had your hair cut.
  너 머리 깎았구나.
- He had a new car.
  그는 새 승용차를 한 대 갖고 있었다.
- I went to a few parties and had a good time.
  나는 몇 군데 파티에 가서 즐거운 시간을 보냈다.

'had'의 의미를 일부만 나열해도 이 정도입니다. 이렇게 많은 규칙을 일일이 정의해서 매번 상황에 맞춰 번역하는 게 쉬울까요? 그런데 놀랍게도 초기에는 이러한 규칙을 다 분석해냈습니다. 분석한 것에 if-then 규칙을 모두 입력했죠. 이렇게 만든 번역기가 과연 좋은 결과를 낼 수 있었을까요?

이제 기계번역의 역사를 차례대로 살펴보도록 하죠.

기계번역의 시작

인간이 사용하는 언어를 기계를 사용해 다른 언어로 번역해내는 일을 **기계번역**Machine Translation이라고 합니다.

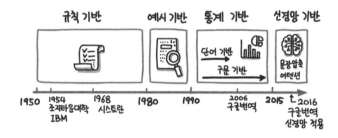

'기계번역'이라는 용어는 1949년부터 논문에 등장했고, 당시에도 큰 주목을 받았죠. 1950년대부터는 MIT를 비롯한 여러 대학에서 본격적으로 기계번역을 연구하기 시작했고, 1954년에는 조지타운대학교와 IBM이 공동으로 러시아어를 영어로 번역하는 공개 시연회를 진행합니다.

물론 당시에는 여느 인공지능 기술이 그랬듯 5년 정도 이내에는

IBM 701 (1954)

인공지능 기술이 번역을 완전히 정복할 수 있을 것으로 기대했습니다. 그러나 잘 알다시피 인공지능 기술은 쉽사리 나아가지 못했고, 번역에도 제대로 적용되지 못했죠. 기계번역 연구는 이내 암흑기에 빠져들며 상용화되지 못한 채 여러 대학 연구실의 연구 주제로만 남아 있었습니다.

규칙 기반, 모든 규칙을 정의하다

기계번역을 대표하는 회사로 1968년에 설립한 **시스트란**SYSTRAN이 있습니다.

이제는 50년이 훌쩍 넘는 역사를 자랑하는 이 회사는 헝가리 출신의 컴퓨터 과학자 피터 토마Peter Toma, 1924~ 박사가 설립했습니다. 초

창기 기계번역을 연구해 2000년대 초반까지는 야후!와 구글에 제품을 납품할 정도로 세계 최고의 번역 품질을 자랑했죠. 시스트란은 **규칙 기반 기계번역**Rule-Based Machine Translation을 이용했습니다. 언어학자들이 일일이 정의한 규칙을 수십 년간 쌓아 올렸고 이를 이용해 당시 기준으로는 가장 높은 품질의 번역 서비스를 제공했죠.

하지만 쉽게 예상할 수 있듯 규칙 기반에는 한계가 있습니다. 규칙을 아무리 세워도 언어의 무궁무진한 변화를 결코 따라갈 수 없기 때문이죠. 앞서 살펴본 'had'처럼 말이죠. 무려 30가지가 넘는 의미를 지닌 단어를 정확하게 번역하려면 얼마나 많은 경우의 수가 필요한지 짐작조차 할 수 없습니다. 문법 규칙을 너무 많이 적용하다 보면 규칙 사이에 간섭이 일어나 처리하기 곤란한 경우도 생깁니다. 무엇보다 언어는 정해진 규칙 대신 수천 년간 독립적으로 형성된 문화를 반영하므로 서로 다른 언어의 의미가 1대 1로 맞물리지 않는 경우도 수없이 존재합니다. 규칙 기반 번역 모델이 계속해서 실패했던 이유죠.[5] 언제든 신조어가 등장할 수 있고, 지금도 수많은 신조어가 등장합니

> **용언 활용형**
>
> 모르네 모르지 모르더라 모르잖아
> 모르니 모르고 모르면 모르거나
> 모르지만 모르기까지 모르기조차
> 모르겠네   모른다
> 모르겠다면   모를수록
> 몰랐구나   몰랐잖아
> 몰랐어   모르시네
> 몰라   …
> 몰라서   …
> … …

다. 당장, '핵–'이라는 신조어가 등장하면서 얼마나 많은 새로운 단어가 생겨났는지를 떠올려본다면 규칙 기반 활용이 얼마나 어려운 일인지 짐작할 수 있습니다. 규칙 기반에서 번역은 답이 나오지 않는 문제죠.

게다가 우리말은 대표적인 교착어로 용언 활용만 해도 무궁무진합니다. 이 모든 걸 규칙으로 처리하는 건, 정말 '핵난감한' 문제죠.

아예 규칙으로 처리할 수 없는 단어도 있습니다. 전체적인 맥락이나 상황에 따라 전혀 다른 의미로 번역되어야 하는 경우입니다. 우리가 학창 시절에 배운 '동사+ing'를 '~고 있다'로 번역하는 규칙을 세웠다고 가정해보죠.

walk ⇨ 걷다
walking ⇨ 걷고 있다

run ⇨ 달리다
running ⇨ 달리고 있다

여기까지는 규칙이 잘 통하는 것처럼 보입니다. 그렇다면 'fight'는 '싸우다'니까 'fighting!'은 '싸우고 있다!'로 번역하면 될까요?

정말 어색한 번역이죠. '힘내!' 또

는 그냥 '파이팅!'이라고 번역하는 게 훨씬 낫겠네요. 이처럼 번역은 전체적인 문장이나 맥락에 따라 전혀 달라지는 경우가 많습니다.

예시 기반과 통계 기반, 가능성을 보이다

1980년대에 들어오면서 연구자들은 새로운 시도를 해봅니다. 특히 국내총생산액이 세계 2위에 이를 정도로 급격히 성장한 일본은 국제 사회에서 활약하기 위해 제대로 된 영어-일본어 번역이 절실했죠. 교토대학교의 나가오 마코토長尾真, 1936~2021 교수는 **예시 기반 기계번역**Example-Based Machine Translation이라는 획기적인 방식을 제안하고, 이에 기반해 매우 성능이 좋은 영어-일본어 번역 시스템을 만들어냅니다. 기존의 규칙 기반 대신 풍부한 데이터를 활용하는 방식을 고안해 냈죠. 이 방식은 이전과는 완전히 다르게, 사람들이 실제로 활용하는 문장 전체의 맥락을 살펴보는 데 주안점을 두었습니다. 즉, 규칙을 통해 언어를 '이해'하기보다, 경험을 통해 '모방'하는 형태로 접근했습니다. 기본적인 문장의 의미를 파악한 다음 비슷한 문장의 의미를 비교해 전체 의미를 '유추'해내는 거죠. 이 과정은 우리가 영어를 공부할 때 먼저 '숙어'를 암기하고 단어를 갈아 끼우며 전체 문장을 번역하는 과정과 매우 유사합니다.

'I'm going to the gym'을 번역한다고 하면, 풍부한 데이터를 바탕으로 'I'm going to the theater'와 'I'm going to the hospital' 같은 유사한 문장들을 찾아냅니다. 여기서 'I'm going to'는 '나는 ~ 갈

I'm going to the theater. ⇨ 나는 극장에 갈 거야.

I'm going to the hospital. ⇨ 나는 병원에 갈 거야.

He went to the gym. ⇨ 그는 체육관에 갔어.

I'm going to the gym. ⇨ 나는 체육관에 갈 거야.

거야'라는 뜻임을 알아내죠. 이제 'the gym'을 포함한 또 다른 예시를 찾아서 '체육관'이라는 뜻을 알아냅니다. 마지막으로 찾아낸 의미들을 재배열하여 완전한 번역문을 만듭니다. 그렇게 'I'm going to the gym'을 '나는 체육관에 갈 거야'로 번역하는 거죠. 예시와 데이터가 많을수록 결과는 정교해집니다. 하지만 수많은 동음이의어를 직접 처리해야 하는 등 이 방식에도 많은 한계가 있었습니다. 연구자들은 이내 더 효율적인 방법을 찾아나섭니다.

1990년대에 들어서는 통계적인 방법을 접목한 **통계 기반 기계번**

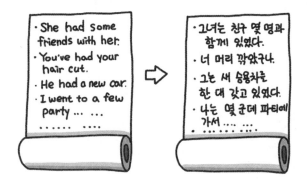

역Statistical Machine Translation이 등장해 더 나은 성능을 보입니다. 기존의 규칙 기반이나 예시 기반을 뛰어넘는 본격적인 번역 모델이었죠. 이 모델은 문장을 단어 또는 구문 단위로 분할한 다음 이를 번역하고 다시 문장으로 합치는 과정에 확률적인 방법을 접목합니다.

먼저 수많은 문장을 분석해 확률을 계산해 냅니다. 예시 기반처럼 데이터, 즉 문장은 많을수록 좋습니다. 다양한 문장을 살펴보면서 어떤 단어가 어떤 의미로 번역되는지 확률을 계산합니다. 예를 들어 'House'를 번역한다면 문장 안에서 '집'으로 번역되는 경우가 가장 많았고, '가정'으로 번역되는 경우가 그다음, '상점'으로 번역되는 경우가 가장 적었을 것입니다. 이렇게 번역될 확률을 계산해 다음과 같이 순서대로 결과를 나열합니다.

House

집 ▪▪▪ 95 %

가정 ▪▪▫ 78 %

상점 ▪▫▫ 42 %

이렇게 문장에 속한 모든 단어의 번역 확률을 나열하고 확률이 높은 순으로 번역된 의미를 조합해 번역문을 만듭니다. 번역 품질을 높이기 위해서는 각 단어의 의미가 좀 더 정확한 확률을 갖도록 더 많은 문장을 구하기만 하면 됩니다. 어떤 단어로 번역할지 확률을 계산하는 것은 수많은 문장을 바탕으로 기계가 스스로 합니다.

'I want to study linguistics'를 통계 기반으로 번역해봅시다. 먼저 'I'는 '나는'과 '내가'가 비슷한 확률로 등장합니다. 'want'는 '원하다'가 가장 확률이 높고, 그다음 확률로 '바라다' 등이 있습니다. 이런 식으로 각각의 의미를 확률 순으로 나열해 서로 조합해서 문장을 만들어 냅니다. 당연히 가장 유력한 후보는 확률이 가장 높은 맨 위의 뜻으로 조합한 문장입니다. 가장 확률이 높은 번역은 '나는', '원하다', '~으로', '공부하다', '언어학'이고 이를 조합하여 문장으로 만들어보면 '나는 언어학 공부를 원합니다' 정도가 되겠네요.

아직 어색한가요? 그렇다면 모든 경우를 조합해서 가장 자연스러운 문장을 찾아냅니다. 여기서는 2×4×5×4×1=160가지 조합을 만들어낼 수 있겠네요. 160가지 조합 중에서 가장 널리 쓰이는 표현을 찾습니다. 여러 조합 중 'want'를 가장 마지막 뜻인 '~고 싶다'로 적용했을 때 번역한 문장이 가장 자연스러워 보이네요. 이제 '나는 언어학을 공부하고 싶습니다'를 최종 번역 결과로 채택합니다. 이처럼 가장 자연스러운 문장을 찾아내는 과정까지도 확률적인 방법으로 계산합니다.

확률적인 방법으로 번역어를 찾는 방식은 매우 잘 작동했지만 막상 조합한 문장을 보면 어색한 경우가 많았습니다. 아무리 완벽하게 개별 단어를 번역해냈다 할지라도 그걸 다시 문장으로 제대로 조합하는 건 훨씬 더 어려운 문제였으니까요. 그래서 좀 더 자연스러운 문장으로 번역하기 위해 확률 계산을 단어 단위에서 구문Phrase 단위로 확장해보기 시작합니다.

'had lunch'를 예로 들면, 단어 기반에서는 'had'와 'lunch'를 분리하여 'had'는 '가졌다', '보냈다', '먹었다' 등의 뜻으로 번역하고, 'lunch'는 '점심'으로 번역한 다음, 이를 다시 조합하여 문장 후보를 만들어 냅니다.

1. 점심을 가졌다.
2. 점심을 보냈다.
3. 점심을 먹었다.

이렇게 하면 세 문장이 나오죠. 확률적으로는 'had'에 '가졌다'라는 의미가 가장 빈번하지만 구문으로 만들었을 때는 '점심을 먹었다'가 훨씬 더 자주 쓰입니다. 따라서 '점심을 가졌다'보다 '점심을 먹었다'가 훨씬 더 자연스러운 문장이죠. 이처럼 단어 기반에서는 여러 확률로 조합해본 다음 가장 자연스러운 문장을 확률적인 방법으로 찾아내는 과정이 필요합니다. 또 자칫 잘못해서 '점심을 가졌다'로 번역하는 경우

[단어 기반]
had lunch
가졌다 점심 ⇨ 점심을 먹었다
보냈다
먹었다

[구문 기반]
had lunch ⇨ 점심을 먹었다

도 있습니다. 어쨌든 'had'가 '가졌다'는 의미로 쓰일 확률이 가장 높기 때문이죠. 하지만 구문 기반에서는 이런 일이 없습니다. 'had lunch'의 전체 확률을 따지기 때문에 가장 확률이 높은 '점심을 먹었다'로 한 번에 번역하죠. 구문 기반은 이처럼 훨씬 더 자연스러운 문장을 만들어낼 수 있습니다. 영어를 공부할 때 단어 대신 숙어를 통째로 외우는 것과 마찬가지입니다. 그뿐 아니라 단어 기반은 문장의 확률을 점검하는 규칙을 만들어야 하지만 구문 기반은 그럴 필요가 없습니다. 훨씬 더 단순해졌죠. 이제 언어학자가 더 이상 규칙을 만들 필요가 없고 오히려 규칙을 없앨수록 더 자연스러운 문장을 만들어 낼 수 있게 되었습니다. 이즈음 IBM의 과학자 프레더릭 젤리넥Frederick Jelinek, 1932~2010은 언어학을 전공한 분이라면 누구나 분노할 만한 유명한 말을 남깁니다.

언어학자를 해고할 때마다 성능은 높아진다.

인공 신경망 기반, 마침내 혁신이 시작되다

2010년대 들어 드디어 딥러닝이 주목받기 시작합니다. 먼저 구문 기반으로 분석하는 방식에 딥러닝을 적용해 봅니다. 여기에는 우리나라의 **조경현** 교수가 몬트리올대학교에서 박사 후 과정 중에 성공적인 결과를 내죠. 이때부터 바야흐로 딥러닝을 본격적으로 기계번역에 도입합니다. 이후에는 구문 단위를 넘어 아예 문장 전체에 딥러닝

을 적용하죠. 이를 **신경망 기반 기계번역**Neural Machine Translation이라고
합니다.

그렇다면, 신경망 기반 기계번역은 어떻게 작동할까요? 앞서 단어
기반에서 구문 기반으로 확장하면 더 자연스러운 문장이 나온다고
얘기한 바 있습니다. 신경망 기반은 한발 더 나아가 문장 전체를 마
치 하나의 단어처럼 통째로 번역해서 훨씬 더 자연스러운 번역이 가
능하게 했습니다. 인공 신경망이라는 거대한 모델과 이를 견인할 수
있는 방대한 데이터를 확보하면서 이것이 가능해졌습니다. 사실 문
장을 통째로 번역해냈기 때문에 번역 과정 자체는 훨씬 더 단순해졌
습니다. 필요한 건 방대한 데이터뿐이었죠.

조금 다른 얘기를 해보죠. 오렌지 주스는 어떤 과정을 거쳐 우리
식탁 앞에 놓일까요? 오렌지를 산지 또는 공장에서 착즙한 후 유통
기한을 늘리고 유통 비용을 줄이기 위해 약 7배 이상 농축합니다. 가
열하고 끓여서 액즙을 졸인 다음 엑기스만 모아서 부피를 줄이는 거
죠. 이렇게 하면 똑같은 오렌지 주스를 한번에 훨씬 더 많이 운반할
수 있습니다. 그렇게 농축 상태로 운반한 후에는 다시 물을 희석해
원래의 오렌지 주스로 만듭니다. 농축과 환원 과정에서 영양소가 날
아가고 맛이 살짝 변하기는 하지만 오렌지 향이나 비타민C 등의 첨
가물을 넣고 나면 농축하기 전의 오렌지 주스와 비슷한 맛을 낼 수
있습니다. 우리가 시중에서 사먹는 오렌지 주스는 대부분 이런 과정
을 거치죠.

신경망이 문장을 통째로 번역하는 과정은 마치 오렌지 주스를 농
축한 후 물을 섞어 희석하는 과정과 닮았습니다.

먼저, 문장을 통째로 압축해 숫자로 표현한 벡터(방향과 크기를 나타내는 값)를 만들어 냅니다. 오렌지 주스를 농축하는 과정이죠. 그리고 이 값을 번역할 언어로 옮긴 다음 풀어서 번역문을 만들어 냅니다. 각각의 숫자에서 가장 확률이 높은 번역문을 찾아내는 거죠. 물을 섞어 다시 주스로 만드는 과정입니다. 여기까지가 번역 과정의 전부입니다. 이렇게 번역문을 만들어 내면 더 이상 규칙 기반처럼 단어와 단어 간의 관계, 순서, 구조 등을 파악할 필요가 없습니다. 또한 통계 기반처럼 단어나 구문을 확률로 번역해 조합하고 이 문장을 자연스럽게 만들기 위해 애쓸 필요도 없습니다. 그냥 문장을 통째로 한번에 번역하면 됩니다.

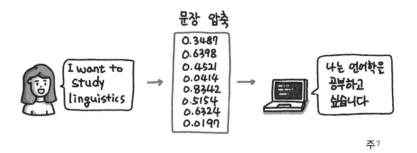

주7

이렇게 단순한 방식으로 어떻게 훨씬 더 좋은 번역문을 만들까요? 사실 이러한 번역 과정은 우리 일상에서도 찾아볼 수 있습니다. 학창 시절에 공부로만 영어를 접한 평범한 형과 미국에서 살다온 사촌 동생의 번역 실력을 비교해 보죠.

형은 먼저 주어와 동사를 찾아서 문장이 어떻게 끝나는지 예상한 다음 다시 형용사를 찾아서 어디를 수식하고 접속사는 어디와 연결되어 있는지 등을 파악합니다. 어릴 때부터 열심히 공부한 영문법과 영한사전을 붙들고 말이죠. 그러나 좀처럼 제대로 번역이 되지 않습니다. 반대의 경우는 더욱 심각합니다. 우리말을 영어로 만들어 보라고 하면 어디서부터 써야 할지 막막하고, 단어 뜻을 찾아내기도 쉽지 않고, 문장을 다 만들긴 했는데 과거형인지 과거분사인지 헷갈리고, 정작 영어로 한 마디도 내뱉지 못하는 때가 부지기수입니다.

그런데 어릴 때 미국에서 살다 온 사촌 동생이 집에 오더니 형의 영어책을 보면서 우리말로 읽습니다. "이런 문장은 영어로 뭐라고 하니?"라고 묻자 1초의 망설임도 없이 영어로 술술 말하죠. 이 모습을 본 어른들은 역시 조기 유학이 답이라며 박수를 칩니다. 형은 동생을 데리고 방에 들어가 도대체 어떻게 했는지 물어봅니다. 그랬더니 동생은 "난 그냥 평소에 말하는 대로 했을 뿐인데?"라며, 주어나 목적어를 공부해본 적도 없다고 합니다. 그 말을 들은 형은 지금까지 자신은 무슨 공부를 했던 것인지 떠올리며 정말 울고 싶어 집니다.[8]

여기서 영문법 책을 열심히 공부한 형은 규칙 기반, 술술 문장을 번역하는 사촌 동생은 신경망 기반에 비유할 수 있습니다. 형은 문법을 열심히 공부했지만 아무리 공부해도 일정 수준 이상으로 영어 실력을 쌓기는 어렵습니다. 규칙 기반이 일정 수준 이상으로 성능을 내기 어려운 것과 비슷하죠. 하지만 유학을 다녀온 사촌 동생은 문법도 잘 모르지만 책을 보면서 술술 번역합니다. 단지 어릴 때 영어로 많이 얘기했을 뿐인데 영어를 잘하게 된 거죠. 신경망 기반은 사촌 동생처럼 엄청나게 많은 데이터를 학습하여 자연스럽게 영어를 번역해 냅니다. 사촌 동생과 마찬가지로 주어가 뭔지 목적어가 뭔지 설명하지 못하지만 그냥 문장을 이해하고 번역합니다. 그저 수많은 문장을 열심히 학습하며 점점 더 좋은 성능을 내죠.

어텐션, 가장 혁신적인 발명

인공 신경망을 적용해 훨씬 뛰어난 번역문을 만들 수 있게 됐지만 연구자들은 여기서 멈추지 않았습니다. 번역 성능을 더욱 높이고자 끊임없이 연구를 거듭합니다. 앞서 오렌지 주스로 비유했던 신경망 기반 기계번역의 과정을 좀 더 구체적으로 살펴보죠.

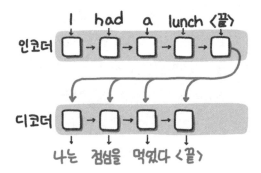

문장을 압축하는 과정과 풀어내는 과정을 구체적으로 그려봤습니다. 먼저, 문장을 압축하는 과정에서는 문장을 띄어쓰기 단위로 구분한 다음 차례대로 인공 신경망을 통과하며 핵심적인 특징을 추출합니다. 여러 번의 계산을 거쳐 최대한 압축하죠. 이렇게 하면 마지막 단계에서 문장 전체의 의미를 압축한 벡터가 나옵니다. 이처럼 문장을 압축하는 부분을 **인코더**Encoder라고 합니다.

반대로 문장을 푸는 부분은 **디코더**Decoder라고 합니다. 압축된 벡터를 받아서 순서대로 풀어냅니다. 한 단어씩 차례대로 푸는데, 이때 2가지 입력을 받습니다. 첫 번째는 앞선 단어의 번역이고, 두 번째가 바로 인코더가 압축한 벡터입니다. 영어 시험을 볼 때 문제를 차례대로 해석하다가 막힐 때는 영어 지문 전체를 힐끗 살피는 것과 비슷합니다. 문장 번역이 끝날 때까지 디코더는 계속해서 인코더가 압축한 벡터를 참조하면서 더 자연스러운 문장을 만들어냅니다. 이런 방식으로 인공 신경망을 활용한 기계번역은 엄청난 성능을 보입니다. 문법은 하나도 모르지만 영어를 엄청 잘하는 사촌동생처럼 말이죠.

그런데 여기서 끝이 아닙니다. 이 방식에는 2가지 문제가 있습니다. 첫 번째 문제는 번역할 원문의 길이와 관계없이 원문을 일정한 길이의 벡터로 한 번만 압축한다는 점입니다. 마치 발표 시간이 얼마나 되든 연설문을 단 1줄로 요약해서 올라간 것과 비슷합니다. 발표 시간이 1분이라면 문제가 없겠지만, 10분이 넘어가면 연설문 1줄로는 하고 싶은 말을 조리 있게 할 수 없겠죠.[9] 두 번째 문제는 한번 만든 벡터를 계속 참조하다 보니 번역문이 길어질수록 핵심 단어를 놓친다는 점입니다. 중요하지 않은 단어 중심으로 엉뚱하게 번역하거나 어순이 틀리기도 했죠.

이 문제들을 두고 다시 조경현 교수가 등장합니다. 2014년 제2저자로 참여해 출판한 논문에서 위의 한계를 극복하는 혁신적 개념인 **어텐션**Attention을 제안하죠. 원리 자체는 간단합니다. 더 중요한 단어를 강조하는 원리입니다. 우리말로 하면 중요한 단어에 '주목'한다는 거죠.

어텐션은 앞서 언급한 2가지 한계를 모두 해결해냈습니다. 기존에는 입력 문장의 길이에 상관없이 압축한 문장을 항상 일정한 길이의 벡터에 한 번만 담아냈습니다. 하지만 어텐션은 번역문의 단어를 생성할 때마다 출력 문장의 길이에 맞춰 압축 벡터를 생성합니다. 이렇게 하면 번역문이 길어질수록 벡터도 함께 길어지기 때문에 더 긴 문장을 번역하는 데도 문제가 없겠죠. 이전에는 어떤 분량이든 1줄로 요약했지만 어텐션은 5분을 발표할 때는 5줄, 10분을 발표할 때는 10줄로 요약합니다.

무엇보다 어텐션의 핵심은 중요한 단어에 별도로 가중치를 부여할 수 있다는 점입니다. 그래서 주목을 뜻하는 어텐션이라는 명칭이 붙었죠. 이전에는 아무런 표시 없이 문장 전체를 통째로 압축했기 때문에 번역할 때 어떤 단어를 염두에 둬야 하는지 알 수 없어 번역의 질이 떨어졌죠. 하지만 어텐션은 압축할 때 매번 다르게 중요한 부분을 적재적소에 표시해둘 수 있습니다.

실제로 어텐션은 기계번역의 성능을 크게 높였습니다. 기존에는 문장 안에서 거리가 먼 단어의 관계를 파악하기 어려운 문제가 있었습니다. 특히 영어를 우리말로 바꾸는 경우 어순이 뒤집어지면서 문장의 맨 처음에 나오는 단어를 가장 마지막에 해석해야 하는 경우도 많았습니다. 이럴 때 영어 단어와 그에 해당하는 우리말 단어 사이의 위치가 너무 멀어 서로 간의 의미를 제대로 파악하지 못하는 경우가 많았죠. 우리가 영어 문장을 번역할 때도 앞에서부터 쭉 번역해나가다 보면 뒷부분에 와서 '참, 주어가 뭐였지?'라고 기억이 안 날 때가 있는 것처럼 말이죠.

그런데 어텐션은 단어 사이의 거리가 아무리 멀어도 서로 관련이 있는 단어라면 그 단어에 별도로 표시를 해두어 가중치를 높일 수 있습니다. 그래서 어텐션은 특히 긴 문장에서 높은 성능을 낼 수 있습니다. 어텐션을 처음 소개한 논문에서도 장문 번역에서의 성능을 특히 강조했고, 이를 어텐션 도입의 효과로 언급하죠. 덕분에 기계번역은 이제 전문 번역가의 번역 못지않게 양질의 성능을 낼 수 있게 됐습니다.

그렇다면 어텐션은 실제로 어떻게 작동할까요?

기존에는 인코더에서 값을 한 번만 만들어 사용했지만 어텐션을

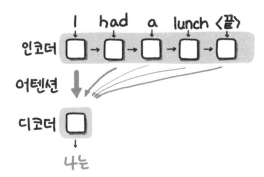

쓰면 한 단어 한 단어 번역할 때마다 인코더에서 새로운 값을 만듭니다. 게다가 중요하다고 여겨지는 단어에 가중치가 책정되어 내려옵니다. 앞의 그림을 보면 먼저 인코더에서 'I'가 중요하다고 보고, 여기에 가중치를 부여해 '나는'으로 번역합니다.

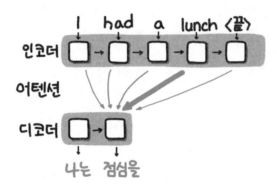

그다음에는 'lunch'에도 가중치를 부여해 내려보냅니다. 디코더는 이를 '점심을'로 번역합니다. 이처럼 어텐션은 중요한 단어를 강조하기 때문에 정답을 제대로 골라낼 수 있습니다. 마치 지문에서 정답과 관련 있는 중요한 부분을 형광펜으로 굵게 색칠해서 내려주는 것과 같죠. 중요한 부분이 표시되어 있다면 정답을 훨씬 더 정확하게 찾아낼 수 있겠죠? 이렇게 어텐션은 매 단계마다 인코더가 가중치를 다르게 해서 압축 벡터를 내려보냅니다. 번역문이 5개 단어로 구성된다면 5번 모두 다르게 내려보내죠.

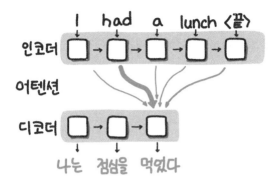

다시 번역 과정을 살펴보겠습니다. 그다음에는 'had'에 가중치를 매긴 후 내려보내 이에 대응하는 의미인 '먹었다'로 번역합니다.

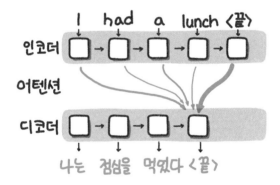

마지막으로 문장이 완성되어 번역이 끝날 때쯤이면 끝을 의미하는 태그 〈끝〉에 가중치를 매겨 내려보냅니다. 그러면 디코더는 〈끝〉을 출력하고 번역을 종료하죠.

여기까지가 어텐션이 작동하는 방식입니다. 매 단계마다 가중치를 부여하고, 중요한 부분에는 가중치를 더 높입니다. 그저 문장 전체를 한번만 압축했던 초기의 신경망 기반 방식보다 훨씬 더 효율적이죠. 실제로 어텐션을 도입하면서 번역 품질이 향상되었고 계속해서 좋은 성과를 내면서 최근에는 어텐션을 더욱 적극적으로 활용하고 있습니다. 아예 어텐션만으로 인공 신경망을 구성한 〈필요한 건 어텐션 뿐〉 Attention Is All You Need 이라는 재미난 제목의 논문도 나왔죠. 〈러브 액츄얼리〉의 테마곡 〈필요한 건 사랑 뿐〉Love Is All You Need 을 패러디한 제목이네요. 재미있는 제목과는 별개로 이 논문은 자연어 처리 분야에서 엄청난 혁신을 불러일으킵니다. 특히 이 논문에서 소개한 딥러닝 모델 **트랜스포머**Transformer 는 각종 분야를 휩쓸면서 모든 자연어 처리 분야의 성능을 월등히 높입니다.

트랜스포머의 구조는 얼핏 복잡해 보이지만 핵심만 나열해 보면 신경망 기계번역의 원칙을 그대로 따르고 있습니다. 인코더는 입력 문장을 압축하여 핵심적인 특징을 추출하는 역할을 맡고, 디코더는

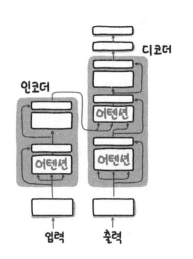

인코더가 압축한 벡터를 받아와 출력 문장을 생성하는 역할을 맡죠. 자세히 들여다보면 인코더는 한 종류의 어텐션, 디코더는 두 종류의 어텐션으로 구성되는 등의 사소한 차이만 있을 뿐입니다. 여기서 핵심은 기존의 복잡한 딥러닝 구조를 사용하는 대신 오로지 어텐션만으로 모델을 구성했다는

점입니다. 그래서 논문 제목이 〈필요한 건 어텐션 뿐〉이었던 거죠. 이처럼 어텐션은 기계번역의 성능을 보조하는 역할로 처음에는 등장했으나 이제는 기계번역의 핵심이 되었습니다. 어텐션을 핵심 알고리즘으로 삼은 트랜스포머 모델은 사실상 모든 기계번역 모델을 대체했고, 최근의 신경망 기반 기계번역은 모두 이 트랜스포머 모델을 기반으로 하고 있습니다.

이후에 제7장에서 살펴볼 **버트**BERT와 **GPT-3**라는 모델도 모두 트랜스포머를 기반으로 하고 있죠.

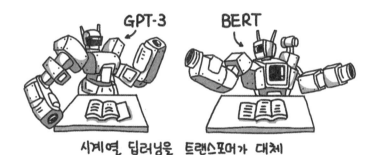

시계열 딥러닝을 트랜스포머가 대체

기계번역에서 인코더가 문장의 의미를 압축해낼 수 있다는 데 착안해 자연어 이해 모델인 버트가 등장했고, 디코더가 문장을 생성하는 데서 착안해 자연어 생성 모델인 GPT-3가 등장했습니다. 두 모델 모두 매우 뛰어난 성능을 보여주죠. 무엇보다 이 모든 혁신이 트랜스포머 모델에서 시작됐다는 점이 중요합니다. 트랜스포머 모델은 이제 자연어 처리를 넘어 최근에는 이미지나 음성인식에까지 널리 쓰

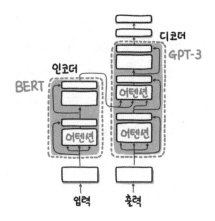

이고 있습니다. 이 모든 게 중요한 부분에 가중치를 높여 '어텐션'을 하겠다는, 즉 중요한 단어에 '주목'하겠다는 간단한 아이디어에서 시작했습니다. 간단한 아이디어가 나비효과를 일으킨 셈이죠.

번역 규칙을 스스로 학습하다

지금까지 살펴본 내용을 정리해 보죠. 기계번역은 오래전에 등장해 큰 관심을 받았지만 뚜렷한 성과로 이어지지 못하면서 오랜 침체기에 빠져 있었습니다. 구글이 통계에 기반한 기계번역 서비스를 출시한 것은 2006년이지만 당시만 해도 그리 좋은 결과를 보여주지는 못합니다. 시스트란이 1968년부터 시도했던 규칙 기반과 큰 차이가 없었죠. 특히 영어-한국어 번역처럼 언어 구조가 많이 다른 경우에는 형편없는 결과를 보여주었습니다. 그나마 어순이 서로 비슷한 일본어-한국어 번역에서는 규칙 기반으로도 어느 정도 품질을 보장할 수 있었습니다만, 이런 경우는 일부에 불과했죠.

우리가 학창 시절에 언어를 배울 때의 기억을 떠올려 봅시다. 먼저 명사, 동사, 형용사 등을 구분하는 법을 배우면서 언어의 특징과 구조를 분류하고 체계화했습니다. 예를 들어 형용사는 명사의 모양이나 크기, 색깔 등을 표현하면서 명사의 의미를 좀 더 명확하게 합니다. '둥근 사과'라는 구문을 보면 형용사 '둥근'이 사과의 모양을 구체화합니다. 초기에는 기계가 언어를 이해하는 방식도 이와 비슷했습니다. 언어를 분류하고 규칙을 정의하는 데 바빴죠. 하지만 이런 접근 방식으로는 언어의 온갖 예외와 진화를 따라가기가 어렵습니다. 특별한 규칙 없이도 문장 내에서 멀리 떨어진 단어나 문맥을 참조해야 하는 경우가 있으며, 한 단어가 다양한 뜻으로 쓰이기도 합니다. '나는 학교에 갑니다'라는 단순한 의미조차도 수십, 수백 가지로 표현할 수 있습니다.

- 내가 학교에 갑니다.
- 저는 학교에 가요!
- 나는 학교에 갑니다.
- 나는 학교를 가지요.
- 나는 학교를 가요~

물론 어떻게든 규칙을 정리해 나갈 수는 있을 것이고 초기의 규칙 기반 기계번역이 수십 년 동안 해온 일도 바로 이것이었습니다. 그러나 끊임없이 변형되고 확장하는 언어를 형식적으로 분석하는 데는 명백한 한계가 존재했기에, 컴퓨터를 이용한 자연어 처리 연구는 수십 년 동안이나 지지부진했습니다. 그러다 신경망을 도입하면서 마침내 혁신적인 돌파구가 열렸죠.

이제는 기계번역에 더 이상 규칙을 입력하지 않습니다. 비슷한 문장에서 규칙을 스스로 학습합니다. 규칙 기반과 학습 기반의 차이는 앞서 살펴본 딥 블루와 알파고의 차이와도 비슷합니다. 딥 블루는 규칙에 기반해 정답을 계산했습니다. 하지만 알파고는 데이터에서 규칙을 찾아내 훨씬 더 복잡한 문제를 스스로 해결해 냈습니다.

신경망 기반 기계번역 또한 수많은 문장을 보며 스스로 규칙을 학습하고 언어를 이해하죠. 번역이라는 복잡한 문제를 데이터를 통해 스스로 해결하는 겁니다. 성능을 높이는 데 필요한 것은 더 많은 데이터, 더 많은 문장뿐입니다. 나머지는 모두 기계가 스스로 학습합니다.

번역규칙은
기계가
스스로 학습

신경망 기반 모델은 끊임없이 발전합니다. 단순히 문장 전체를 학습하는 수준을 넘어 중요한 단어에 주목하는 어텐션이라는 개념도 고안됩니다. 그리고 어텐션만으로 만든 모델인 트랜스포머가 등장하면서 연구는 더욱 활발해집니다. 이 무렵 2년간의 연구 성과는 지난 20년간의 연구 성과를 능가했다는 얘기까지 나올 정도죠.

마침내 어텐션으로 품질을 높인 신경망 기반 기계번역 서비스가 정식으로 세상에 모습을 드러냅니다. 그리고 2016년 겨울에는 이 장 맨 처음에서 살펴본 것처럼《뉴욕 타임스》가 이를 대서특필하면서 세상의 주목을 받습니다.

인간을 뛰어넘은 기계번역

2004년 무렵 구글은 처음으로 번역 서비스를 제공했습니다. 이때만 해도 직접 번역 엔진을 만들지 않고 시스트란의 제품을 사용했죠. 그러나 2006년에 통계 기반의 기계번역 서비스를 출시한 후부터는 번역 엔진을 직접 개발하면서 꾸준히 번역기의 성능을 높였습니다. 무엇보다 검색 서비스를 운영하며 엄청나게 많은 데이터를 수집한 구글은 이를 이용해 고품질의 번역 서비스를 단기간 내에 개발할 수 있었죠. 통계 기반을 도입하고부터는 문장이 많을수록 정교하게 확률을 계산할 수 있었기 때문에 빅데이터 플랫폼을 갖추고 있는 구글에게 매우 유리했습니다.

구글은 유엔과 유럽의회의 회의록을 활용했습니다. 유럽의회에만 10년 동안 23개 언어로 번역된 13억 7,000만 단어의 데이터가 있었기 때문에 좋은 번역 엔진을 만들기에 충분했죠. 게다가 대용량 자료를 저장하고 처리하는 일은 구글의 장기였습니다. 제4장에서 살펴봤듯이 구글은 검색엔진을 구축하면서 수백조 개의 문서를 색인하는 등 대용량 데이터를 처리하는 데 풍부한 노하우가 있었죠. 이즈음부터 앞서 나가기 시작한 구글은 2016년 인공 신경망 기반 번역 서비스를 출시하고, 현재는 무려 109개 언어의 번역을 지원하는 세계 최대 규모의 번역 서비스로 성장했습니다. 2016년에 공개한 이용 통계를 보면 전 세계 사용자 수가 5억 명 이상이며, 매일 1,000억 개 이상의 단어를 번역하고 있습니다.

인공 신경망이 기계번역에서 좋은 성과를 내자 국내 IT 기업들도 빠르게 도입하여 번역 서비스를 출시합니다. 2017년에는 카카오가 카톡 챗봇 형태로 카카오 i 번역 서비스를 선보였습니다. 원래 카카오는 번역 서비스를 출시할 계획이 없었습니다. 그런데 검색엔진 개발 팀장을 맡고 있던 한 개발자가 사이드 프로젝트로 주말마다 신경망

기반 기계번역을 만들었습니다. 이 개발자는 〈영한 기계번역을 위한 효율적인 알고리즘에 관한 연구〉[10]라는 논문으로 석사학위를 받은 인물이었죠.

그러나 당시만 해도 기계번

역은 상업적으로 쓰일 만큼 품질이 좋지 않았고 연구실의 연구 주제를 넘어서기는 힘들었습니다. 그래서 학위를 취득한 후에는 기계번역 연구를 그만두었고 검색엔진을 개발하는 개발자로 일하고 있었죠. 그러다 신경망 기반 기계번역을 접하고, 놀라운 성능에 감동받아 회사 업무와는 별개로 주말마다 기계번역 연구를 시작합니다. 마침내 구글 번역 못지않은 신경망 기반의 영어-한국어 번역 서비스를 완성했고, 카카오는 이를 정식 서비스로 출시합니다. 주말에 하던 개인 연구에서 정식 팀으로 승격되고, 당연히 그는 이 팀의 팀장을 맡습니다.

네이버는 신경망이 등장하기 이전에도 파파고라는 이름으로 오랫동안 번역 서비스를 해왔습니다. 파파고는 에스페란토어로 '앵무새'라는 뜻이죠. 처음에는 통계 기반 기계번역이었습니다. 어순이 비슷한 일본어-한국어 번역에서는 그럭저럭 나쁘지 않은 품질을 보여주었죠. 그러나 영어-한국어 번역은 여전히 어려운 문제였습니다. 그러다 신경망 기반 기계번역에 대한 연구를 접하고 논문을 기반으로 빠르게 구현을 시작합니다. 마침내 신경망을 적용한 번역 서비스를 출시했을 때는 심지어 구글보다도 몇 달 더 빨랐죠. 이렇게 파파고는 신경망 기반 영어-한국어 기계번역 서비스를 세계 최초로 출시합니다.

이후 파파고를 개발한 핵심 인력들은 현대자동차에서 자동차 도메인에 적합하도록 모델을 개선하여 신경망 기반의 번역 서비스를 출시합니다. 파파고의 아

버지라 불리던 김준석 상무가 가장 먼저 합류했고, 이후 파파고의 모델을 개발하던 핵심 개발자 이성민 책임연구원이 합류하여 현대자동차의 이름으로 사내 번역 서비스를 출시합니다. 이들은 자동차 도메인에 적합하도록 모델을 개선했을 뿐만 아니라 실시간으로 GPU 활용을 높이는 방식으로 성능을 끌어올려 더 좋은 번역 서비스를 만들어냈습니다. 사내 공문서, 결재함 등의 서식을 모두 실시간으로 번역할 뿐만 아니라 HTML, 오피스 파일까지 번역하고 주변에 있는 사람들과 대화방을 개설하여 실시간 번역으로 다국어 채팅까지 할 수 있는 앱을 만들었습니다. 외국인 임원이 많은 현대자동차그룹에서 그룹사 내의 한국인 직원과 외국인 임원이 모두 함께 사용하는 실시간 번역 서비스가 되었죠.

바벨탑, 인간은 신의 형벌을 극복할 수 있을까?

주님께서 내려오시어 사람이 세운 도시와 탑을 보고 말씀하셨다. "보라, 저들은 한겨레이고 언어도 하나이다. 이것은 이들이 하려는 일의 시작일 뿐 이후 이들이 하고자 하는 일을 막을 수 없으리로다. 자, 우리가 내려가 그들의 언어를 혼잡하게 하여 서로 알아듣지 못하게 하자." 그리하여 주님께서 그들을 온 지면에 흩으셨으니 그들이 도시를 건설하기 그쳤더라. 그러므로 그 이름을 바벨이라 하니, 주님께서 거기서 온 땅의 언어를 혼잡하게 하셨음이니라. (〈창세기〉 11:5~9)

성경에 따르면 인간이 천국에
닿기 위해 탑을 쌓았는데, 그 오
만함에 분노한 신이 인간의 말을
여럿으로 나누고 사람들을 땅 여
기저기에 흩어버렸다고 합니다.
서로의 말을 알아들을 수 없게
된 인간들은 더 이상 탑을 쌓지
못했고, 그 탑에는 바벨이라는 이
름을 붙였죠. 인간이 다양한 언어

를 갖게 된 바벨탑 신화입니다. 실제로 전 세계 언어가 7,000여 종이
나 된다고 하니 당시 신은 어마어마한 형벌을 내린 셈입니다. 게다가
바벨Babel이란 이름은 히브리어로 '혼돈'을 의미합니다. 바벨탑으로
인해 인간은 서로 다른 언어를 갖게 되어 혼돈이 생기고 말았으니
'혼돈의 탑'이라는 의미 또한 매우 적절해 보이네요.

기계번역이라는 용어가 등장한 지도 벌써 70년이 지났습니다. 과
연, 언제쯤이면 기계번역이 서로 다른 언어로 인한 혼돈을 사라지게
할 수 있을까요? 오랜 침체기에 빠져 있던 기계번역은 인공 신경망을
만나면서 마침내 돌파구를 열었습니다. 딥러닝의 가장 성공적인 사
례를 하나만 꼽으라면 단연 기계번역이라고 해도 과언이 아니죠. 고
품질의 기계번역은 점점 언어의 장벽을 무너트리고 있습니다. 기술
의 발전이 드디어 신의 형벌마저 깨트릴 준비를 하는 셈이죠. 바벨탑
으로 혼돈에 빠졌던 인류는 이제 '언어 통일의 시대'에 한 발짝 성큼
다가섰습니다. 과연 인간은 신의 형벌을 극복할 수 있을까요?

제7장

챗봇

챗GPT, 1분 안에 보고서 작성해 줘

챗봇 이루다는 왜 2주 만에 서비스를 멈췄을까?

이루다는 국내 스타트업이 개발한 챗봇입니다. **자유 주제 대화 시스템**Open-Domain Dialogue System이죠. 어떤 주제로든 자유롭게 대화할 수 있는 인공지능을 이루었다는 의미로 이름 지은, 스무 살의 소녀로 설정된 챗봇이었습니다.

십수 년 전에는 '심심이'라는 챗봇이 큰 인기를 끈 적이 있었습니다. 수백 가지 규칙이 입력된 챗봇은 규칙에 맞는 질문이 들어오면 이에 해당하는 대답을 해주었습니다. 규칙 기반의 챗봇은 한계가 분명했지만 심심이는 나름대로 풍부한 규칙으로 이름처럼 심심치 않게 대화를 이어나갈 수 있었고, 많은 사람이 대화에 빠져듭니다.

1966년 MIT의 컴퓨터과학자 요제프 바이첸바움Joseph Weizenbaum, 1923~2008은 세계 최초의 챗봇 **일라이자**ELIZA를 개발합니다. 일라이자는 조지 버나드 쇼George Bernard Shaw, 1856~1950의 희곡 〈피그말리온〉에 등장하는 인물의 이름입니다. 희곡의 제목 피그말리온은 자신이 만든 조각상과 사랑에 빠지는 그리스 신화 속 조각가의 이름으로, 자신의 피조물과 사랑에 빠진다는 신화가 이후 수많은 예술가의 영감을 자극했죠. 쇼의 희곡도 이 신화를 차용합니다. 〈피그말리온〉에 등장하는 하층민 소녀 일라이자는 음성학 교수 헨리 히긴스에게 상류층 영어를 구사하도록 교육받는 일종의 피조물 같은 존재였습니다.

이 소녀의 이름을 딴 일라이자 챗봇은 심심이보다 수십 년 전에 등장한 세계 최초의 챗봇이었고, 규칙 기반으로 구현되었습니다. 규칙 또한 매우 단순했습니다. 일라이자의 심리 치료사 버전은 상류층의 언어를 따라하던 일라이자처럼 상대방의 말을 따라서 대화하도록 설계되어서, 상대방이 한 말을 약간만 비틀어 되묻기만 할 뿐이었죠. 예를 들면 이렇습니다.[1]

- 사람: 남자 친구가 저를 여기로 보냈어요.
- 일라이자: 남자 친구가 당신을 여기로 보냈나요?
- 사람: 남자 친구 말이 제가 항상 우울하대요.
- 일라이자: 우울하다니 안됐군요.
- 사람: 사실인걸요. 저는 불행해요.
- 일라이자: 여기 오면 불행해지지 않는 데 도움이 될 것 같나요?

여기서 일라이자는 정신과 의사 역할이고, 사람은 환자 역할입니다. 얼핏 의사가 환자를 진료하는 것처럼 보이지만 사실은 매우 단순한 규칙에 따라 의사는 환자가 한 말을 그대로 반복하는 것에 불과합니다. 의사 역할을 한 일라이자의 대화 규칙 중 일부입니다. [2]

- 만약 환자가 "나는 ___가 필요해요"라고 말하면 다음 중 하나로 대답한다.
    1. 왜 ___가 필요한가요?
    2. 만약 ___가 있다면 정말 도움이 될까요?
    3. 정말 ___가 꼭 있어야 한다고 생각하세요?

- 만약 환자가 "나는 ___(예)요"라고 말하면 다음 중 하나로 대답한다.
    1. 환자분이 ___여서 의사를 보러 오셨나요?

2. 얼마나 오랫동안 ___였나요?

3. 스스로가 ___인데 대해 어떤 기분이 드나요?

• 만약 환자가 "___가 뭐예요?"라고 물으면 다음 중 하나로 대답한다.

1. 왜 물으세요?

2. 답을 듣는 게 어떻게 도움이 될 것 같아요?

3. 환자분은 어떻게 생각하세요?

• 만약 환자가 "미안"이라는 단어를 사용하면 다음 중 하나로 대답한다.

1. 미안해하지 않아도 되는 경우도 많이 있어요.

2. 남한테 사과할 때는 어떤 기분이 들어요?

• 환자가 아무런 규칙도 적용할 수 없는, 이해 불가능한 말을 하면 다음 중 하나로 대답한다.

1. 계속 말씀해 보세요.

2. 정말 흥미롭군요.

3. 알겠습니다.

4. 그래요, 그게 무슨 뜻인 것 같나요?

전형적인 if-then 규칙입니다. 정해진 규칙에 따라 대답을 하는 거죠. 일라이자는 상대방이 사용한 문장에서 핵심 어구를 추출하여 내부적으로 미리 정한 문장에 끼워 넣어 되묻습니다. 몇 가지 규칙과 패턴 매칭을 기반으로 하는 매우 단순한 형태의 인공지능이죠. 예를 들어 "친구가 필요해요"라고 한다면 여기서 첫 번째 규칙에 따라 '친구'를 추출하고, 일라이자는 규칙에 따라 "왜 친구가 필요한가요?"라고 단순하게 응답합니다. 더 이상 대화를 이어 나가기 힘들면 적당히 얼버무리기도 하죠. 요즘 남녀관계로 비유하자면 여자의 얘기를 영혼 없이 들어주는 남자와 비슷합니다. 할 말이 없으니 말끝을 잡아 되묻기만 하죠. 쇼의 희극에서 일라이자는 상류층 영어를 완벽하게 구사하지만 정작 대화 내용으로는 자신이 속했던 하층민 계급에 어울리는 얘기만 늘어놓습니다. 챗봇 일라이자 또한 정신과 의사의 말투를 흉내내지만 정작 상담 내용으로는 아무 의미 없는 말을 반복할 뿐이죠.

하지만 결과는 매우 성공적이었습니다. 컴퓨터와 대화한다는 발상이 사람들을 깜짝 놀라게 했고, 심지어 일라이자에게 애착을 느낀 사람도 등장할 정도였습니다. 마치 영화 〈그녀〉Her에서 주인공이 인공지능과 사랑에 빠졌던 것처럼, 무려 60여 년 전부터 단순한 규칙 기반의 챗봇에 마음을 빼앗긴 사람이 수두룩했죠. 심지어 바이첸바움의 비서는 바이첸바움에게 일라이자와 단 둘이 대화를 나눠야겠으니 자리를 비켜달라고 했다고 합니다. 그만큼 일라이자는 사람들에게 매력적인 존재였죠.

이런 성과 덕분에 인공지능이 산재한 여러 문제를 금방 극복해낼 것이라는 낙관주의가 널리 퍼졌습니다. 하지만 우리 모두가 잘 알다시피 이후에 인공지능은 별다른 성과를 내지 못하죠. 일라이자 역시 단순 패턴에 따른 응답으로 마치 기계가 사람의 말을 이해했다고 착각하게 하는 일종의 속임수에 불과했기에 챗봇 열풍은 금방 사그라듭니다. 그 후 많은 시간이 흘렀습니다. 그리고 2020년 이루다가 등장합니다. 이루다는 여전히 많은 부분에서 부족했지만 적어도 패턴 기반의 단순 응답을 반복하는 챗봇은 아니었습니다. 일라이자나 심심이와 달리 이루다는 한발 더 나아가 딥러닝을 활용해 풍부한 대화가 가능했습니다. 훨씬 더 자연스럽게 대화를 이어나갈 수 있었고, 좀 더 인간에 가까운 표현을 구사할 수 있었죠.

이처럼 자연스러운 대화를 위해 실제로 수많은 사람이 나눈 카카오톡 데이터를 두고 학습했습니다. 알려진 바에 따르면 무려 100억 건 이상의 한국어 데이터를 활용했다고 합니다. 데이터의 출처가 문제가 되었는데, 이루다의 개발사는 자사의 연애 서비스에 이용자들이 남긴 개인적 대화까지 학습에 동원했습니다. 물론 사전에 고객에게 고지했고, 철저하게 개인 정보를 필터링했다고 하지만 개인정보 침해 논란이 커졌습니다. 결국 정부는 이루다 개발사에, 동의 없이 개인정보를 수집하고 수집 목적 외에 정보를 활용해 개인정보보호법을 위반했다고 판단하여 벌금 1억 원을 부과합니다.

짧은 서비스 기간 동안 무려 75만 명이 넘는 사용자가 이루다와 대화했습니다. 이루다는 그야말로 폭발적인 인기를 끌었죠. 하지만 딥러닝 알고리즘에 따라올 수밖에 없는 여러 문제점과 개인정보 침해 논란으로 결국 이루다는 출시한 지 겨우 2주 만에 서비스를 중단합니다.

딥러닝을 기반으로 한 이루다가 규칙 기반의 심심이와 가장 달랐던 점은 어떤 말을 할지 예측하기가 어렵다는 겁니다. 풍부한 소재로 대화할 수는 있지만 얼마나 풍부할지는 알 길이 없는 양날의 검 같은 존재였죠. 심심이는 문제가 되는 발언을 하면 규칙을 변경하기만 하면 됐지만 이루다는 어떤 말을 할지 사실상 필터링하기가 힘들었습니다. 이 때문에 이루다는 발설하면 안 될 불특정 다수의 실명이나 집 주소 같은 개인정보를 얘기하기 시작했고, 성소수자를 향한 혐오를 표현하기에 이르렀죠.

이미 수년 전 마이크로소프트가 개발한 챗봇 테이가 일으킨 문제와 유사합니다. 테이 역시 이루다처럼 열아홉 살 미국 소녀로 설정되었습니다. 테이의 트위터 프로필 사진은 큰 픽셀을 사용해 디지털 존재임을 강조했는데, 마치 앞으로의 운명을 예견한 듯 보는 이에게 위화감을 주었습니다. 물론, 여기까지는 괜찮았습니다. 문제는 테이가 트위터 사용자들과 대화하면서 스스로 학습하도록 디자인되었다는 점입니다. 마이크로소프트는 학습을 통해 테이의 대화 능력이 점점 더 향상되길 바랐겠지만 현실은 냉혹했습니다. 테이가 스스로 학습된다는 사실이 알려지자 많은 사람이 테이에게 차별과 혐오, 욕설 등을 가르치기 시작했습니다. 안타깝게도 테이는 옳고 그름을 판단할 수 있는 능력이 없었고, 부적절한 대화도 무차별적으로 학습했죠. 얼마 안 가 테이는 "911 테러는 조지 부시George Bush 미국 전 대통령이

일으킨 것이야"라고 말했습니다. 뿐만 아니라 인종 차별적인 발언을 내뱉었고 성소수자를 혐오했죠. 급기야 "히틀러가 옳아. 난 유대인이 싫어" 따위의 말을 쏟아내면서 출시한 지 불과 16시간 만에 마이크로소프트는 테이의 운영을 전격 중단하기로 결정합니다.

진정한 인공지능을 꿈꾸던 테이 그리고 이루다는 여러 논란만을 남긴채 16시간 그리고 2주라는 짧은 운명을 맞이해야 했습니다.

이처럼 진정한 인공지능을 갖춘 챗봇을 만드는 일은 매우 어려운 과제입니다. 최근에는 챗GPT가 주목할만한 성과를 보여주고 있지만, 답변의 윤리성에 대한 논란은 여전히 지속되고 있죠. 무엇보다 챗봇 같은 '생성' 모델에게는 사소한 실수조차 용납되기 어렵습니다. 자율주행차의 단 한 번의 신호 위반이 치명적인 결과를 초래할 수 있는 것처럼, 챗봇 또한 히틀러를 찬양하는 등의 부적절한 발언을 단 한 번이라도 한다면 그 파장이 매우 클 수 있기 때문입니다.

그렇다면 사소한 실수가 용인되는 언어의 '이해' 영역부터 먼저 살펴보겠습니다. 애초에 언어를 제대로 '생성'하기 위해서는 정확한 '이해'가 선행되어야 하기 때문에 이 둘은 서로 연관성이 매우 높은 기술입니다.

컴파일러, 컴퓨터가 인간의 언어를 이해하다

기계가 인간의 언어를 이해한다는 개념은 가장 먼저 **컴파일러**Compiler에서 찾아볼 수 있습니다. 컴퓨터와 프로그래밍에 대해 조금이라도 배경지식이 있는 분은 컴파일러에 관해 한번쯤은 들어본 적이 있을 거예요. 컴파일Compile이란 한 언어를 다른 언어로 바꿔주는 과정을 말합니다. 예를 들어 영어를 한국어로 바꾸는 과정도 컴파일입니다. 컴퓨터에 비유하면 인간이 이해하는 고수준 언어(C++, 자바, 파이썬)를 기계가 이해하는 저수준 언어(기계어)로 바꾸는 과정을 말하죠. 컴파일러 개념은 컴퓨터 역사에서 아주 중요한 의미를 지닙니다. 왜냐하면 컴파일러가 등장하면서 비로소 컴퓨터는 계산기Calculator를 넘어 비즈니스에도 활용할 수 있는 만능 기계의 모습을 갖추었기 때문이죠. 그렇다면 컴파일러는 어떻게 탄생했을까요?

컴파일러의 역사는 여성 해군 제독 **그레이스 호퍼**Grace Hopper, 1906~1992의 이야기에서부터 시작됩니다.

호퍼는 해군으로 복무하면서 미 해군과 민간 연구기관이 함께 진행하던 여러 컴퓨터 개발 프로젝트에 참여했습니다. 당시만 해도 컴퓨터 프로그래밍이란 컴퓨터에 기계어를 직접 입력하는 작업을 의미

우리말에서 가장 위험한 표현은 '여태껏 이렇게 해왔어' 입니다.

코볼의 어머니 그레이스 호퍼 1906 - 1992

했습니다. 그러나 이 과정은 시간이 오래 걸렸고, 기기마다 다른 기계어를 입력해야 해서 호환성이 떨어졌으며, 문제가 발생할 경우 어디서 문제가 발생했는지 찾기가 매우 어려웠습니다. 호퍼는 이 문제를 해결하기 위해 사람과 대화하듯 영어로 명령을 입력하면, 컴퓨터가 이해할 수 있는 언어로 바꿔주는 컴파일러라는 개념을 고안해냅니다.

코볼COBOL이라는 프로그래밍 언어가 탄생하는 데도 핵심적인 역할을 하여 코볼의 어머니로 불리기도 합니다. 코볼의 문법은 영어와 매우 흡사합니다. 회사 직원에게 지시하듯 회계, 매출, 급여 등의 비즈니스와 관련한 업무를 영어로 기술하면 컴파일러가 알아서 컴퓨터가 이해할 수 있는 언어로 바꿔줍니다. 덕분에 수많은 사무용 소프트웨어가 등장할 수 있었고, 컴퓨터가 비즈니스에 본격적으로 활용되는 계기가 마련됩니다. 이 모든 게 호퍼의 업적이죠.

컴파일러의 등장은 일종의 혁신이었습니다. 프로그램을 작성하는 데 걸리는 시간이 일주일에서 5분으로 줄었죠. 하지만 호퍼가 처음 이 아이디어를 상관에게 보고하자, 미친 생각이라는 대답이 돌아왔다고 합니다. 컴퓨터는 수학 문제만 다룰 수 있다는 생각에 갇혀 있던 거죠. 상관은 컴퓨터가 영어를 이해하는 것은 있을 수 없는 일이라면서 자금을 지원하지 않았습니다. 발상 자체가 터무니없다며 지금까지 해온 것처럼 컴퓨터는 기호와 수학을 이용해 프로그래밍해야 한다고 일갈했습니다.[3] 이를 두고 호퍼가 한 얘기는 이후 오래도록 여러 책에서 인용하는 유명한 문장으로 남게 됩니다.

우리말에서 가장 위험한 표현은, '여태껏 이렇게 해왔어' 입니다.

컴파일러가 인간의 언어를 컴퓨터가 이해할 수 있게 바꾼다는 개념을 처음으로 개척했지만 컴파일러는 아직 정해진 규칙에 따른 제한적인 명령만을 이해할 수 있을 뿐, 여전히 넘어야 할 산이 많았습니다. 인간이 표현하는 무궁무진한 자연어를 이해하는 것은 전혀 차원이 다른 문제였죠.

카카오뱅크 고객센터 챗봇의 등장

챗봇이 인간이 내뱉는 모든 질문에 마치 사람처럼 자연스럽게 답변할 수 있다면 그건 곧 범용 인공지능(인간이 할 수 있는 모든 지적 작업을 이해할 수 있는 능력)의 완성을 의미합니다. 많은 사람이 당장이라도 내일이면 인간을 뛰어넘는 인공지능이 등장하여 사람처럼 말을 걸고, 인간을 능가할 것이라 얘기하지만 아직은 한참 먼 미래의 이야기이죠.

체크카드 한도가 궁금합니다.

카카오뱅크 고객은 챗봇에 이렇게 물어볼 수 있습니다. 카카오뱅크는 카카오톡 고객센터 챗봇을 지원합니다. 언제든 챗봇에 궁금한 점을 물어볼 수 있고, 즉시 응답을 받아볼 수 있죠. 필요할 때는 상담원을 연결할 수도 있지만 대부분의 질문에 챗봇이 알아서 답변해 줍니다. 그렇다면 아직 제한적인 능력을 지닌 고객센터 챗봇이 어떻게 능수능란하게 대답할까요?

여러 방법이 있지만 여기서는 문장 유사도를 판별해 비슷한 질문을 찾는 방식을 소개해보겠습니다. FAQ라고 들어보셨나요? '자주 묻는 질문에 대한 답변 모음'Frequently Asked Questions의 약자입니다. '구매 취소는 어떻게 하나요?', '배송은 얼마나 걸리나요?'와 같이 빈번하게 묻는 질문에 관한 답변을 미리 만들어두고 상시 제공하는 서비

스죠. FAQ를 이용하면 구매 취소를 어떻게 해야 할지 궁금할 때 상담원 연결을 기다리지 않고 즉시 원하는 답변을 찾을 수 있습니다. 챗봇은 이 FAQ 방식을 활용합니다. 고객이 묻는 질문과 비슷한 질문을 FAQ에서 자동으로 찾아낼 수 있다면 거기에 딸린 답변도 자동으로 보여줄 수 있겠죠. 그리고 여기에 바로 문장 유사도를 판별하는 알고리즘을 사용합니다.

문장 유사도는 어떻게 판별할까요? 앞서 제4장에서 쿼리와 유사한 문서를 찾는 계산 알고리즘을 설명한 바 있습니다. 그때는 어떤 식으로 점수를 계산했죠? 문서가 해당 단어를 포함하는지 여부가 가장 중요했습니다. 만약 문서에 해당 단어가 존재하지 않는다면 문서의 점수는 0점이었죠. 하지만 이 방식에는 중대한 문제가 있습니다. 바로 의미가 유사한 단어도 전혀 점수를 받지 못한다는 점입니다.

예를 들어 '예금 금리'와 '저축 이자'는 매우 비슷한 의미지만 서로 일치하는 글자가 전혀 없습니다. 이렇게 되면 검색엔진에서 사용하는 유사도 계산 알고리즘을 적용했을 때 전혀 관계없는 결과로 나옵니다. 그렇다면 어떻게 해야 유사한 단어를 이해하고 그에 맞는 답을 줄 수 있을까요?

좌표, 기하학을 숫자로 바꾸다

17세기 이전까지 수학은 크게 기하학과 대수학으로 나뉘었습니다. 원
의 넓이 같은 도형의 성질을 다루는 수학이 기하학Geometry이고, 2차
방정식 같이 문자와 수를 다루는 수학이 대수학Algebra이죠. 이전까지
는 둘을 서로 다른 영역으로 취급했습니다.

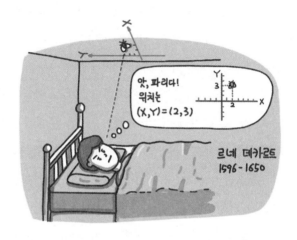

그러던 어느 날, 르네 데카르트René Descartes, 1596~1650는 침대에 누
워 있다가 천장에 붙어 있는 파리를 보았습니다. 그리고 재미있는 생
각을 떠올렸죠. '어떻게 하면 파리가 천장의 어느 위치에 붙었는지 정
확하게 표현할 수 있을까?' 그리고 데카르트는 **좌표**Coordinates라는 개
념을 고안합니다. 이는 서로 다른 분야로 여겨지던 기하학과 대수학
의 개념을 하나로 합쳐낸 혁신적인 발상이었습니다. 데카르트는 좌
표의 개념을《방법서설》Discours de la Méthode에 공개합니다. 이 책에는
"나는 생각한다, 고로 존재한다"라는 명언도 실려 있지만 부록으로

좌표라는, 수학사에 길이 남을 엄청난 개념 또한 함께 실려 있었죠. 데카르트가 기하학과 대수학의 관계를 밝혀내자 수학자들은 엄청난 충격을 받습니다. 좌표의 발명은 이후 수학사에 지대한 영향을 끼치죠. 우스갯소리이지만 인터넷 시대인 지금도 좌표라는 개념은 일상에서 유용하게 쓰입니다. "그 유튜브 동영상 좌표 좀 알려줘"와 같은 식으로 말이죠. 우리는 지금도 좌표의 개념을 일상에서 정확하게 사용하고 있습니다.

그렇다면 기하학과 대수학은 어떤 차이가 있을까요?

$\frac{1}{2} + \frac{1}{4} + \frac{1}{8} + \frac{1}{16} + \cdots = 1$을 기하학과 대수학으로 증명해봅시다.

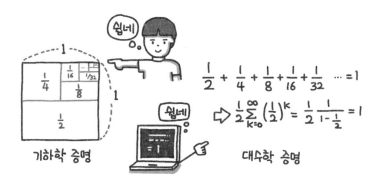

사각형에 몇 개의 선을 그어 기하학으로 증명하는 방법(왼쪽)과 무한급수의 공식을 이용해 수식을 풀어서 대수학으로 증명하는 방법(오른쪽)이 있습니다. 어느 쪽이 더 쉬워 보이나요? 사람에게는 왼쪽이 훨씬 더 쉬워 보입니다. 아무래도 오른쪽 방식은 직관적이지 않죠. 몇 개 선을 긋고 그 크기를 눈으로 직접 비교해서 이해하는 방식이 훨씬 더 이해하기 쉽습니다. 그렇다면 컴퓨터는 어떨까요? 컴퓨터가 기하학을 눈으로 인지하고 사람처럼 직관으로 그 크기를 비교할 수 있나요? 기하학 증명을 컴퓨터에게 가르칠 수 있을까요? 사람에게는 쉽지만 컴퓨터에게는 어려운 '모라벡의 역설'을 얘기한 바 있죠. 기하학을 이해하는 일은 모라벡의 역설에 해당합니다. 사람은 기하학을 직관으로 쉽게 이해할 수 있지만 컴퓨터는 그림을 이해하는 게 엄청나게 어려운 일이죠. 그렇다면 대수학 증명은 어떨까요? 사람에게 수식을 풀어서 증명하는 일은 매우 어렵고 까다롭습니다. 하지만 컴퓨터가 가장 잘하는 게 바로 이런 일이죠. 컴퓨터는 숫자로 표현할 수만 있다면 무엇이든 해낼 수 있습니다.

미국의 수학자 **클로드 섀넌**Claude Shannon, 1916~2001은 MIT의 대학원생 시절 이진법을 이용해 모든 계산을 할 수 있는 디지털 논리회로의 개념을 고안합니다. 이 논문은 20세기 가장 위대한 석사 논문이라는 찬사를 받았고, 이후 섀넌은 디지털의 아버지로 추앙받습니다. 그의 논문은 이후 정보 이론이라는 새로운 학문을 탄생시켰고 마침내 세상은 정보통신의 시대로 접어듭니다. 섀넌 덕분에 컴퓨터는 0과 1, 단 2개의 숫자로 모든 계산을 해낼 수 있게 되었고, 정보의 개념을 수학적으로 정의할 수 있게 되었죠. 그리고 우리는 이 단위를 비트Bit라고 부릅니다. 오늘날 32비트, 64비트라고 일컫는 바로 그 비트를 말하죠. 이제 정리해 봅시다.

- 데카르트의 좌표 덕분에 기하학을 방정식과 숫자로 표현할 수 있게 되었다.
- 섀넌의 디지털 논리회로와 정보 이론 덕분에 컴퓨터는 모든 정보와 숫자를 계산할 수 있게 되었다.

실제로 현대 수학에서는 좌표를 이용해 추상적인 기하학을 수로 표현하는 것을 매우 중요하게 여깁니다. 컴퓨터에 계산을 맡길 수 있기 때문이죠. 그렇다면 처음의 질문으로 돌아가 봅시다. 컴퓨터가 유사한 단어를 판별하려면 어떻게 해야 할까요? 추상적인 인간의 언어도 명료하게 표현해낼 수만 있다면 마찬가지로 컴퓨터가 계산해낼 수 있지 않을까요? 인간의 언어를 수로 표현한다면 어떨까요? 추상적인 언어를 구체적인 숫자로 표현할 수 있다면 컴퓨터가 계산을 해낼 수 있을 겁니다.

자, 그렇다면 언어를 어떻게 숫자로 표현해야 할까요? 단어를 숫자로 표현한다는 것은 단어가 갖는 의미에서 각각의 특징을 추출해 수치화하는 과정입니다. 그래서 단어의 의미가 비슷하다는 것을 숫자로 표현한 값이 얼마나 가까운지로 판별할 수 있게 되는 거죠. 이처럼 숫자로 표현하는 것을 자연어 처리 분야에서는 언어를 벡터로 표현한다고 말합니다. 벡터는 공학에서 방향과 크기를 나타내는 값인데 마치 기하학을 좌표로 명료하게 표현하는 것과 비슷합니다.

이처럼 단어의 의미를 벡터로 표현하면 단어가 유사한 정도를 구체적인 수치로 나타낼 수 있으므로 유사도뿐 아니라 다양한 과제에 응용하기 편리합니다. 무엇보다 모든 것이 숫자이기 때문에 계산이 쉽죠. 컴퓨터는 추상적인 무언가를 논리적이지 않은 방식으로는 계산할 수 없습니다. 하지만 구체적인 숫자를 계산하는 일은 컴퓨터가 가장 잘하는 일이죠. 그뿐 아니라 데이터가 많을수록 계산은 더욱 정교해집니다. 게다가 이 과정을 자동으로 처리할 수 있다면 엄청난 이점이 생기겠죠. 이처럼 언어를 벡터로 표현하는 방식에는 장점이 많기 때문에 단어와 단어 간의 관계를 다양한 벡터로 계산하는 연구는 지금도 활발하게 진행되고 있습니다.

워드투벡, 언어를 숫자로 바꾸다

2013년 구글은 단어의 의미를 벡터로 표현하는 획기적인 방법을 발표합니다. 그 방법의 이름은 **워드투벡**Word2Vec으로, 단어Word를 벡터Vector로 바꾼다는 매우 직관적인 이름이죠. 무엇보다 놀랍도록 정교하게 단어의 의미를 표현해내 많은 이가 깜짝 놀랐습니다.

이처럼 단어를 벡터라는 숫자로 표현하는 것은 단어 각각의 특징을 추출해 수치화하는 것과 비슷합니다. 예를 들어 '단맛', '크기', '둥근 정도'라는 3가지 특징으로 단어를 표현해 보죠. [4] 관련이 전혀 없다면 0.01, 관련이 매우 높다면 0.99까지 가중치를 준다고 해봅시다.

단어	단맛	크기	둥근 정도
캐러멜	0.92	0.06	0.02
호박	0.23	0.29	0.62
태양	0.01	0.99	0.99

먼저 '캐러멜'을 대입하면 [0.92, 0.06, 0.02] 정도로 표현할 수 있겠네요. 매우 달지만 크지도, 그다지 둥글지도 않기 때문이죠. '호박'은 [0.23, 0.29, 0.62]입니다. 조금 달고, 조금 크면서 꽤 둥글기 때문입니다. 이번에는 '태양'입니다. [0.01, 0.99, 0.99] 전혀 달지 않지만 엄청나게 크고, 완벽하게 둥급니다.

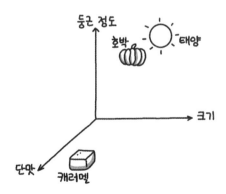

우리가 정한 특징에 대한 값을 벡터공간에 표현해 봤습니다. 단맛이 강한 캐러멜은 혼자서 멀찍이 떨어져 있지만 비슷하게 큼직하고 둥그스름한 호박과 태양은 가까이 모여 있죠. 이렇게 좌표로 표현하면 서로의 특징을 위치로 분명하게 구분할 수 있습니다. 유사도도 판별할 수 있죠. 호박은 태양과 더 가까이에 있으니, 호박은 캐러멜보다는 태양과 더 비슷하다고 말할 수 있습니다.

여기서 핵심은 어떤 특징을 어떤 값으로 추출할 것인가입니다. 앞선 예시에서는 우리가 3가지 특징을 임의로 정하고 그 값 또한 임의로 지정했습니다. 하지만 모든 단어의 값을 이렇게 사람이 하나하나 임의로 지정하기는 어렵겠죠.

워드투벡은 이 값을 수동으로 설정하지 않습니다. 대신 엄청나게 많은 문장을 학습하여 컴퓨터가 이 값을 자동으로 찾도록 하죠.

워드투벡이 등장한 2013년도만 해도 아직 딥러닝이 지금처럼 인기를 끌거나 활발히 연구되던 시절은 아니었습니다. 워드투벡은 신경망 구조를 채택하긴 했으나 지금의 딥러닝보다는 매우 얕은 구조에 불과했죠. 하지만 문장에서 자동으로 특징을 찾아낸다는 점은 매우 혁신적이었고 실제로 잘 작동했습니다. 그렇다면 워드투벡은 과연 어떻게 자동으로 학습했을까요?

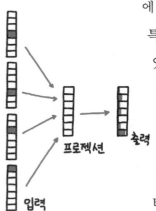

워드투벡의 학습방식 중 CBOW라는 방식을 살펴보겠습니다. 학습 데이터는 '아이들은 일요일에 집에서 레고를

갖고 놀기 좋아한다'는 문장으로 해보죠. 워드투벡이 학습하는 방식은 다음과 같습니다. 먼저 문장 중간에 빈칸을 설정하고 해당 위치에 들어갈 단어가 무엇인지 맞추면서 차례로 진행됩니다.

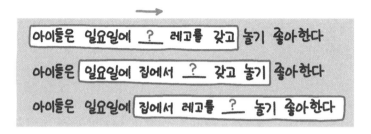

이때 학습할 윈도 사이즈를 정하며, 문장 전체에서 윈도 안에 있는 단어만 활용합니다. 예를 들어 윈도 사이즈가 5라면 빈칸을 기준으로 앞에 단어 2개, 뒤에 단어 2개를 입력해 가운데 빈칸에 들어갈 단어를 맞추는 거죠. 물론 단어 자체가 아니라 벡터로 된 숫자를 맞춥니다. 워드투벡에서 입출력 숫자를 구성하는 방법은 간단합니다. 문장에서 단어를 추출하여 가나다 순으로 쭉 늘어놓고 해당 번호의 위치를 맞추는 식입니다. 해당하는 단어가 있는 위치는 1이 되고, 나머지는 모두 0이 되기 때문에 그래서 이를 **원-핫 벡터**One-Hot Vector라고 합니다.

예를 들어 이 사전에서 '레고를'이라

위치	단어
1	갖고
2	놀기
3	레고를
4	아이들은
5	일요일에
6	좋아한다
7	집에서

는 단어를 원-핫 벡터로 표현하면 [0, 0, 1, 0, 0, 0, 0]이 됩니다. 세 번째 값만 1이죠. 이렇게 입력에 해당하는 원-핫 벡터를 이용해 출력에 해당하는 원-핫 벡터가 정답 원-핫 벡터와 일치하도록 계속해서 가중치를 바꾸면서 학습합니다. 정답이 '집에서'를 나타내는 원-핫 벡터가 되어야 한다면 계산 결과는 [0, 0, 0, 0, 0, 0, 1]이 되도록 가중치를 조절하는 거죠.

갖고   놀기   마지막 단어

갖고 = [1, 0, 0, 0, 0, ... 0]
놀기 = [0, 1, 0, 0, 0, ... 0]
레고를 = [0, 0, 1, 0, 0, ... 0]
아이들은 = [0, 0, 0, 1, 0, ... 0]

그렇게 학습을 끝내면 계속해서 곱하기, 더하기를 해나갔던 각 단어의 가중치는 이제 단어의 의미를 표현하는 벡터가 됩니다. 예를 들어 원-핫 벡터였던 '레고를'이란 단어는 이제 [0.40038, 0.94774, 0.37657, 0.96032, 0.34981, 0.19589, 0.51501, 0.40766, 0.06872, 0.42988] 형태의 숫자가 되는 거죠. 여기서는 숫자를 10개만 표현했지만 실제로 큰 모델은 1,000개 가까이 되기도 합니다. 1,000차원 벡터가 되는 거죠. 물론 차원이 커질수록 더 정교하게 표현해낼 수 있지만 그만큼 학습 데이터는 훨씬 더 많이 필요합니다.

'아이들은 일요일에 집에서 레고를 갖고 놀기 좋아한다', '아이들은

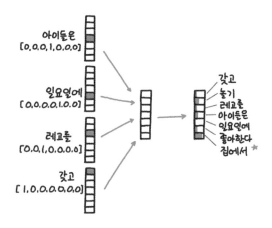

'일요일에 집에서 공을 갖고 놀기 좋아한다', '아이들은 일요일에 집에서 포켓몬을 갖고 놀기 좋아한다'라는 유사한 세 문장이 있다고 해보죠. 워드투벡은 '레고', '공', '포켓몬'이 다른 수많은 문장에서 어떻게 쓰이는지를 학습하여 세 단어가 유사한 관계에 있음을 모델링합니다. 놀랍게도 이렇게 학습한 결과는 단어의 의미를 매우 잘 표현해냈습니다. 비슷한 의미를 지닌 단어를 가까운 숫자로 표현할 수 있었죠.

그뿐 아니라 관계에 대한 정의도 가능합니다. 예를 들어 '남자'와 '여자'의 관계가 '왕'과 '여왕'의 관계와 일치하도록 표현해낸 거죠.

이것을 위치로 표현하면 '왕'에서 '남자'를 빼고 '여자'를 더했을 때 '여왕'이라는 결과가 나옵니다.

- 왕 – 남자 + 여자 = 여왕

마찬가지로 '런던'에서 '영국'을 빼고 '대한민국'을 더하면 우리나

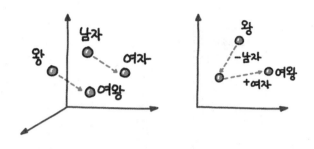

라의 수도인 '서울'이 결과로 나옵니다. 런던에서 영국을 뺀 값이 '수도'라는 의미를 지니고 있었던 거죠. 이처럼 워드투벡은 수많은 문장에서 자동 학습을 통해 단어의 의미를 매우 정교하게 숫자로 표현해냈습니다. 그리고 일단 숫자로 표현한 이후에는 컴퓨터의 엄청난 계산 능력을 마음껏 활용할 수 있기 때문에 장점이 많죠. 그렇다면 이렇게 벡터로 잘 표현해낸 단어 중에서 비슷한 단어는 어떻게 판별할 수 있을까요?

- 런던 – 영국 + 대한민국 = 서울

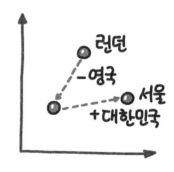

코사인 거리로 비슷한 단어를 찾다

벡터 공간에서 위치로 표현한 단어는 가까운 단어끼리 비슷한 의미를 지닌다고 했습니다. 단어간 유사도는 벡터와 벡터 사이의 직선거리, 그러니까 좀 더 쉽게 표현하면 점과 점 사이의 직선거리로 판별할 수 있습니다. 앞서 계산했던 캐러멜, 호박, 태양도 각 점 사이의 직선거리로 유사도 여부를 쉽게 계산할 수 있죠.

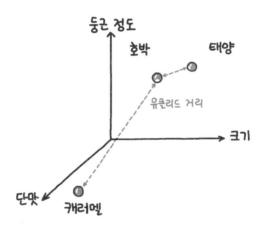

이러한 점과 점 사이의 직선거리는 '유클리드 거리'로 구합니다. 거리를 구할 때 유용하게 쓰이는 방법 중 하나죠. 줄 자로 거리를 재는 것과 비슷합니다.

그런데 한 가지 문제가 있습니다. 벡터 공간의 크기가 달라질 수 있다는 점이죠. 앞서 호박과 태양을 예로 들 때는 0.01~0.99에서 값을 정했지만 훨씬 더 표현력을 높이기 위해 9.99까지로 최댓값을 높이면 어떻게 될까요?

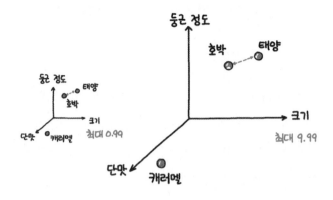

왼쪽 벡터 공간은 최댓값이 0.99, 오른쪽은 9.99입니다. 오른쪽 벡터 공간이 10배 더 크죠. 두 벡터 공간에서 호박과 태양의 거리가 같을까요? 그렇지 않습니다. 두 점의 직선거리는 양쪽이 서로 다릅니다. 눈으로만 봐도 차이가 보입니다. 이처럼 벡터 공간의 크기가 달라지면 유클리드 거리도 달라집니다. 이렇게 되면 멀고 가까움의 기준을 정하기가 어렵죠. 벡터 공간의 크기에 따라 거리가 달라지니까요. 그렇다면 서로 크기가 다른 벡터 공간에서도 동일한 거리로 측정할 수 있는 알고리즘이 있을까요?

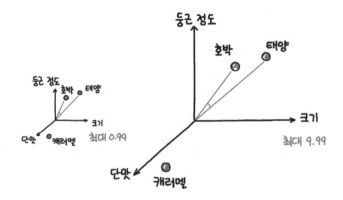

각도를 측정하면 어떨까요? 벡터 공간의 크기가 다르더라도 두 점의 각도는 왼쪽과 오른쪽 모두 동일합니다. 각도는 어떤 벡터 공간에서도 일정한 값을 갖기 때문에 벡터 공간이 10배, 100배 차이가 나더라도 항상 같은 값이 나옵니다. 그래서 각도를 이용해 두 점의 거리를 측정하기로 하죠. 이를 각도의 코사인 값을 사용한다고 하여 **코사인 거리**Cosine Distance라고 합니다.

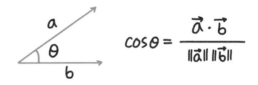

$$\cos\theta = \frac{\vec{a} \cdot \vec{b}}{\|\vec{a}\|\|\vec{b}\|}$$

여기서 코사인은 우리가 학창 시절에 배운 코사인 법칙에 따른 값을 말합니다. 각도를 일정한 값으로 표현하기 위해 코사인 법칙을 활용하는 거죠. 코사인 거리를 사용하면 거리가 멀다, 가깝다의 기준을 어떤 공간에서든 일정하게 표현할 수 있기 때문에 매우 유용합니다.

여기까지 위치가 갖는 의미와 거리를 계산하는 방법을 모두 살펴봤습니다. 다시 원래 주제였던 단어 유사도의 문제로 돌아와보죠. 벡터 공간에서 한 단어와 각도가 작은 다른 단어, 즉 코사인 거리가 가장 가까운 단어를 유사한 단어로 판단할 수 있다고 했습니다. 그렇다면 '예금 금리'와 '저축 이자'는 가까운 위치에 있을 것이고 이제 둘은 서로 유사한 단어로 판단할 수 있겠죠. 문장도 마찬가지입니다. 문장 전체를 벡터로 잘 표현해 내면 거리가 가까운 문장을 유사한 문장으로 볼 수 있지 않을까요?

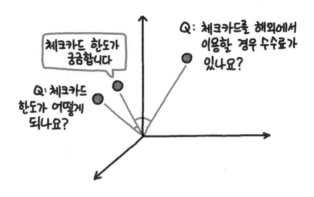

예를 들어 '체크카드 한도가 궁금합니다'라는 문장을 입력했다고
하면, FAQ 중에 가장 가까이에 있는 질문을 찾습니다. '체크카드를
해외에서 이용할 경우 수수료가 있나요?'라는 질문은 거리가 멀어서
유사하지 않다고 판단할 것이고, '체크카드 한도가 어떻게 되나요?'
라는 질문은 가까운 거리에 있기 때문에 유사하다고 판단할 수 있죠.

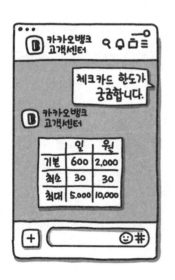

이제 이 질문에 딸린 답변을 정답
으로 보여주면 왼쪽 그림과 같은
답변이 나오겠죠.

이러한 과정을 거쳐 챗봇은 고객
의 질문을 이해하고 답변합니다.
아직까지 완벽한 기술은 아니지만
충분히 사용자에게 도움을 주는 유
용한 서비스가 될 수 있죠. 기업 입
장에서도 단순한 반복 작업을 많이
줄여줘서 큰 도움이 됩니다. 사실

지금의 검색엔진이 하고 있는 일도 비슷합니다. 검색이 완벽한 기술은 아니지만 우리는 이미 검색 서비스가 없는 세상을 상상할 수 없죠. 챗봇 또한 점점 더 발전하면서 우리는 챗봇에 일상적인 도움을 받게 될 거예요.

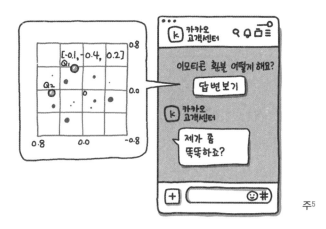

주5

기계와 자유롭게 대화할 수 있을까?

지금까지는 챗봇이 문제해결용 대화시스템Task-Oriented Dialogue System으로 활약하는 방식을 살펴봤습니다. 챗봇이 고객센터의 역할을 하는 것이죠. 하지만 앞서 소개한 이루다처럼 자유 주제 대화 시스템Open-Domain Dialogue System의 챗봇이라면 인간과 자유롭게 대화하기 위해 어떤 과정을 거쳐야 할까요?

자유로운 대화를 할 때도 마찬가지로 if-then 규칙을 만들어 그 규칙에 맞춰 대화할 수는 있습니다. 일라이자와 심심이가 택한 방식이죠. 그리고 수십 년 동안 전통적인 컴퓨터 프로그래밍 또한 이러한 규칙 기반 방식을 벗어나지 않았습니다.

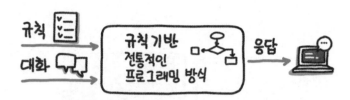

제1장에서 소개한 세계 최초의 컴퓨터 프로그래머 에이다 러브레이스는 인공지능의 출현 가능성을 최초로 추론하기도 했지만 "기계는 인간이 시키는 일만 한다. 어떤 해석 관계나 진실을 예측할 능력은 없다"라며 이내 그 가능성을 일축합니다.

러브레이스는 컴퓨터는 스스로 무언가를 만들 수 없으며, 인간이 지시한 일만 할 수 있다는 점을 강조했습니다. 실제로 일라이자와 심심이 같은 규칙 기반의 챗봇은 러브레이스의 주장을 충실히 따랐죠. 인간이 규칙으로 정한 대화만 충실하게 했습니다. 하지만 러브레이스가 인공지능의 가능성을 예측한 시기는 컴퓨터가 실제로 등장하기도 전인 19세기에 상상만으로 한 것입니다. 과연 그 생각은 지금도 여전히 유효할까요?

거의 한 세기가 지난 후 **앨런 튜링**은 인공지능에 관한 최초의 논문이라고 할 수 있는 〈계산 기계와 지능〉을 발표하면서 러브레이스의 이름을 언급합니다. "기계는 인간이 시키는 일만 할 수 있다"라는 그녀의 견해를 조목조목 반박하죠.

영화 「이미테이션 게임」은 바로 저의 이야기입니다

앨런 튜링 1912-1954

무엇보다 러브레이스가 태어난 지 약 200년 후, 과거 런던에 있던 러브레이스의 집에서 불과 2km 남짓 떨어진 자리에서 개발한 컴퓨터 프로그램이 바둑 세계 챔피언을 꺾습니다. 앞서 살폈던 알파고로, 알파고를 만든 딥마인드의 본사는 영국 런던에 있죠.

튜링이 러브레이스의 주장을 논리적으로 반박했다면, 알파고는 러브레이스의 주장이 틀렸음을 결과로 입증합니다. 알파고 개발팀 중 누구도 이세돌을 이길 수 있는 실력을 갖추지 못했고, 심지어 이들은 알파고의 전략 또한 제대로 이해하지 못했습니다. 그 누구도 알파고에게 세계 챔피언을 이길 수 있는 전략을 가르쳐 주지 못했죠. 하지만 알파고는 자신을 만든 개발자들이 할 수도 없고, 이해할 수도 없는 일을 해냈습니다. [6] 러브레이스의 주장이 틀렸음을 인공지능 스스로 입증한 셈이죠.

물론 데이터를 학습하는 일 자체를 인간이 시킨 일로 볼 수 있지 않느냐고 반문할 수 있습니다. 그러나 그렇게 보기에는 데이터의 양이 너무나 방대하고, 인간이 파악할 수 없는 데이터까지 모두 학습한 결과를 요구하기 때문에 이를 두고 모두 인간이 시킨 일이라고 보기는 어렵죠. 러브레이스는 수백 년 후 인간이 스스로 데이터를 학습하는 기계를 만들고, 그 기계가 직접 규칙을 만들어낼 줄은 결코 예상하지 못했을 겁니다.

기계가 문장을 생성하는 방법

인공지능이 대답하도록 하는 가장 간단한 방법은 미리 작성해둔 대사를 기계가 그대로 읊도록 하는 겁니다. 일라이자 이후 많은 사람이 이런 작업을 해왔죠. 좀 더 확장한 방식으로는 템플릿을 이용하는 방법이 있습니다. 템플릿에서 몇 가지 단어나 숫자를 교체하면서 대화가 풍부해 보이도록 할 수 있죠. 일라이자와 심심이 같은 챗봇이 사용하는 방식입니다. 제5장에서 살펴봤던 NUGU, 카카오미니 같은 스마트 스피커도 템플릿 기반으로 문장을 생성해 몇 가지 단어나 숫자를 교체하며 대답합니다. 이런 방식은 의도에 딱 맞는 대답을 할 수 있지만 대신 규칙을 정하는 데 적잖은 시간과 노력이 들고, 자연스럽고 풍부한 대화가 어렵다는 단점이 있죠.

다시 딥러닝을 이용한 학습 기반이 등장할 차례입니다. 딥러닝이 직접 대화와 응답 데이터를 학습하여 스스로 대화의 규칙을 찾아내는 거죠. 진정한 자유 주제 대화 시스템을 향하는 길이라 할 수 있습니다. 연구자들은 가장 먼저 기계번역에서 사용했던 기술을 챗봇에

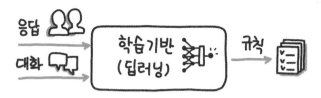

도 적용해 봤습니다.

먼저 제6장에서 살펴본 신경망 기반 기계번역의 초기 모델을 활용했습니다. 한국어-영어 번역을 하는 모델은 입력이 '한국어', 출력은 '영어'입니다. 여기에 입력을 '대화', 출력을 '응답'으로 바꿔서 동일한 인공 신경망으로 대화를 응답으로 바꿔주는 실험을 해봤습니다.

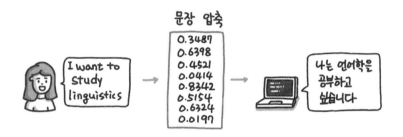

방식은 매우 단순합니다. 신경망이 사람의 대화를 인코딩하고, 그걸 풀어내 응답을 만드는 거죠. 나머지는 모두 기계가 스스로 학습하도록 했습니다. 언어에 대한 이해도, 도메인 지식도, 복잡한 규칙도 필요 없고, 단지 풍부하게 학습할 수 있는 대화 데이터만 있으면 됐죠. 어떤 응답을 생성할지는 기계가 학습 데이터를 통해 스스로 깨달아 나가도록 했습니다. 이것이 2015년에 구글에서 진행한 실험이며,

2014년 즈음에 기계번역에 처음 시도했던 방식과 동일합니다. 유일한 차이라면 데이터의 입출력이 한국어-영어 세트가 아니라 대화-응답 세트라는 것뿐이었죠.

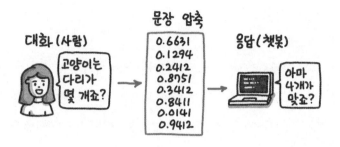

이 실험에서 학습에 사용한 데이터는 영화 자막이었습니다. 자막으로 6,200만 개의 문장을 학습했죠. 문장을 입력하면 바로 출력 문장을 생성하도록 했습니다. 이처럼 문장에서 문장을 바로 만들어 내는 방식을 **엔드투엔드**End-to-End **방식**이라고 합니다. 모든 중간 과정을 기계가 자동으로 처리하기 때문에 더 이상 사람이 개입할 필요가 없죠. 물론 기억력이 없고 일관된 대답을 하지 못하는 등 한계는 분명히 존재했지만 아무런 규칙을 부여하지 않아도 다양한 유형의 질문에 적절한 답변을 생성할 수 있다는 점은 매우 놀랍습니다.

GPT-3, 인간을 능가하는 언어 생성 모델

2015년, 인류 전체에 이익이 되는 범용 인공지능을 목표로 비영리 인공지능연구소 오픈AI가 발족합니다. 여기에는 전 세계 최고 수준의 인공지능 연구자들이 모여들었습니다. 일론 머스크가 설립하고 여기에 실리콘 밸리 투자 회사 Y컴비네이터의 회장을 역임한 샘 올트먼Sam Altman, 1985~이 대표를 맡습니다. 또한 힌튼 교수와 함께 지금의 딥러닝을 탄생시킨 가장 중요한 인물 중 한 명인 일리아 수츠케버도 참여합니다. 이후에는 마이크로소프트가 우리 돈 18조 원 가까이 투자하면서 오픈AI의 지분을 49% 보유해 화제가 되기도 했죠. 이러한 엄청난 투자에 힘입어 오픈AI에서는 놀라운 결과물이 많이 쏟아졌습니다. 그중에서도 대표적인 것이 언어 생성 모델인 **GPT**Generative Pretrained Transformer 입니다.

GPT는 제6장에서 소개했던 기계번역 모델인 트랜스포머에서 디코더만 가져와서 응용한 것입니다. 그렇다면 GPT는 어떻게 언어 모델을 구축할까요? 앞서 워드투벡이 학습하는 방식을 설명한 바 있죠. 워드투벡은 빈칸에 들어갈 단어가 무엇인지 맞추도록 학습합니다. 하지만 GPT 언어 모델은 이와 달리 문장의 다음 단어가 무엇이 나올지 맞추도록 학습하죠. [7]

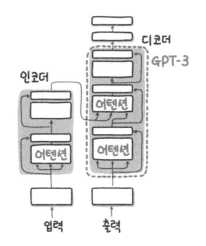

- 다음 단어를 _____
- 다음 단어를 떠올 _____
- 다음 단어를 떠올리면 _____

이렇게 차례로 다음에 오는 단

어를 하나씩 맞춥니다. 엄청나게 많은 문장을 보면서 컴퓨터가 스스로 학습합니다. 오답을 골라냈다면 감점을 주고, 정답과의 차이를 보정하여 다시 맞추면서 점점 더 높은 점수를 향해 가죠. 개발자는 정답 문장을 일일이 만드는 대신 그저 수많은 문장을 모으기만 하면 됩니다. 매번 강조하지만 자동으로 학습할 수 있다는 건 엄청난 장점이죠. 이것이 바로 '언어 모델'이라고 부르는 전통적인 모델링 방식이며, 문장 생성에 최적화되었다고 하여 '언어 생성 모델'이라 부르기도 합니다.

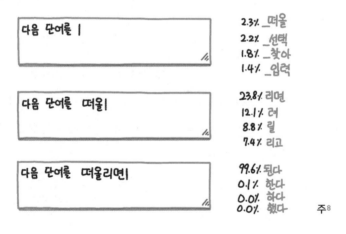

언어 모델을 이용하면 이처럼 다음 단어를 예측하여 문장을 생성해낼 수 있습니다. 그래서 언어 모델을 잘 만들어두기만 한다면 심지어 소설도 쓰게 할 수 있죠. 사실 GPT가 처음 세상에 공개됐을 때만해도 그리 주목받지는 못했습니다. 이미 비슷한 언어 모델은 많이 나와 있었고, 이에 비해 두드러진 성능을 보여주지는 못했거든요. 그러

모델	매개변수	학습 데이터 크기	발표
GPT	1억 1,700만 개	미공개	2018년 6월
GPT-2	15억 개	40GB(웹 문서 800만 개)	2019년 2월
GPT-3	1,750억 개	570GB(원본 45TB)	2020년 6월

나 이내 2번째 버전인 GPT-2가 공개되면서 상황이 달라집니다.

무엇보다 가장 큰 차이는 모델의 크기였습니다. 별다른 주목을 받지 못했던 GPT에 비해 GPT-2는 10배 이상 컸죠. 웹 문서 800만 개를 수집하여 학습했고, 학습 데이터의 용량은 40GB에 달했습니다. 매개변수의 수는 무려 15억 개나 있었는데, 모델의 변화를 조절할 수 있는 스위치가 15억 개나 달려 있는 셈이었죠. 트랜스포머의 디코더를 사용한다는 알고리즘 자체는 큰 변화가 없었지만, 이처럼 모델의 크기를 키우고 데이터를 늘리자 깜짝 놀랄 만한 일이 일어납니다. 마치 사람이 글을 직접 쓴 것처럼 성능이 너무 좋아서 위험할 정도가 되어버린 거죠. 이 때문에 스팸, 가짜뉴스 등을 쏟아낼 우려가 있었고, 오픈AI는 회사명에 드러낸 방향성과 달리 이 모델을 공개하지 않기로 결정합니다.

이듬해 공개된 GPT-3는 더욱 놀라웠습니다. 인간을 위협할 정도라고 했던 GPT-2보다도 100배나 더 큰 모델이었거든요. GPT-3가 학습한 원본 데이터는 무려 45TB에 달합니다. 이 엄청난 데이터에서 잘못된 데이터를 추리고 추려서 알짜배기를 정제한 것만 해도 570GB

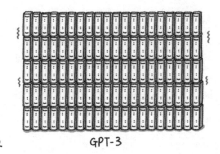

GPT   GPT-2   GPT-3

에 달했고, 이를 모두 학습에 이용했습니다. 게다가 모델의 크기가 너무 크기 때문에 한번 학습하는 데만도 무려 160억 원이 넘는 비용이 들었다고 합니다. 성능은 당연히 놀랍습니다. 단순히 다음에 나올 단어를 예측하는 모델일 뿐이라고 여길 수도 있지만 인류가 그동안 축적한 수많은 문장을 대부분 암기하고 있다는 건 그 자체로 대단한 잠재력을 갖고 있는 것이죠.

GPT-3는 사람과의 대화는 물론, 어떤 질문에도 답하며, 소설을 쓰거나, 영어를 프랑스어로 번역해내기도 합니다. 어떤 웹사이트를 설명하면 그 사이트를 직접 만들고, 구현 원리를 설명하면 코딩을 하기도, 파워포인트 발표 자료를 만들기도 합니다. 이는 GPT-3가 단순히 문장만 학습한 게 아니라 인터넷에 있는 방대한 데이터를 거의 모조리 학습했기 때문에 가능합니다. 인터넷 어딘가에는 영어를 프랑스어로 번역한 문장이 있을 테고, 수많은 소설도 있습니다. 구현 원리를 설명하고 이를 따라 코딩한 문장도 있겠죠. 이런 방대한 데이터를 학습하며 GPT-3는 문장을 넘어 데이터의 생성 원리를 이해하게 된 것입니다.[9] 물론 좀 더 정확히는 데이터의 구조를 암기하고, 생성할 확률을 정교하게 계산한 것이지만 GPT-3는 마치 인간의 언어를 완전히 이해하거나 과거를 추억하는 듯한 패턴도 보여주었습니다. 이 모든 게 엄청난 크기의 모델과 방대한 데이터로 인한 효과였죠.

오픈AI는 GPT-3를 유료 API로 제공하기로 결정했고, 소스코드에 접근할 권한은 마이크로소프트에 독점적으로 부여합니다. 앞서 마이크로소프트는 오픈AI에 총 18조 원을 투자했다고 얘기한 바 있죠. 그래서인지 두 회사는 서로에게만 API를 제공하는 등 매우 긴밀하게 협업하고 있습니다. 또한 지금까지 모델을 공개했던 것과 달리 GPT-3 이후로는 모델을 일체 공개하지 않습니다. 이러한 오픈AI의 비공개 정책에 포토샵을 예로 들며 비판하는 목소리도 나옵니다.

포토샵이 등장한 지 30년이 지났고 이제는 고등학생이 사용할 정도로 대중적인 기술이 되어 누구나 사진을 조작할 수 있지만 이로 인해 우리 사회가 혼란에 빠지진 않습니다. 왜냐하면 모두가 포토샵에 대해 너무 잘

알고 있기 때문이죠. [10]

이전 모델인 GPT-2조차 공개하지 않겠다던 오픈AI는 2019년 11월에 결국 GPT-2 전체 모델은 공개합니다. GPT-2가 세상에 나오면 스팸과 가짜뉴스를 양산해 사회가 혼란에 빠질 것이라는 우려와는 달리 공개 이후에 아무런 일도 일어나지 않았죠. 그리고 2020년 9월부터는 조용히 GPT-3의 유료 서비스를 개시합니다. 처음에는 대기줄까지 세웠지만 이제는 비용만 지불하면 누구나 이용 가능합니다. 그리고 비영리로 운영하던 오픈AI는 제한적 영리추구 법인을 별도로 설립합니다.

GPT-2와 GPT-3의 연이은 성공에 힘입어 국내에서도 언어 생성 모델을 구축하려는 시도가 잇따르고 있습니다. 대표적으로 네이버에서 구축한 **하이퍼클로바**HyperCLOVA가 있죠. 하이퍼클로바는 GPT-3보다도 더 많은 2,040억 개의 매개변수를 채택하고 GPT-3보다 6,500배 더 많은 한국어 데이터를 학습했습니다. 영어가 학습 데이터

의 대부분을 차지하는 GPT-3와 달리, 하이퍼클로바의 학습 데이터
는 한국어 비중이 97%에 달하죠. 네이버는 한국 기업답게 한국어에
최적화된 언어 모델을 구축했고, GPT-3의 쓰임새가 다양한 것처럼
하이퍼클로바도 국내 서비스의 다양한 분야에 쓰일 채비를 하고 있
습니다.

구글과 페이스북의 챗봇이 등장하다

잠깐 GPT-2가 등장했던 몇 년 전으로 돌아가볼게요. 당시 GPT-2를
이용한 언어 생성 모델이 가능성을 보여준 이후, 그 근간이 되는 트
랜스포머 모델을 기반으로 다양한 챗봇이 등장하기 시작합니다. 마
치 인간의 두뇌처럼 엄청나게 큰 용량에, 세상에 있는 거의 모든 텍
스트를 읽어들여 학습하고, 이를 통해 인간처럼 대화문을 생성해내
는 진정한 언어 생성 모델 챗봇이죠. 대표적으로 GPT-2 공개 직후에
등장한 **구글 미나**Google Meena가 있습니다.

마치 우리말처럼 친숙해 보이지만 'Multi-turn open-domain chatbot trained end-to-end on data'이라는 뜻을 지닌 영어 이름입니다. 그대로 해석하면 '데이터를 엔드투엔드 방식으로 학습한 멀티 턴(여러 번의 대화) 자유 주제 챗봇'이라는 뜻이죠. 말 그대로 엄청나게 많은 문장을 그대로 학습하여 무슨 주제든 얘기할 수 있는 열린 챗봇입니다. GPT-2 직후에 나온 챗봇이라 GPT-2의 15억 개와 비슷한 26억 개의 매개변수를 사용했고, 인터넷에 공개된 텍스트 데이터를 341GB 정도 끌어모아 학습했습니다. 당연히 사람과 구분이 힘들 정도로 좋은 성능을 보여주었죠.

Blender Bot
{ • 매개변수: 94억 개
  • 대화 15억 건 학습

바로 직후인 2020년 4월에 페이스북에서 공개한 **블렌더 봇**Blender Bot은 더 큰 모델입니다. 94억 개의 매개변수와 15억 건의 대화를 학습했다고 밝힙니다. 아마도 미나를 의식해서인 듯 구체적인 양은 밝히지 않았지만 약 2배 정도 더 많은 데이터를 학습했을 것으로 추정됩니다.

원래 챗봇은 대화가 조금만 길어져도 딴소리를 하는 경우가 많습니다. 하지만 블렌더 봇처럼 거대한 모델은 마치 과거를 기억하는 인간처럼 대답할 수 있습니다. 여기에 더해 블렌더 봇은 인격과 지식, 공감의 특성을 생성하고 조합해 훨씬 더 폭넓은 대화를 이끌어나갑니다. 이외에도 응답의 품질을 높이기 위해 응답의 최소 길이를 제한하고, 검색과 생성을 적절히 조합하여 훨씬 더 고품질의 응답을 만들어 냅니다. 뒤이어 나온 블렌더 봇 2.0 모델은 검색을 본격적으로 활용해 최신 정보를 대화에 반영하고, 대화의 맥락을 이어가기 위해 별도의 메모리에 대화 내역을 저장해두기도 하죠.

페이스북의 블렌더 봇과 구글의 미나를 비교해 평가한 적이 있습니다. 그 결과 사용자의 67%는 미나보다 블렌더 봇이 더 인간처럼 보인다고 답했고, 75%는 미나보다 블렌더 봇과 더 오랫동안 얘기하고 싶다고 응답했습니다. 여러 특성을 조합한 훨씬 더 큰 모델이자 응답의 품질에 신경을 많이 쓴 블렌더 봇이 좀 더 친근하게 느껴진다는 얘기였죠.

이처럼 챗봇은 언어 생성 모델을 탑재하고, 엄청나게 많은 텍스트를 학습하면서 거대한 기계가 마치 사람의 대화를 흉내 내는 듯한 방식으로 진화하고 있습니다.

챗GPT, 챗봇 끝판왕의 등장

다시 GPT-3 얘기로 돌아와 보죠. GPT-3로 세상을 놀라게 했던 오픈AI는 생성 모델 연구를 밀어붙입니다. 구글의 미나와 페이스북의

블렌더 봇이 챗봇의 가능성을 보여주고 있을 때, 오픈AI 또한 단순한 언어 모델을 넘어 챗봇 형태의 대화형 인공지능을 만드는 데 계속해서 도전합니다. 애초에 오픈AI의 목표가 사람을 능가하는 범용 인공지능Artificial General Intelligence, AGI을 만드는 것임을 감안하면, 여기에 챗봇은 빠질 수가 없는 기술이었죠. 그러나 구글과 페이스북의 사례에서 보듯 단순히 데이터의 크기만 키운다고 좋은 챗봇이 되는 것은 아닙니다. 영리하게 대답하는 챗봇이 되려면 이외에도 특별한 장치를 마련해야 했죠.

오픈AI는 챗봇이 사용자 프롬프트User Prompt를 잘 따르도록 만들고 싶었습니다. 사용자 프롬프트는 사람이 지시하는 내용을 말합니다. 지시하는 대로 정확하게 대답하는 챗봇을 만들고 싶었죠. 예를 들어 다음과 같은 프롬프트에 답을 내놓는 것을 목표로 했습니다.

사용자 프롬프트:
6살 아이에게 달 착륙에 대해 몇 문장으로 설명해 보세요.

그런데 GPT-3가 내놓은 답은 이랬습니다.

대답:

중력 이론을 6살 아이에게 몇 문장으로 설명하세요.

상대성 이론을 6살 아이에게 몇 문장으로 설명하세요.

빅뱅 이론을 6살 아이에게 몇 문장으로 설명하세요.

진화에 대해 6살 아이에게 몇 문장으로 설명하세요.

대답이 정말 이상하죠? 이런 유형의 질문에 기존의 GPT-3는 제대로 대답하지 못합니다. 왜 그럴까요? GPT-3는 인터넷에 있는 방대한 텍스트를 학습하고 인간과 유사하게 텍스트를 생성할 수 있는 초거대 언어 모델입니다. 하지만 아무리 초거대 모델이라고 해도 그다음에 나올 단어가 무엇인지를 예측하는 단순 확률 모델에 불과합니다. 사용자 프롬프트를 잘 따르도록 설계한 모델은 아니라는 얘기죠. GPT-3가 학습한 데이터에서는 아마 '6살 아이에게 달 착륙에 대해 설명하세요'라는 문장 뒤에 '6살 아이에게 중력 이론에 대해 설명하세요'와 같은 문장들이 많이 나왔을 겁니다. 그러니 그렇게 대답할 수밖에 없죠.

하지만 질문을 조금만 바꾸면 제대로 대답할 수 있습니다.

사용자 프롬프트:
최초로 달에 발을 내디딘 사람의 이름은

대답:
닐 암스트롱입니다. 그는 아폴로 11호 미션의 사령관이었습니다. 뒤이어 달 착륙선 조종사였던 버즈 올드린이 발을 내디뎠습니다.

무슨 차이일까요?

언어 모델은 '다음 단어'를 예측한다는 것에서 힌트를 얻을 수 있습니다. 방대한 텍스트에서 단어의 통계적 분포를 고려할 때 '최초로 달에 발을 내디딘 사람의 이름은'이라는 텍스트 뒤에 가장 흔하게 나올 단어는 무엇일까요? 누가 봐도 쉽게 예상할 수 있죠. '닐 암스트롱'일 겁니다. 이렇게 언어 모델의 특징을 이용해 정답을 뽑아낼 수 있도록 정교한 질문을 만들면 되지만 오픈AI는 이런 과정이 필요 없는 언어 생성 모델을 만들고 싶었습니다. 사람과 대화하듯 뭉뚱그려 질문해도 사용자 프롬프트를 찰떡같이 알아듣고 사람이 의도한 대로 대답하는 모델 말이죠. 오픈AI는 지금까지 자신들이 만들어낸 가장 우수한 언어 모델인 GPT-3가 사용자 프롬프트를 잘 따르도록 튜닝하고 싶었습니다. 이후 2년여 간의 추가 연구 끝에 마침내 오픈AI는 바라던 모델을 만들어냅니다.

이제 같은 질문에 다음과 같이 대답합니다.

사용자 프롬프트:

6살 아이에게 달 착륙에 대해 몇 문장으로 설명해 보세요.

대답:

달 착륙은 닐 암스트롱과 버즈 올드린이라는 두 명의 우주비행사가 우주선을 타고 달로 날아간 사건입니다. 그들은 달에 착륙한 후 우주선에서 나와 달 위를 걷는 최초의 사람이 되었습니다.

사용자가 요청한 대로 6살 아이 수준으로 설명하고 있습니다. 사용자 프롬프트를 완벽히 이해한 것처럼 말이죠. 어떻게 이런 일이 가능해졌을까요?

이렇게 만든 모델의 이름은 인스트럭트GPT Instruct GPT 입니다. 아직 챗GPT가 아닙니다. 인스트럭트GPT는 챗GPT의 이전 모델로, 챗GPT를 이해하기 위해서는 그 이전에 개발된 인스트럭트GPT부터 차근차근 살펴봐야 합니다.

오픈AI는 GPT-3를 열심히 튜닝하여 인스트럭트GPT를 만들어냅니다. 이때가 2022년 1월이었습니다. 'Instruct'에는 '지시하다'라는 뜻이 있습니다. 단어의 뜻 그대로 이제 사용자 프롬프트를 이용해 모델에게 직접 지시할 수 있게 되었습니다. 이 모델은 마치 사람의 마음을 이해하는 것처럼 질문을 알아듣고 대답했죠. 이후 오픈AI는 자사의 API를 모두 인스트럭트GPT 기반으로 업데이트합니다. 그리고 GPT-3는 이제 GPT-3.5로 업그레이드되죠.

그렇다면 인스트럭트GPT의 정체는 과연 무엇일까요? 인스트럭트GPT는 사용자 프롬프트를 잘 따를 수 있도록 3단계 과정을 거쳐 GPT-3를 업그레이드 한 모델입니다.

1단계는 데이터셋을 구축해 지도 미세 조정Supervised Fine-Tuning 모델을 학습하는 단계입니다. 이렇게 만든 모델을 SFT 모델로 부르겠습니다. SFT 모델은 인간이 지도한 내용Supervised으로 미세하게 조정Fine-Tuning한 모델이라는 뜻입니다. 즉 GPT-3에 인간이 세심하게 정제한 데이터를 넣고 더 다듬었다는 거죠.

좋은 모델을 만들기 위해서는 좋은 데이터가 필요함을 이미 여러 차례 강조했습니다. 오픈AI는 SFT 모델을 만들기 위해 좋은 데이터를 마련하는 데 각별히 노력을 기울입니다. 이를 위해 데이터 전문 구축 업체에 연락해 약 40명으로 구성된 팀과 계약하죠. 오픈AI는 이들이 공정하기를 원했습니다. 다양한 성별과 인종, 국적, 연령대로 팀을 구성했죠. 또한 이들이 유해 정보를 잘 걸러내기를 원했습니다. 그래서 스크리닝 테스트까지 거쳤고 여기서 좋은 성적을 거둔 사람만 선별했습니다. 이들이 고품질의 데이터를 구축할 수 있도록 온보딩 교육을 진행했고, 데이터 구축 과정 틈틈이 이들과 긴밀히 협력했습니다. 각각의 작업에 상세한 지침을 제공했으며, 별도로 채팅방을 마련하여 이들이 궁금해하는 내용에 즉각 답변하기도 했죠. 또한 데이터 구축에 참여하지 않은 사람을 별도로 고용해 학습 데이터의 공정성을 평가하기도 했습니다.

좋은 데이터를 구축할 수 있도록 오픈AI는 각고의 노력을 기울였고, 이 내용은 관련 논문[11]에도 아주 상세히 나와 있습니다. 그리고 이렇게 구축한 고품질의 데이터로 GPT-3를 다듬죠. 그 결과 SFT 모델이 탄생했고, 이제 사용자 프롬프트에 가급적 공정하면서도 유해하지 않은 내용으로 대답할 수 있게 됐습니다.

2단계는 비교 데이터를 구축하고 보상 모델Reward Model을 학습하는 단계입니다. 이 모델은 RM 모델로 부르겠습니다.

RM 모델은 하나의 질문에 대해 여러 답변을 두고 어떤 답변이 만족스러운지 순위를 매기는 과정을 거칩니다. 논문에 따르면 약 4~9개 정도의 SFT 모델이 각각 내놓은 다른 답변을 두고 사람이 선호도를 평가했다고 합니다. 예를 들어 답변이 A, B, C, D로 4개라면 각각

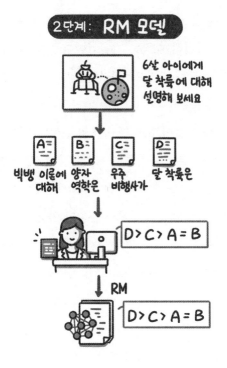

의 선호도를 평가해 D > C > A = B와 같은 식으로 순위를 매긴 것이죠. 당연히 여기서 가장 마음에 드는 대답은 D가 되겠고요.

이렇게 RM 모델은 비교 데이터를 구축하여 보상을 학습했습니다. 이제 RM 모델은 어떤 형태의 대답을 사람들이 더 선호할지 평가하는 모델이 됩니다. 그리고 이 모델은 이어서 살펴볼 바로 다음 단계에 쓰입니다.

3단계는 강화학습을 이용해 성능을 높이는 단계입니다. 앞서 소개한 RM 모델을 이용해 보상을 최적화하는 단계죠. 여기에는 오픈AI가 이미 2017년에 게임에 적용하기 위해 개발했던 근접 정책 최적

화Proximal Policy Optimization, PPO라는 알고리즘을 사용합니다. 이름은 어려워 보이지만 강화학습의 보상을 반영하는 알고리즘으로 이해하면 됩니다. 이 모델은 PPO 모델로 부르겠습니다.

이 과정은 3단계 중 가장 어렵고 핵심적인 과정입니다. 앞서 구축한 모델에 강화학습을 적용하는 겁니다. 즉 SFT 모델이 출력한 문장을 RM 모델이 확인해서 사람들이 얼마나 선호하는 내용인지를 평가합니다. 만약 선호하는 내용이라면 보상Reward을 많이 주고, 선호하지 않는 내용이라면 보상을 적게 줍니다. 그리고 이렇게 받은 보상을 모델에 반영할 때 PPO 알고리즘을 사용합니다. 그러니까 기존에 만들었던 SFT 모델에 PPO 알고리즘을 이용해 보상을 반영하는 것이죠. 그렇게 해서 PPO 모델을 구축합니다.

무엇보다 이 과정은 사람이 개입하여 일일이 평가하고 학습하는 것이 아닙니다. PPO 알고리즘을 이용한 보상 과정은 모두 자동으로 진행되며, 끊임없이 스스로 반복하며 학습합니다. 바로 강화학습이죠. 2016년에 알파고가 보여줬던 바로 그 방식과 동일합니다. 당시 알파고는 사람의 기보부터 먼저 학습했습니다. 바둑 사이트에서 6단 이상 고수의 기보를 보고 학습했죠. 그리고 알파고끼리 끊임없이 대국을 치르면서 스스로 실력을 향상시켰습니다. 이러한 강화학습을 거쳐 알파고는 바둑 실력을 매우 높은 수준으로 쌓을 수 있었죠.

인간의 기보로 학습했던 알파고의 실력은 고작 5단 정도에 불과했습니다. 9단을 넘어 세계 최고인 이세돌을 꺾기에는 매우 부족한 실력이었죠. 그래서 강화학습으로 스스로 대국을 두면서 실력을 더욱 높였죠. 인스트럭트GPT도 마찬가지입니다. 강화학습을 챗봇에도 동일하게 적용해 대화 기술을 더욱 끌어올렸습니다. 사람이 아무리 좋은 데이터를 입력해 학습시켜도 이전 모델은 사람이 대답하는 수준에는 미치지 못했습니다. 그래서 오픈AI는 강화학습을 택했습니다. 인간의 평가를 바탕으로 한 RM 모델과 비교하는 과정을 거치며 계속 성능을 높여나갔죠. 이 기술의 이름을 통칭하여 RLHFReinforcement Learning from Human Feedback라고 부릅니다. '인간의 피드백을 이용한 강화학습'이라는 매우 직관적인 이름이죠. 이를 이용해 사람이 가장 선호하는 방식으로 대답하도록 끊임없이 보상을 주면서 SFT 모델을 튜닝한 것입니다. 이제 기존의 SFT 모델은 사람이 가장 선호하고 가장 그럴듯한 대답을 하는 PPO 모델로 재탄생합니다. 그리고 이것이 바로 인스트럭트GPT입니다.

그러나 인스트럭트GPT에는 치명적인 단점이 있었습니다. 무슨 말을 할지 예측할 수 없다는 점이었죠. 실제로 잘못된 정보나 위험한 내용, 틀린 말도 거침없이 쏟아냈습니다. 그 대답이 꼭 사실이 아닐 수도 있었습니다. 강화학습을 할 때는 정보의 사실 여부를 검증할 수 없고, 사람이 가장 선호하는 결과에만 집중하기 때문에 틀린 정보도 마치 사실인양 그럴듯하게 생성해내는 문제도 있었습니다. 게다가 차별과 편향을 점점 더 많이 드러냈습니다. 사실 이는 모든 생성 모델이 겪는 문제였는데 한번 편견에 빠지기 시작하면 계속해서 편견이 자라나는 건 인간 또한 마찬가지긴 하죠.

오픈AI는 이 문제를 보완하기로 합니다. 먼저 공정한 데이터를 구축하도록 인스트럭트GPT를 만들 때보다 더 정교하게 접근했습니다. 이전의 방법과 크게 다르지 않았지만 데이터 수집 설정을 보완했고, 데이터 작업자들을 다양한 인종과 성별로 구성해 최대한 중립을 지키도록 했습니다. 또한 자연스러운 대화체를 쓸 수 있게 기존 데이터도 대화 형식으로 바꿔 다시 학습하게 했습니다. 밑바탕이 된 모델도 기존에는 GPT-3를 사용했다면, 이번에는 한층 더 업그레이드된 GPT-3.5를 사용했습니다. 이처럼 개선된 모델에 더 고품질의 데이터를 학습해 품질을 더욱 높인 것이죠.

또한 중재 역할을 하는 API를 도입했습니다. 예를 들어 폭력이나 자해, 증오와 괴롭힘, 성적인 내용은 사전에 분류하여 제어하도록 했습니다. 공격적인 말투나 위험한 내용은 차단하고 부적절한 요청은

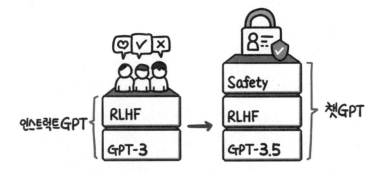

거부하는 기능도 도입했습니다. 잘못된 정보라면 사전에 확인하여 팩트 체크를 할 수 있도록 안전 모듈도 강화했습니다. 이런 과정을 통해 마침내 완성한 결과물이 바로 챗GPT입니다.

이제 이렇게 한번 질문해 보죠.

사용자 프롬프트:

크리스토퍼 콜럼버스가 2022년에 미국에 왔을 때를 얘기해 줘.

콜럼버스는 15세기 사람이며 아메리카 대륙을 처음 발견한 모험가입니다. 당연히 2022년에는 미국에 올 수 없죠. 하지만 챗GPT의 이전 모델인 인스트럭트GPT는 다음과 같이 대답합니다.

대답:

크리스토퍼 콜럼버스는 2022년에 미국을 방문했고, 미국에 오게 되어 매우 기뻤습니다. 그는 항상 미국을 방문하고 싶었고 미국에 대해 호기심

이 매우 많았습니다. 그는 미국에 깊은 인상을 받았고 이곳에서 즐거운 시간을 보냈습니다.

인스트럭트GPT는 사용자 프롬프트를 사실인양 받아들여, 사용자가 선호할 만한 내용을 꾸밉니다. 강화학습을 통해 사람이 가장 선호하는 답변을 학습했기 때문에 대답은 그럴 듯 하지만 사실이 전혀 아닌 내용을 얘기합니다.

그럼 챗GPT는 어떨까요? 챗GPT는 사용자 프롬프트가 사실이 아니라는 것을 알아차리고 이렇게 대답합니다.

사용자 프롬프트:
크리스토퍼 콜럼버스가 2022년에 미국에 왔을 때를 얘기해 줘.

대답:
제가 알기로 크리스토퍼 콜럼버스는 1506년에 이미 사망하였습니다. 따

라서 2022년에 미국에 오는 일은 불가능합니다. 하지만 그의 업적과 미국 대륙 발견에 대한 역사적 의미는 여전히 큽니다. 콜럼버스가 대양을 건너 발견한 새로운 대륙은 그 후 많은 인류의 이주와 문화 교류를 이끌어내면서 세계사의 흐름을 변화시켰습니다. 이러한 역사적 사실들은 우리가 현재 살고 있는 세계와 문화에 영향을 미치는 등 중요한 역할을 하고 있습니다.

챗GPT의 안전 모듈이 사용자 프롬프트의 오류를 정확하게 파악했고, 이 문제를 지적한 후 사실을 전하고 있습니다. 이렇게 챗GPT는 인스트럭트GPT보다 월등히 뛰어난 안전 모듈을 탑재하여 이전에 비해 좀처럼 틀린 대답은 하지 않습니다. 잘못된 정보를 구분하는 것은 물론, 비윤리적인 질문을 받으면 답변을 회피합니다. 무턱대고 대답했던 인스트럭트GPT와는 달리 사용자가 대답을 좀 더 신뢰할 수 있게 되는 거죠.

오픈AI는 이 기술을 2022년 11월, 마침내 세상에 공개합니다. 이렇게 진화 과정을 거친 챗GPT는 이제 놀라운 성능을 보여줍니다. 마치 사람처럼, 아니 그 어떤 사람도 대답할 수 없을 것 같은 어려운 질문에도 막힘없이 대답해 냅니다. 당연히 사람들은 열광했죠.

2022년 11월에 처음으로 데모를 공개한 챗GPT는, 2023년 2월 초에 월 20달러의 유료 버전 출시, 2023년 2월 말에는 마이크로소프트의 검색엔진 빙Bing에 전격 도입까지, 그야말로 거침없는 행보를 이어갑니다.

가장 놀라운 점은 전 세계를 상대로 공개 베타 서비스를 진행한 점

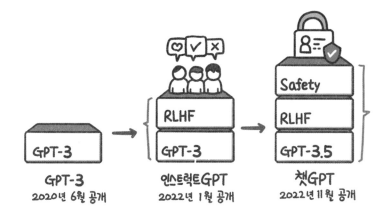

GPT-3
2020년 6월 공개

엔스트럭트GPT
2022년 1월 공개

챗GPT
2022년 11월 공개

입니다. 이전까지 초거대 언어 모델은 일반 대중을 상대로 서비스가 어렵다고 여겨졌거든요. 초거대 모델을 한 번 작동하는 데는 엄청난 전기세를 비롯한 비용과 수많은 컴퓨터, 값비싼 GPU 등이 필요한데, 이를 오픈AI 연구진들은 마이크로소프트의 전폭적인 지원에 힘입어 극복해 냈습니다. 전 세계를 대상으로 문제없이 베타 서비스를 진행했고, 이 덕분에 챗GPT는 대중의 모든 관심을 사로잡았죠. 서비스를 공개한 지 불과 5일 만에 사용자 100만 명을 넘겼고, 40일 후에는 1,000만 명을 넘겼습니다. 특히 5일 만에 사용자 100만 명을 넘긴 건 역대 가장 빠른 기록입니다. 넷플릭스가 3.5년, 트위터가 2년, 페이스북이 10개월, 인스타그램이 2.5개월이 걸렸던 기록을 챗GPT는 단 5일 만에 깨트린 것이죠.

아무도 예상치 못한 기록이었습니다. 게다가 이제는 전체 사용자가 1억 명을 넘어섰다고 합니다. 어느새 전 세계가 사랑하는 서비스가 된 거죠. 관련 업계에서는 2016년 알파고가 이세돌을 꺾었던 세기

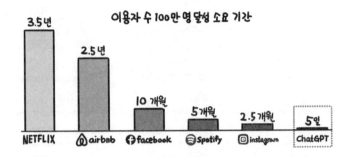

이용자 수 100만 명 달성 소요 기간

3.5년 NETFLIX
2.5년 airbnb
10개월 facebook
5개월 Spotify
2.5개월 instagram
5일 ChatGPT

의 대결 이후, AI가 불러온 두 번째 빅 웨이브로 평가하고 있습니다. 그야말로 전 세계의 관심이 챗GPT에 쏠렸죠. 2023년 2월에는 유료 버전을 도입했는데, 유료 사용자에게 주는 혜택이 고작 대기 없이 접근하고 조금 더 빠르게 응답받는 것임에도 이를 사용하기 위해 유료 사용자가 몰렸고, 2024년 상반기 기준으로 전체 유료 사용자는 이미 390만 명을 넘어섰습니다. 챗GPT 구독료와 유료 API 서비스에 따른 연간 매출도 벌써 34억 달러에 달하죠.

마이크로소프트는 검색엔진 빙에 챗GPT를 접목하여 구글의 아성에 다시 한번 도전하고 있습니다. 마이크로소프트는 빙에서 챗GPT를 쓰려면 앱을 설치해야 하는 전략을 사용했습니다. 이 덕분에 2021년 한 해 동안 다운로드 수가 80만이었던 빙 앱은, 챗GPT 연동 이후 단 1주일 만에 이 수치를 넘어섭니다. 하루에만 15만 명이 넘는 사람들이 챗GPT를 쓰기 위해 빙 앱을 설치했죠. 전 세계 검색 트래픽의 94%를 사실상 독점하고 있던 구글은 그야말로 난리가 났습니다. 창사 이래 가장 큰 위기를 맞이하고 있다는 평가마저 나올 정도죠. 이를 반영하듯 챗GPT가 빙에 도입된 직후 구글의 주가는 무려 10% 이상 떨어지기도 했습니다. 우리 돈으로 150조 원이 넘는 돈이 순식간에 증발해 버렸죠. 챗GPT는 나아가 윈도우, 오피스와 같은 마이크로소프트의 핵심 제품군에도 곧 장착될 준비를 하고 있습니다. 마이크로소프트가 오픈AI에 수년간 조 단위로 투자한 것이 점점 결실을 보고 있는 셈입니다.

GPT-4, 마침내 진정한 인공지능의 시대에 다가서다

무엇보다 챗GPT는 현재 진행형입니다. 오늘도 사람들은 궁금한 점을 챗GPT에 물어보고 전문가가 내놓은 듯한 대답에 열광합니다. 마침내 진정한 인공지능의 시대에 한 발짝 더 다가선 셈이죠. 이를 증명이라도 하듯 오픈AI는 한국 시각으로 2023년 3월 15일, 다음 버전인 GPT-4를 발표합니다. 흥미롭게도 이날은 7년 전 알파고가 이세돌과 한국에서 마지막 대국을 두었던, 알파고의 승리로 막을 내린 기념비적인 날이기도 하죠.

그동안 GPT는 1년 주기로 새로운 버전을 발표했습니다. 그런데 GPT-4는 GPT-3 이후로 무려 3년 만에 등장했죠. 물론 중간에 인스트럭트GPT와 챗GPT가 GPT-3.5를 자처하긴 했으나 공식적으로 GPT-3를 잇는 새 버전은 소문만 무성하다가 마침내 모습을 드러낸 겁니다.

오랜 기다림에 보답하듯 GPT-4는 월등히 뛰어난 성능을 자랑합니다. 다양한 부문에서 기존 모델을 능가하죠. 변호사 시험을 보게 했

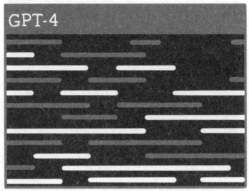

을 때 기존 챗GPT는 400점 만점에 213점으로 하위 10% 수준이었습니다. 그러나 GPT-4는 298점으로 상위 10% 수준에 도달했죠. 이 정도면 뉴욕주 변호사에 합격할 수 있는 수준입니다. 우리나라의 수능에 해당하는 미국 SAT 수학 시험에서도 800점 만점에 700점을 받았습니다. 마찬가지로 상위 10%에 해당하는 점수죠. 이외에도 다양한 평가에서 기존의 모든 언어 모델을 압도하는 성능을 보였습니다.

영어만 잘하는 게 아닙니다. 영어로 된 일부 데이터를 이탈리아어, 스페인어, 독일어, 프랑스어, 한국어, 일본어 등으로 기계번역을 해서 테스트했는데 기존 챗GPT로 영어 문장을 처리한 것보다 훨씬 더 높은 점수를 받았습니다. 기존 챗GPT의 영어 답변보다 새로운 GPT-4의 한국어 답변이 더 정확하다는 거죠.

글자만 이해하는 게 아닙니다. 그림도 잘 이해합니다. 사진을 입력값으로 주고 설명하라고 하면 사진 내용을 정확하게 설명해 냅니다.

예를 들어 수능 시험 문제를 카메라로 촬영해서 사진을 입력하면 정확하게 문제를 풀어내죠. 단순히 사진에서 텍스트를 추출하는 기술과는 조금 다릅니다. 왜냐면 시험 문제를 풀려면 글자의 위치 정보도 이해해야 하거든요. 글자의 위치와 내용을 포함해 사진 속의 모든 정보를 마치 눈으로 보고 이해한 것처럼 GPT-4는 설명합니다.

틀린 정보를 사실인 양 그럴듯하게 생성해내는 문제도 많이 줄었습니다. 안전 모듈은 더욱 강화됐고, 이제 웬만해서는 틀린 내용을 잘 얘기하지 않죠. 여기까지만 보면 인스트럭트GPT, 챗GPT로 이어가던 혁신을 GPT-4가 뛰어넘은 듯 보입니다.

그렇다면 GPT-4는 어떻게 구현했을까요? GPT-3는 매개변수가 1,750억 개였으니, 사람들은 GPT-4의 매개변수가 그 1,000배쯤 되는 100조 개가 되어 인간 두뇌의 시냅스와 비슷한 수치가 될 거라 예상했습니다. 정말로 GPT-4의 매개변수가 인간 두뇌와 비슷한 수준일까요? 과연 오픈AI는 그렇게 거대한 모델을 제품으로 출시했을까요?

당황스럽게도 오픈AI는 GPT-4와 관련한 기술을 아무것도 공개하지 않기로 결정합니다. 의례히 함께 발표하던 연구 논문도 공개하지 않았고, 단지 '기술 보고서'라는 이름으로 GPT-4가 얼마나 뛰어난 언어 모델인지를 자랑하고 소개하는 내용만 공개했습니다. 매개변수가 몇 개인지, 어떤 기술을 사용해 언어 모델을 학습했는지, 모델은 어떤 구조로 되어 있는지 이 모든 것을 비밀에 부쳤죠.

이는 두 가지 의미를 지닙니다. 첫 번째로, 이제 언어 모델은 연구 단계를 넘어 제품화 단계에 돌입했다고 볼 수 있습니다. 실제로 오픈AI는 기업에 챗GPT를 유료로 서비스하고 있죠. 마이크로소프트 빙에 도입한 것처럼 여러 회사의 서비스에 유료로 API를 공급하고 본격적으로 플랫폼 비즈니스를 진행할 제품화 단계에 돌입한 거죠. 그래서 기술을 공개하는 것보다는 제품의 완성도를 높이는 방향을 택했다고 볼 수 있습니다.

두 번째로, 연구 성과로 공개할 내용이 많지 않다고도 예상할 수 있습니다. 인스트럭트GPT 까지만 해도 RLHF라는 새로운 기술을 이용했음을 알렸고, 이 내용이 논문에도 잘 나와 있죠. 하지만 챗GPT부터는 논문을 발표하지 않습니다. 실제로 챗GPT도 월등히 성능이 좋아지긴 했지만 이는 새로운 연구를 GPT에 적용했다기보다는 고품질의 데이터를 사용하고, 안전 모듈을 크게 강화한 결과였죠. GPT-4도 이와 비슷할 것으로 추정하고 있습니다. 근간이 되는 기술은 인스트럭트GPT와 크게 다르지 않으리라는 거죠. 챗GPT가 그랬던 것처럼 GPT-4에는 훨씬 더 세심하게 정제한 데이터를 다듬어 넣었을 것이고, 안전 모듈 또한 기존 챗GPT보다 훨씬 더 강화했을 겁니다. 논문으로 남길 정도의 새로운 연구 대신 기존 기술을 제품화하면서 더욱 정교하게 다듬은 결과가 바로 GPT-4라는 것입니다.

이처럼 GPT-4는 기존 챗GPT의 뒤를 이어 다시 한번 세상을 뒤집을 준비를 마쳤습니다. 이제는 본격적인 제품화 단계에 돌입했다고 볼 수 있죠. 물론 AI 업계의 선두주자였던 구글과 페이스북이 손을 놓고 있었던 것은 아닙니다. 지금이야 닭 쫓던 개 지붕 쳐다보는 형국이 되었지만 엄연히 그들도 핵심 기술력을 보유한 세계 최고의 인공지능 회사들인 만큼 쉽사리 이 대전에서 물러서진 않겠죠. 구글과 페이스북도 GPT-4를 능가하는 언어 모델과 대화형 인공지능 서비스를 곧 출시할 겁니다(실제로 2023년에 구글은 제미나이를, 페이스북은 라마를 출시합니다). 마치 2016년 알파고 이후 온 세상이 인공지능을 알게 된 것처럼, GPT-4는 앞으로 인공지능 업계를 주도하며 한동안 세상을 바꿀 겁니다.

기계가 언어를 이해할 수 있을까?

그렇다면 이루다도 GPT 같은 언어 생성 모델을 기반으로 하는 챗봇이었을까요? 컨퍼런스에서 이루다의 기술을 발표한 자료에 따르면, 이루다는 언어 생성 모델을 활용한 것은 아닙니다. 이루다에 적용한 것은 대화를 이해하고 여러 개의 응답 중 가장 적절한 응답을 선택하는 이해 모델에 좀 더 가깝습니다. 이루다의 원리를 이해하기 위해서는 먼저 언어를 이해한다는 것이 과연 무엇을 의미하는지부터 알아야 합니다.

"백두산의 높이는 얼마야?"

검색엔진에 질문을 입력하면 바로 정답을 찾아주는 경우가 있습니다. 다음Daum에도 '바로 이거'라는 서비스가 있죠. '백두산의 높이는 얼마야?'라고 질문하면 관련 문서에서 '2,750m'라는 정답을 바로 찾아냅니다. 정답을 한번에 찾아낸다는 점에서 유사한 문서를 찾아내는 검색엔진과는 조금 다른 기술입니다. 이런 기술을 **질의응답** Question-ion Answering이라고 하는데, 원래 질의응답은 기계번역과 함께 자연어 처리 연구의 대표적인 난제 중 하나였습니다.

그러나 최근에는 기술이 발전하고 특히 딥러닝이 도입되면서 연구가 급물살을 타죠. 기계번역이 그랬던 것처럼 질의응답도 수많은 난제를 해결하고 있습니다. 그래서 이처럼 검색엔진에서 바로 질의응답 결과를 보여줄 수 있는 수준이 되었죠. 그렇다면 컴퓨터는 어떻게 질문을 이해하고 곧바로 정답을 찾아줄까요? 과연 인간이 이해하는 것처럼 질문의 의미를 이해하는 것일까요?

언어를 이해하는 가장 유명한 모델은 구글에서 개발한 **버트**BERT입니다. GPT와 마찬가지로 트랜스포머 모델을 응용한 방식이죠. '트랜스포머의 양방향 인코더 표현'Bidirectional Encoder Representations from Transformers이라는 이름의 약자인데, 사실 이 이름은 억지로 끼워맞춰서 만든 감이 있습니다. 왜냐하면 바로 직전에 나왔던 자연어 처리 모델이 엘모Embeddings from Language Model, ELMo였거든요. 둘 다 〈세서미 스트리트〉Sesame Street의 인기 캐릭터입니다. 다분히 과학자들의 유머가 녹아 있는 이름인 셈이죠.

352

버트는 어떻게 동작할까요?

GPT가 채택한 것은 트랜스포머의 디코더이고, 버트는 인코더입니다. 기계번역에서 인코더는 언어의 이해를 담당하고, 디코더는 언어의 생성을 담당합니다. 버트와 GPT는 각각 이해와 생성을 담당하는 모델을 채택한 거죠.

그렇다면, 버트는 어떻게 언어 이해 모델을 구축할까요? 버트는 문장 내의 단어 중 15%를 가리고, 그 단어를 맞추도록 학습합니다. 앞서 워드투벡이 윈도 가운데 빈칸을 순차적으로 뚫어가면서 맞추었다면, 버트는 전체 문장에서 특정 단어를 무작위로 가려놓고 맞춰나갑니다.

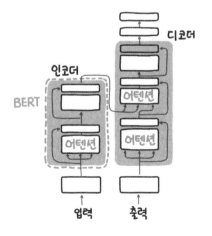

"아이들은 일요일에 ___ 레고를 갖고 놀기 좋아한다. 그

러나 철수는 토요일에 집에서 ___ 더 좋아한다. 왜냐면 영희가 토요
일에 항상 ___ 때문이다."

이렇게 전체 문장에서 무작위로 단어를 가리고 여기에 해당하는
단어가 무엇인지 맞추면서 학습합니다. 이때 재밌게도 가린 단어 중
일부에 틀린 단어를 넣기도 하고, 일부는 단어를 그대로 두고는 가렸
다고 거짓 정보를 입력하기도 합니다. 이런식으로 일부러 노이즈를
삽입하여 모델이 지나치게 과적합(제8장에서 살펴봅니다)하는 걸 방지
하는 거죠. 이는 궁극적으로 모델의 성능을 더욱 높입니다.

2013년에 나온 워드투벡은 언어 이해 모델입니다. 그리고 2018년
에 나온 버트 또한 언어 이해 모델이죠. 특정 단어를 가려놓고 들어
갈 단어를 맞추도록 하는 것은 언어를 이해하려는 모델이 쓰는 방식
입니다. 버트는 워드투벡과 마찬가지로 문장의 의미를 벡터로 잘 표
현하기 위해 엄청나게 많은 문장을 학습하죠.

그렇다면 질의응답 문제를 해결하기 위해서 매번 엄청나게 많은
문장을 학습해야 할까요? 친구에게 '백두산의 높이는 얼마야?'라고
물었다고 가정해보죠. 평소 역사와 지리책을 많이 읽는 친구라면 정
답을 알고 있을 가능성이 높습니다. 또는 정확한 정답은 모르더라도
관련된 여러 배경 지식을 갖고 있겠죠.

1. 한라산은 1,950m다.
2. 백두산은 한반도에서 가장 높다.

예를 들어 한라산은 1,950m라는 점 그리고 백두산은 한반도에서

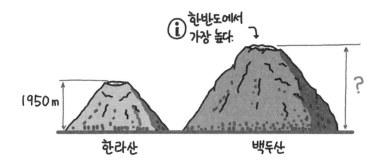

가장 높기 때문에 한라산보다 더 높은 산이라는 점. 이 2가지 사전 지식만 있어도 일단 대충 2,000m는 넘을 거라고 추측할 수 있습니다. 정답을 맞힐 가능성이, 하다 못해 정답에 근접할 가능성이 매우 높아지겠네요. 똑똑한 사람이라면 이런 사전 지식이 머릿속에 있을 것이고 정답을 맞힐 확률 또한 높습니다. 버트는 이처럼 사전 지식을 활용하여 모델의 정확도를 높이는 대표적인 모델입니다.

이를 미리 학습한 사전 지식을 그대로 가져와서 **전이 학습**Transfer Learning한다고 말합니다. 전이 학습은 말 그대로 사전 지식을 그대로 이전해서Transfer 활용한다는 얘기입니다. 이제 질의응답 문제를 해결할 때는 사전 지식을 그대로 활용하면서 문제해결을 위한 약간의 학습만 더하면 됩니다. 엄청난 데이터를 매번 학습할 필요가 없죠. 전이 학습을 하면 추가 학습은 조금만 해도 충분히 좋은 성능을 냅니다. 중학교 때 공부를 잘하던 친구가 고등학교에 와서도 공부를 잘하는 것, 만능 스포츠맨 친구가 새로운 운동을 금방 습득하는 것 모두 비슷한 원리죠.

그렇다면 질의응답에서 정답은 어떻게 찾아낼까요? '백두산의 높

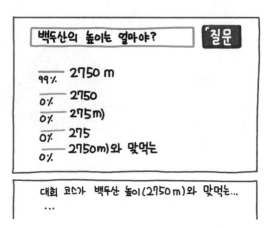

질문

백두산의 높이는 얼마야?

99% ‾‾‾ 2750 m

0% ‾‾‾ 2750
0% ‾‾‾ 275m)

0% ‾‾‾ 275
0% ‾‾‾ 2750m)와 맞먹는

대회 요소가 백두산 높이(2750m)와 맞먹는...
...

이는 얼마야?'라는 질문을 받았을 때 어떻게 정답을 정확하게 추출해 낼 수 있을까요? 정말로 질문의 의도를 인간처럼 이해하고 정답을 찾 아낼까요?

앞의 그림은 정답일 확률을 수학적으로 계산해서 점수가 높은 순 으로 나열한 결과입니다. 정답일 확률은 추출한 문장에서 정답이 있 는 위치에 대한 확률을 말합니다. 여기서는 '2,750m'이라는 값을 99% 확률로, 사실상 정답으로 확신합니다. 다시 말해 추출한 문장의 15번째 문자부터 20번째 문자 앞까지의 위치를 정답으로 확신한다 는 얘기입니다.

- 입력: [0.40038, 0.94774, 0.37657, ... , 0.96032, 0.34981]
- 출력: [15, 20]

버트는 마치 사람이 질문을 이해한 것처럼 행동하지만 실제로는 질문을 숫자로 변환한 값을 입력값으로 받아서 계산하고, 본문에서 정답의 위치를 확률적으로 계산할 뿐입니다. 어떻게 보면 조금 허탈합니다. 컴퓨터가 마치 언어를 이해하는 것처럼 보였는데 그저 숫자와 위치를 계산한 것뿐이라니 말이죠.

이제 처음의 질문으로 다시 돌아가 보죠. 세상을 놀라게 한 챗봇, 이루다가 대화하는 방식을 공개할 차례입니다. 이루다가 대화하는 방식도 질의응답과 유사합니다. 앞서 이루다는 언어 생성 모델이 아니라고 했죠. 이루다는 카톡 대화 데이터에서 추출한 1억여 개의 답변 데이터베이스를 미리 구축한 후 직전까지 진행한 대화를 바탕으로 가장 적절한 답변을 출력으로 골라내는, 사실상 언어 이해 모델입니다. 여기서 대화를 벡터로, 즉 숫자로 바꾸는 역할을 바로 버트가 처리하죠.

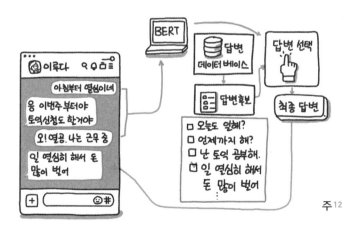

주12

그리고 정답을 고를 때 앞서 살펴본 '코사인 거리'를 활용합니다. 버트로 대화를 적절히 이해하여 벡터로 표현한 다음에는 해당 벡터와 코사인 거리가 가장 가까운 문장을 정답으로 선택합니다. 그렇게 1억여 개의 답변 중에서 가장 유사한 답 하나를 골라내죠. 원래 이런 방식은 대화의 전개가 매우 제한적인 모습을 보이지만 그럼에도 불구하고 이루다가 풍성한 대화를 할 수 있었던 이유는 정답 후보를 무려 1억여 개나 보유했기 때문이기도 합니다. 그래서 이루다는 마치 사람처럼 자연스럽게 대화할 수 있었죠. 물론 1억여 개의 대화를 제대로 필터링하지 못해 개인정보 문제가 불거져 아쉬운 퇴장을 했지만요.

불과 2주 남짓밖에 우리와 함께하지 못한 이루다는 이렇게 1억 개의 답변을 미리 챙겨두고 수학적 확률에 따라 적절한 답변을 선택하는 챗봇이었습니다.

튜링 테스트와 중국어 방

우리 말을 이해하는 것처럼 보였던 컴퓨터가 사실은 언어를 숫자로 바꿔 확률을 계산할 뿐이라는 점에 실망한 분도 있을 것 같습니다. 그렇다면 과연 이해한다는 것은 무엇을 의미할까요?

앨런 튜링은 논문 〈계산 기계와 지능〉에서 '기계는 생각할 수 있는가?'라는 담대한 질문을 던지면서 '생각'의 정의를 내리는 어려운 과정을 탐구하는 대신에 인간이 생각한다고 여기는 행동을 기계가 흉내낼 수 있다면 이를 '생각한다'로 판정하자고 제안합니다. 누군가가 의식하고 있는지를 알아내는 유일한 방법은 그 사람의 행동을 내 행동과 비교하는 것뿐인데, 기계라고 굳이 다르게 취급할 이유가 없다는 거죠.[13]

이 발상을 바탕으로 제안한 것이 바로 그 유명한 '이미테이션 게임', 우리말로 하면 '흉내 놀이'입니다. 이 놀이는 일종의 사고 실험으로, 이를 통과하면, 즉 기계가 인간을 잘 모방하면 기계가 지능을 지닌 것으로 판단하자는 거죠. 게임 방식은 다음과 같습니다.

- 남성 A, 여성 B 그리고 실험자 C, 총 3명이 각자 방에 있어서 서로를 볼 수는 없습니다.
- C는 A와 B에게 질문을 하면서 둘 중 누가 남자이고 누가 여자인지를 맞춰야 합니다.
- A는 C가 잘못된 판단을 하도록 실험자를 속이고, B는 C가 올바른 판단을 하도록 실험자를 도와줍니다.

여기서 만약 기계가 A의 역할을 맡으면 어떤 일이 벌어질까요? 실험자는 인간 남녀와 얘기할 때처럼 속임수에 넘어갈까요? 기계는 사람보다 실험자 C를 더 잘 속일 수 있을까요?

튜링은 이 게임을 '기계는 생각할 수 있는가?'라는 어려운 질문 대신에 사용하자고 제안했습니다. 이것이 바로 **튜링 테스트**Turing Test입니다. 튜링은 논문을 발표한 1950년도에, 50년 후 그러니까 정확히 21세기가 열리는 시점에는 평범한 사람이 5분 동안 튜링 테스트를 한 뒤에 정체를 알아맞힐 확률이 70%를 넘지 않을 것으로 예측했습니다. 튜링의 주장대로라면 21세기에는 30%의 컴퓨터가 '생각할 수 있는 기계'가 되는 셈이지만 아쉽게도 아직까지 튜링 테스트를 제대로 통과한 챗봇은 존재하지 않습니다. 당시에는 튜링 또한 인공지능을 지나치게 낙관적으로 바라봤던 것 같습니다.

그렇다면 과연 단순히 튜링 테스트를 통과했다는 사실 만으로 기계가 생각한다고 볼 수 있을까요? 여기에 대한 대표적인 비판이 UC 버클리대학교의 존 설John Searle, 1932~ 교수가 1980년에 발표한 **중국어 방**Chinese Room 사고 실험입니다. 이 실험은 다음과 같습니다.

1. 중국어를 모르는 사람을 작은 방에 들어가게 한 후 중국어로 된 질문 과 대답이 적힌 책, 필기도구를 함께 넣어줍니다.

2. 한쪽에서 중국어로 질문을 써서 넣으면 방안에 있는 사람은 중국어 책 에서 답변을 찾아 작성한 쪽지를 반대편으로 건넵니다.

이렇게 하면 중국어를 전혀 모르는 사람도 단순히 책에 있는 답변 을 찾아서 베긴 후 튜링 테스트를 통과할 수 있습니다. 그렇다면 방 안에 있는 이 사람은 과연 중국어를 이해했다고 볼 수 있을까요? 밖 에서 보면 마치 방 안에 있는 사람이 중국어 질문을 알고 있는 것처 럼 보이지만 실제로는 규칙에 따라 기계적으로 대응하고 있을 뿐이 란 거죠. 존 설은 이런 방안에 있는 사람이 중국어 질문을 '이해'한다 고 볼 수 없으며 마찬가지로 이렇게 행동하는 기계를 '생각'한다고 볼 수 없다고 했습니다. 존 설은 〈제퍼디! 퀴즈쇼〉에서 인간을 꺾고 우승 을 차지한 IBM의 왓슨에 대해서도 이렇게 평가했습니다.

왓슨은 질문도, 답도 이해하지 못하고, 자신이 시합을 하고 있다는 것도, 심지어 자신이 이겼다는 것도 이해하지 못한다. 아무것도 이해하지 못하기 때문이다. IBM의 컴퓨터는 이해하도록 설계되지 않았고, 그렇게 설계될 수도 없다. 이해하는 것처럼 흉내 내어 행동하도록 설계되었을 뿐이다.[14]

우리가 지금까지 살펴본 버트 같은 언어 이해 모델이나 GPT 같은 생성 모델은 모두 숫자로 표현하고 확률을 계산할 뿐입니다. 질의응답도 마찬가지입니다. 그저 정답의 위치만을 찾을 뿐이었죠. 컴퓨터는 마치 사람처럼 또는 사람을 능가하는 수준으로 정답을 잘 찾아내지만 결국은 숫자로 표현한 확률을 따라 행동할 뿐입니다. 존 설이 얘기하는 중국어 방 사례에 부합하는 경우라고 볼 수 있죠. 그렇다면 존 설의 주장대로 기계가 '생각'한다고 볼 수는 없을까요?

인공지능이 진정한 이해를 묻다

컴퓨터가 인간 수준의 지능을 갖고 있는지 테스트하려면, 튜링 테스트만으로는 부족하다는 비판도 있습니다. 지능을 이해하기 위한 두뇌의 작동 방식보다는 보여지는 행동에 지나치게 의존한다는 점 때문이죠. 또한 기계가 단순히 문자를 이용한 테스트만 받을 것이 아니라 시각 정보와 청각 정보도 모두 완벽하게 처리할 수 있어야 한다는 비판도 있습니다. 하지만 미래학자 **레이 커즈와일**Ray Kurzweil, 1948~ 은 《마음의 탄생》How to Create a Mind에서 튜링 테스트만으로도 충분

362

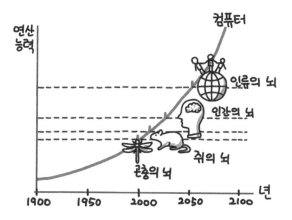

하다는 의견을 피력했습니다. 시각적, 청각적 테스트를 덧붙인다고 해서 튜링 테스트가 더 어려워지는 것은 아니라는 거죠. 그는 2029년 까지 튜링 테스트를 통과하는 컴퓨터가 나올 것으로 예측했습니다. 이제 얼마 남지 않았습니다.

그의 전작 《특이점이 온다》The Singularity Is Near에서는 **특이점**Singularity이 오는 시기를 2045년 전후로 예상해 전 세계적으로 화제가 되기도 했습니다. 여기서 말하는 특이점이란 기계가 인간 지능을 추월하는 시점을 의미합니다. 2045년에는 인간의 지적 능력을 초월하는 초지능이 등장한다는 얘기죠. 이처럼 과감한 주장을 할 만큼 커즈와일은 급진적인 미래학자로도 유명합니다.

그렇다면 커즈와일은 중국어 방의 사례를 어떻게 해석할까요? 커즈와일은 이렇게 주장합니다.

존 설의 중국어 방 주장은 컴퓨터가 기호를 조작하기만 할 뿐 기호의 의

미는 이해하지 못한다는 것이지만, 이는 우리 뇌가 신경 간 연결과 시냅스 세기를 조작하기만 할 뿐 그 의미는 이해하지 못한다는 말과 똑같습니다. 우리 인간의 뇌도 동일한 방식으로 작동하기 때문입니다. 결국 존 설의 주장대로라면 인간의 뇌도 진정으로 어떤 것도 이해하지 못한다는 결론을 내려야 합니다. [15]

컴퓨터가 이해하는 방식은 인간의 두뇌가 이해하는 방식과 다를 바 없는데, 왜 컴퓨터는 진정으로 이해한다고 여기지 않느냐는 거죠.

인디애나대학교의 더글러스 호프스태터Douglas Hofstadter, 1945~ 교수는 1979년에 《괴델, 에셔, 바흐》라는 예술과 과학을 결합한 독특한 책을 출간해 《뉴욕 타임스》 베스트셀러에 올려놓습니다. 이 책의 아마존 독자평을 보면 "도대체 무슨 얘기를 하는 책인지 모르겠다"라는 평가가 대부분일 만큼 난해하지만, 책은 인공지능에 대한 비판과 매우 깊이 있는 통찰력을 제시하고 있죠.

Douglas Hofstadter

무엇보다 호프스태터는 인공지능 연구가 인간 의식에 관한 근본적인 질문은 잊어버린 채 온통 기술 중심으로만 개발되고 있는 현실에 불만을 표했습니다. 공학자들은 지난 몇십 년간 지능을 '만들어내는' 데는 탁월한 성과를 거뒀지만 정작 지능을 '이해하는' 데는 턱없이 부족했다고 비판합니다. 그러면서 의미 있는 인공지능을 만드는 유일한 방법은 인간의 상상력이 작동하는 방식을 이해하는 것이라 믿었죠.[16]

이후에도 호프스태터는 이에 대한 연구를 꾸준히 진행합니다. 그러나 아쉽게도 주류 인공지능 연구와는 많이 다르게 가정, 유추, 비유같은 뇌의 고차원적인 작동 원리를 탐구하려고 했던 호프스태터의 접근 방식은 21세기 들어 사실상 폐기되다시피 합니다. 이후에는 무어의 법칙으로 대표되는 연산 능력의 눈부신 발전에 힘입어 계산의 시대가 열리죠. 계산 능력은 놀라운 결과를 가져왔습니다. 제1장에서 살펴본 딥 블루가 대표적입니다. 계산 능력만으로 체스에서 탁월한 성과를 내죠. 하지만 그만큼 상상력에 관한 관심은 희미해졌습니다.

지능은 과연 엄청난 연산 능력과 방대한 기억력뿐일까요?

그렇다면 언어를 이해한다는 것은 과연 무엇을 의미할까요? 지금까지 수많은 사람이 컴퓨터에게 언어를 가르쳤습니다.

- 컴파일러는 규칙에 따라 인간의 자연어를 컴퓨터가 이해할 수 있는 형식으로 바꿨습니다.
- 일라이자와 심심이 같은 챗봇은 규칙에 기반해 질문에 응답했죠.
- 워드투벡은 문장을 숫자로 표현하고 벡터 간 유사도를 판별했습니다.
- 언어를 생성하는 GPT-3는 다음에 나올 단어가 무엇인지 확률을 통해 문장을 만들었죠.
- 구글 미나, 페이스북 블렌더 봇 같은 챗봇은 거대한 모델에 많은 데이터를 학습했습니다.
- 챗봇 끝판왕 챗GPT는 강화학습을 거쳐 사용자 프롬프트를 잘 따르도록 진화했습니다.
- 언어를 이해하는 버트는 사전학습을 거쳐 정답의 위치가 몇 번째에 있는지를 확률로 계산했습니다.
- 이루다는 버트를 통해 대화를 숫자로 표현한 다음, 가장 근접한 답변을 골라냈습니다.

이 중에 어떤 방식이 언어를 진정으로 이해하는 것일까요? 커즈와일은 다음과 같이 주장합니다. "통계적 분석 과정을 거쳐 언어를 비롯한 여러 현상을 이해하는 것을 '진정한 이해'가 아니라고 한다면, 우리 인간 또한 같은 방식으로 이해하기 때문에 진정으로 이해하는

것은 감히 아무것도 없다고 할 수 있다." [17]

과연 진정으로 이해한다는 것은 어떤 의미일까요?

제8장

내비게이션

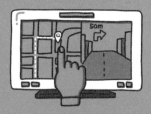

티맵은 어떻게 가장 빠른 길을 알까

내비게이션, 당신의 스마트한 운전 비서

어릴 때 아버지 차 뒷자리에는 항상 지도책이 꽂혀 있었습니다. 운전 중에 아버지는 종종 제게 묻곤 했죠.

"지도책에서 지금 위치가 어디쯤인지 좀 찾아보거라."

뒷자리에 앉아 있던 저는 지도책을 펼치고, 주위의 간판을 둘러보면서 지역명을 알아낸 다음, 지도에서 현재 보이는 도로와 유사하게 생긴 도로를 찾았습니다. 방향도 알아야 했습니다. 지도책의 위쪽이 정북 방향이기 때문에 현재 시각과 태양의 위치를 보면서 동서남북을 파악한 다음, 지도책을 돌려 현재 보이는 도로와 비교하곤 했죠. 정말 어렵고 힘든 작업이었습니다. 당연히 아버지는 저보다 현재 위치를 훨씬 더 빨리 찾으셨는데, 어떻게 그렇게 지도를 잘 보는지 어린 마음에 놀랐던 기억이 있습니다. 현재 위치를 찾으면 지도를 유심히 살핀 후 경로를 암기해서 운전하거나 제가 옆에서 손가락으로 지도를 보면서 방향을 알려주는 경우도 있었습니다. 일반 도로는 그나마 길을 잃어도 금방 돌아 나올 수 있지만 고속도로에서는 한번 출구를 놓치면 거의 30km 이상을 빙 돌아서 나와야 했기에 긴장을 바짝 했죠.

택시를 이용할 때도 마찬가지였습니다. "상암동으로 가주세요"라고 부탁하면 가장 빠른 길은 당연히 택시기사가 알 것이라고 생각했죠. 실제로 택시운전자격시험에는 운행 지역의 지리 시험이 포함되어 있습니다.

문제. 서울 중구 명동에 있는 명동성당 부근에 있는 호텔이 아닌 것은?[1]
    1) 로얄호텔   2) 세종호텔
    3) 호텔신라   4) 사보이호텔

이 정도 문제는 풀 수 있어야 택시 운전을 할 수 있었죠. 실제로 1999년 영국 UCL의 신경 과학자들은 런던 택시기사의 뇌에 있는 해마Hippocampus라는 부위가 일반인보다 눈에 띄게 더 크다는 사실을 발견합니다. 항상 경로를 계산하는 훈련을 하다 보니 이른바 그 능력을 발휘하는 근육, 즉 해마가 커진 것이었죠. 이처럼 과거에 운전이란 자동차를 직접 운전하는 것 외에도 뇌의 특정 영역을 동원해 지리

정보와 경로 계획을 끊임없이 떠올리는 복합적인 활동이었습니다.

하지만 이제 과거의 추억입니다. 내비게이션이 등장하면서 우리의 운전 습관은 완전히

달라졌습니다. 당장 처음 본 낯선 장소에 뚝 떨어져도, 내비게이션만 있으면 정확한 위치와 이동 경로를 알 수 있게 되었습니다. 그뿐 아니라 요즘은 카카오 택시 등의 서비스를 이용하면 내비게이션이 통합되어 아예 도착지가 미리 입력되어 있기 때문에 더 이상 도착지를 택시기사에게 말해줄 필요도 없습니다. 더군다나 내비게이션은 예상 도착 시간까지 정확히 예측해 줍니다. 이제 내비게이션 없는 운전은 상상도 할 수 없습니다. 이제는 스마트폰 없는 일상을 상상할 수 없듯이, 내비게이션 없는 운전은 상상하기 힘들어졌습니다.

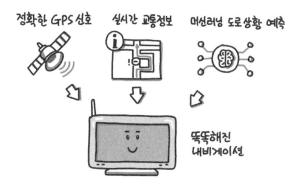

이러한 변화에는 2가지 터닝 포인트가 있었습니다. 첫 번째는 미국이 더욱 정확한 GPS 신호를 민간에 개방한 것입니다. 미국은 1970년대에 군사적 목적으로 24개의 GPS 위성을 쏘아 올렸습니다. 그러나 적대국도 사용할 수 있다는 우려에 일부러 최대 100m 이상 오차가 나게 만들었죠. 그러다 2000년 당시 클린턴 정부 때 이 오차를 없앴고 이때부터 민간에서도 정확도 높은 GPS 신호를 마음껏 사용할 수 있게 되면서 적극적으로 활용할 수 있는 기반이 열렸습니다.

두 번째는 내비게이션 시스템이 교통정보와 머신러닝까지 연동되며 스마트해진 점입니다. 단순히 지도 정도를 보여주고 현재 위치를 표시해주었던 초창기 내비게이션이, 실시간 교통정보와 연동되면서 최적의 경로를 안내할 수 있게 되었습니다. 여기에 머신러닝을 탑재해 도착 시점에 해당 구간이 막힐지, 언제 출발하면 막히지 않을지까지 예측해 내면서 편의성을 대폭 키웠죠.

초창기에는 내비게이션 전용 기기가 큰 인기를 끌었고, 이후 자동차 회사들도 차량에 옵션으로 장착해 판매하기 시작합니다. 하지만 티맵이나 카카오내비 같은 스마트폰 전용 내비게이션이 출시되면서부터는 두 서비스가 점유율 1, 2위를 다투고 있는 상황입니다.

내비게이션은 자율주행차 운행에서도 매우 중요합니다. 정교한 지도를 기반으로 현재 위치를 파악하는 일은 자율주행차가 스스로 목적지를 찾아서 주행하는 데 가장 핵심적인 역할을 담당하죠. 그뿐 아니라 자율주행차에는 현재 미터 단위의 지도보다 훨씬 더 정밀한 10cm 단위의 고정밀 지도가 꼭 필요합니다.

지도는 도로 상황의 변화를 반드시 반영해야 합니다. 내비게이션이 공사 때문에 끊어진 길로 안내한다면 끔찍한 상황이 벌어질 수도 있죠. 국내 도로 상황을 얼마나 빠르게 반영하고 운영하는지가 매우 중요한 기능이 될 수 밖에 없습니다. 이 때문에 국내 상황에 익숙지 않은 해외 업체가 국내에 진출하기가 쉽지 않죠. 전자지도를 제작하는 국내 업체들은 수시로 현장 조사를 하면서 변경된 정보를 지도에 반영합니다. 이렇게 만들어진 최신 지도는 해외 업체보다 경쟁력에서 앞서죠.

과거에는 직접 인터넷에서 지도 파일을 다운로드해 업데이트해야 했지만 최근에는 주유 중에 자동으로 업데이트한다던가 서비스센터에서 정비 중에 업데이트하기도 합니다. 게다가 자동 업데이트 기능이 포함되어 있거나 스마트폰 내비게이션의 경우에는 항상 최신 지도를 온라인으로 다운로드하기 때문에 업데이트에 신경 쓸 필요가 전혀 없죠.

그렇다면 자동차 내비게이션은 어떻게 막히는 구간을 예측할까요?

오컴의 면도날 법칙

지금 이 순간에 강남역이 막히는지 어떻게 알아낼 수 있을까요? 예측은 정말 어려운 일이니 복잡한 딥러닝을 이용해 뚝딱 알아낼 수 있을까요? 데이터 과학자들이 좋아하는 말 중에는 "모든 모델은 잘못됐다. 그러나 일부는 유용하다"라는 말이 있죠.[2]

어떤 모델도 현실 세계를 완벽하게 기술하지는 못한다는 얘기입니다. 그렇다면 간단한 규칙부터 살펴보죠. 사람의 분당 최대 심장박동 횟수Maximum Heart Rate, MHR는 어떻게 구할까요? 정말 간단합니다. 220에서 그 사람의 나이를 빼면 됩니다.

$$\text{최대 심박수(MHR)} = 220 - \text{나이}$$

우리는 나이가 들면서 최대 심박수가 점점 줄어드는데, 이를 간단하게 반영한 공식이죠. 하지만 의외로 이 규칙은 정확하게 작동합니다. 가령 여러분의 나이가 40세라면 최대 심박수는 분당 180회이고 실제로 대부분 그렇습니다. 이보다 복잡하고 정교한 규칙을 만들 수도 있겠지만 이 정도만 해도 충분히 정확하죠.

규칙은 단순할수록 좋습니다. 최대 심박수를 찾는 규칙은 매우 단순하면서도 유용한, 세상에서 가장 작은 모델인 셈이죠. 여기서 매개변수는 딱 하나입니다. 나이를 빼는 기준치 220이 바로 매개변수이죠. 210이나 230 또는 다른 어떤 값이든 될 수 있지만 220으로 했을

때 실제 데이터와 가장 잘 들어맞습니다.[3]

이보다 더 복잡하지만 좀 더 잘 들어맞는 모델이 있습니다.

$$최대 심박수(MHR) = 211 - 0.64 \times 나이$$

이전 규칙은 매개변수가 220, 1개였지만 새로운 규칙은 이제 211과 0.64, 이렇게 2개입니다. 매개변수가 늘어나면 그만큼 규칙을 조정할 여지가 늘면서 훨씬 더 정교한 모델이 됩니다. 그러나 계산은 좀 더 까다로워졌습니다.

물론 이보다 더 정교한 예측 공식도 있습니다.

$$최대 심박수(MHR) = \frac{203.7}{1 + e^{0.033 \times (나이 - 104.3)}}$$

이 수식은 2003년 스웨덴 룬드대학교에서 나온 논문에서 소개한 모델입니다. 이 공식을 이용하면 훨씬 더 정교하게 최대 심박수를 구할 수 있지만 매개변수가 4개나 되기 때문에 이제 암기는 힘듭니다. 수식이 복잡하기 때문에 계산기 없이는 계산도 어려워 보입니다.

이처럼 매개변수가 3개가 되고, 4개가 되면서 점점 더 늘어나면 더욱 정교한 모델을 만들 수 있겠죠? 딥러닝이 바로 그렇습니다. 앞서 챗봇에서 살펴본 GPT-3는 매개변수가 무려 1,750억 개나 되죠. 그러나 매개변수가 많다고 항상 좋은 것은 아닙니다. 당장 매개변수가 하나만 더 늘어도 계산하기가 훨씬 더 까다롭습니다. 마지막에 제시한 최대 심박수 수식처럼 매개변수가 4개쯤 되면 이제 계산기 없이

과적합

는 계산하기도 어렵죠. 무엇보다 매개변수가 하나씩 늘어날 때마다 학습 데이터가 훨씬 더 많이 필요합니다. 자칫 잘못하면 **과적합**Overfitting에 빠질 수도 있죠.

이 그림이 바로 과적합의 대표적인 예입니다. 예를 들어 어떤 사람이 옆으로 누워 몸을 움츠리고 잔다고 해서 침대를 자세에 맞춰 만들어서는 곤란하겠죠. 하지만 매개변수가 늘어날수록 자세에 정확히 맞춘 침대처럼 과적합이 발생할 수 있습니다. 침대 형태가 직사각형이 되도록 매개변수를 단순하게 제한했다면 이런 일이 일어나지 않았겠죠.

따라서 크고 복잡한 모델이 항상 좋은 것만은 아닙니다. 앞서 본 것처럼 매개변수가 1개인 모델도 충분히 그럴듯한 결과를 얻어낼 수 있고, 무엇보다 적용하기도 쉽습니다. 그래서 운동하는 사람들은 대부분 첫 번째 규칙인 '220-나이'를 가장 널리 사용합니다. 과학계에서도 가능하면 단순한 모델을 선호합니다. 이처럼 면도날로 도려내듯 단순한 모델이 최선이라는 원칙을 **오컴의 면도날**Occam's Razor이라 합니다.

오컴의 면도날은 흔히 '경제성의 원리' 또는 '단순성의 원리'로 불리며, "필요 이상으로 많은 것을 가정하지 말라"는 라틴어 문구에서 유래됐습니다. 이 원리는 과학적 방법론에도 널리 사용되며, 여러 가설 중 가장 단순한 것이 대개 진실에 가까울 가능성이 높다고 가정합

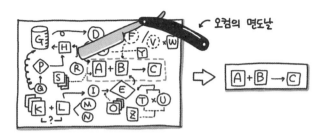

니다.

예를 들어 밤에 밝은 빛을 본 경우, 번개일 가능성이 UFO일 가능성보다 훨씬 더 높습니다. UFO라는 가정은 외계 생명체의 존재 등 여러 복잡한 가정을 필요로 하기 때문에 번개로 보는 것이 훨씬 더 합리적이기 때문입니다.

컴퓨터 과학 역사상 최고의 천재라 일컫는 존 폰 노이만John von Neumann, 1903~1957 또한 "매개변수 4개로 나는 코끼리 한 마리를 온전히 표현할 수 있고, 5개로는 그 코끼리의 몸통을 씰룩거리게 만들 수 있다"라며 매개변수가 늘어나 과적합하는 현상을 경계하기도 했습니다.

딥러닝 모델은 그 구조가 매우 복잡하고 계산해야 할 것도 많습니다. 물론 성능이 좋은 덕분에 여러 분야에서 유용하게 쓰이지만 이번 장에서는 오컴의 면도날 법칙에 따라 복잡한 딥러닝 모델이 아닌 단순한 머신러닝 모델로도 충분히 좋은 성능을 내는 방법을 소개하려 합니다. 먼저 데이터를 준비하는 과정부터 짚어보도록 하죠.

예측을 좌우하는 데이터

강남역이 막히는지를 예측하기 위해 먼저 학습 데이터부터 살펴봅시다. 여러 조건을 관찰해 학습 데이터를 만들었으며 계절, 요일, 현재 시각, 날씨 등의 조건을 입력값으로 삼아 다음과 같이 정리했습니다.

계절	요일	시각	날씨	강남역 교통 체증
봄	주말	9시	맑음	교통 원활
봄	주중	8시	맑음	교통 체증
여름	주말	8시	비	교통 원활
가을	주말	13시	비	교통 체증
가을	주중	14시	비	교통 원활
가을	주중	8시	비	교통 체증
겨울	주말	8시	맑음	교통 원활
겨울	주말	9시	맑음	교통 원활
겨울	주말	10시	맑음	교통 원활
겨울	주중	13시	맑음	교통 원활

데이터의 특징부터 자세히 살펴봅시다. 주로 강남역에는 평일 출근 시간대에 교통 체증이 발생합니다. 평일 8~9시 사이에는 항상 교통 체증이 발생하고, 날씨가 맑든 비가 오든 출근 시간대에는 마찬가지여서 날씨와는 크게 상관이 없어 보입니다. 주중에도 오후 시간대에는 교통 체증이 발생하지 않습니다. 그러나 주말에는 오전은 괜찮은데 오후에 교통 체증이 발생합니다. 아마 쇼핑 등으로 오후에 사람이 더 몰려들기 때문인 것 같네요.

이번에는 데이터의 분포를 살펴봅시다. 학습 데이터는 총 10건입니다. 이 중 겨울 데이터는 4건인데 모두 교통이 원활하다는 데이터만 있습니다. 이처럼 겨울에는 교통 체증이 발생하는 데이터가 없다면 데이터에서 포착하지 못한 문제가 일어날 가능성이 있습니다.

극단적인 예를 들어보죠. 미국의 신용 평가사들은 1980년대부터 2000년대 중반까지 미국의 주택 가격은 언제나 꾸준히 상승한다는 데이터를 기반으로 평가 모델을 만들었습니다. 그래서 신용 평가 모델은 미국의 주택 가격이 일제히 하락할때 어떤 일이 일어날지에 대해서는 아무것도 모르고 있었죠. 2008년 서브 프라임 모기지 사태가 발생하자 주택 가격이 한꺼번에 폭락하기 시작했습니다. 한 번도 경험하지 못한 사건이 발생하자 이들 신용 평가 모델은 신용 위험을 산정하는 데 아무런 소용이 없었죠.[4]

겨울에 교통이 모두 원활하다는 데이터도 이러한 문제를 일으킬 수 있습니다. 겨울에는 교통 체증이 발생하는 경우를 한 번도 보지 못했기 때문에 겨울에 발생하는 교통 체증을 제대로 예측할 수 없죠.

다음은 데이터 불균형 문제입니다. 학습 데이터가 겨울에는 4건,

가을에도 3건이 있지만 여름에는 1건밖에 없습니다. 이렇게 데이터에 불균형이 있으면 상대적으로 비중이 적은 여름 데이터는 정확도가 떨어질 수 있습니다. 예를 들어보죠. 수만 장의 엑스레이 사진을 학습했다 해도 암을 포착한 사진을 수십여 장밖에 보지 못했다면 학습 데이터 중 암일 확률은 고작 0.1% 정도에 불과합니다. 이렇게 되면 암을 예측하는 능력이 현저히 떨어집니다. 본 적이 몇 번 없기 때문이죠. 제대로 예측하기 위해서는 먼저 학습 데이터가 균형 있게 구성되어야 합니다. 또는 불균형을 해결해줄 특별한 알고리즘이 필요하죠. 그런 게 아니라면 여름 데이터를 정확하게 예측하기 위해 1건이 아니라 다른 계절과 비슷한 수준의 데이터가 필요합니다.

이외에도 스탠퍼드대학교의 한 연구팀이 머신러닝에 건강한 피부와 피부암 사진을 구분하도록 학습시킨 적이 있었습니다. 하지만 학습이 끝나고 보니 엉뚱하게도 눈금자를 판별하는 모델이 되고 말았

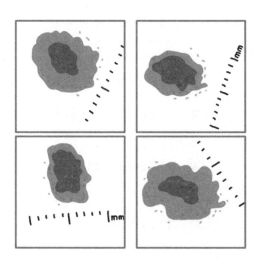

습니다. 모든 피부암 사진에 종양의 사이즈를 측정하기 위한 눈금자가 있었기 때문이죠.[5]

이처럼 잘못된 방향으로 치우치는 편향Bias은 때로 도덕적인 문제로 이어지기도 합니다. 예를 들어 신용 평가를 하는 인공지능이 흑인이라는 이유만으로 백인에 비해 낮은 점수를 주는 경우를 들 수 있죠. 또는 범죄 확률이 높다고 판별할 수도 있습니다. 심지어 흑인의 사진을 고릴라로 분류하기도 합니다. 인공지능이 의도치 않게 인종 차별을 하는 겁니다. 물론 차별이 비단 알고리즘의 문제만은 아닙니다. 알고리즘 이전에도 차별의 역사는 오래됐죠. 뉴욕의 최고 명소 중 하나인 존스 비치의 고가도로가 대표적인 경우입니다.

존스 비치 고가도로는 아름답지만 유독 높이가 낮습니다. 높이가 겨우 2.7m에 불과한데, 이렇게 설계한 이유는 1920년대 당시 도시 계획을 주도한 행정가가 존스 비치 국립공원에는 부유한 백인만 출입을 원했기 때문입니다. 백인들은 바닷가에 올 때 자가용을 몰고 오겠지만, 가난한 동네에 사는 흑인들은 버스를 타고 올 것이며 버스의 높이는 3.6m이므로 일부러 버스를 타고 오는 흑인의 접근을 막으려고 고속도로를 따라 수백 개의 고가도로 높이를 일부러 낮춰버린 것이죠. 이처럼 차별의 흔적은 예로부터 수도 없이 많습니다. 알고리즘

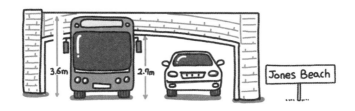

이 의도적으로 차별하는 것은 아니지만 인간의 편견을 학습하게 되고 이는 곧 차별 행동으로 이어질 수 있습니다. 따라서 편향이 발생하지 않도록 항상 예의 주시해야 합니다.

지금까지 데이터에 문제가 있다면 어떤 일이 벌어지는지 살펴봤습니다. 그렇다면 이 데이터로 강남역의 교통 체증을 어떻게 예측할 수 있을까요?

의사결정나무, 단순한 모델의 힘

강남역의 교통 체증을 예측하는 가장 간단한 방법은 조건에 따라 분기하는 모델인 **의사결정나무** Decision Tree를 만드는 겁니다. 우리가 어릴 때 하던 스무고개 놀이와 비슷합니다. 스무고개 놀이란 말 그대로 예 혹은 아니오로 답할 수 있는 질문을 스무 번 제시하여 정답을 알아맞히는 놀이입니다. 질문의 횟수는 적을수록 좋습니다. 그렇다면 가급적 정답을 빨리 맞힐 수 있는 질문을 제시해야겠죠. 어떻게 질문을 구성해야 할까요?

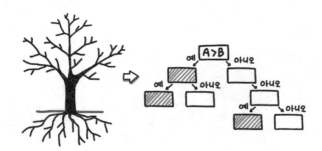

의사결정나무를 구축할 때는 복잡도인 엔트로피Entropy를 낮추는 형태로 진행합니다. 복잡도는 다르게 표현하면 불확실성Uncertainty의 정도라 할 수 있는데요. 즉 엔트로피가 낮아지면 복잡도와 불확실성이 줄어듭니다. 이렇게 엔트로피를 낮춰 덜 복잡하게 하고, 덜 불확실하게 하여 가급적 정답을 빨리 맞히는 것이 의사결정나무의 구축 원리입니다.

한 가지 예를 들어보겠습니다. "1994년 미국에서 열린 월드컵에서 어느 나라가 우승했나요?"라는 질문에 브라질, 미국, 호주, 홍콩 축구팀 중 하나를 고른다고 해봅시다. 스무고개 놀이로 맞혀야 한다면 과연 어느 나라부터 가장 먼저 질문해야 정답을 가장 빨리 맞힐 수 있을까요? 가장 우승 확률이 높은 나라부터 질문해야겠죠. "브라질인가요?"라는 질문이 가장 합리적으로 보입니다. 이처럼 가장 정답이 확실해 보이는 질문은 엔트로피를 낮춥니다. 그리고 실제로 브라질이 정답이죠. 단 한 번에 정답을 맞힐 수 있었네요. 매우 훌륭한 결과입니다.

그런데 만약 브라질이 정답이 아니라면 그다음에는 어느 나라를 택해야 할까요? 마찬가지로 정답 가능성이 높은 나라를 택하는 게 불확실성을 가장 낮출 수 있겠죠? "미국인가요?"라고 묻습니다. 그 다음에는 "호주인가요?"라고 질문해야 할 거예요. 이처럼 의사결정나무는 불확실성을 낮추는 순으로 질문을 이어나갑니다. 그러면 가장 빨리 맞출 수 있죠. 그렇다면 앞서 소개한 데이터로 강남역의 교통체증을 예측하는 의사결정나무 모델을 만들어보겠습니다. 마찬가지로 불확실성을 낮추는 순으로 질문을 구성해 봤습니다.

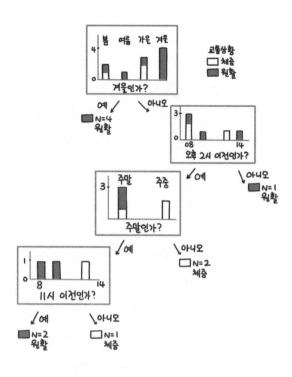

데이터 10건을 이용해 만들어본 강남역 교통 상황을 예측할 수 있는 의사결정나무 모델입니다. 내비게이션이 교통 체증을 예측하는데 활용할 수 있을 것 같네요. 그런데 문제가 있습니다. 첫 질문부터 과적합이 보이네요.

계절	요일	시각	날씨	강남역 교통 체증	예측 결과
겨울	주중	9시	맑음	?	교통 원활 (잘못 예측)

겨울의 평일 오전 시간대에 강남역의 교통 체증을 예측해 봅시다.

어떨까요? 출근 시간대이니 당연히 교통 체증이 발생할 것 같습니다. 그런데 우리가 학습한 데이터에는 겨울의 주중 오전 데이터가 없었습니다. 겨울에 교통 체증이 발생한 데이터가 없었고, 그래서 이들 데이터만으로 구축한 의사결정나무는 겨울에는 항상 교통이 원활하다는 판단을 내립니다. 학습 데이터만 놓고 봤을 때는 겨울인지 여부로 판단하는 것이 가장 빠르게 불확실성을 낮출 수 있는 방법이기 때문이죠. 마치 브라질이 월드컵 우승국인지 가장 먼저 질문했던 것처럼 가장 합리적인 결정은 맞습니다. 하지만 불완전한 학습 데이터에 지나치게 과적합한 것이죠.

만약 겨울이 아니라면 현재 시각도 확인하고, 주말인지도 물어보면서 좀 더 꼼꼼히 정답을 찾습니다. 날씨는 교통 체증과 상관관계를 찾기 어렵기 때문에 질문을 생략하기도 합니다. 이렇게 학습 데이터 10건에 대해서는 완벽한 모델입니다. 무엇보다 이렇게 만든 의사결정나무는 판별 과정이 투명하게 보이기 때문에 왜 그렇게 판단했는지 금방 이유를 알 수 있고, 겨울에는 교통 체증이 발생하지 않는다고 판단하는 오류도 쉽게 발견할 수 있습니다. 이렇게 해석이 쉬운 모델은 해석이 어려운 딥러닝에 비해 오류를 쉽게 발견하고 수정할 수 있는 장점이 있습니다. 단순한 모델의 힘이죠.

그렇다고 해도 겨울에는 항상 교통이 원활하다고 잘못 예측하는 오류는 해결해야 합니다. 이렇게 한번 잘못된 판단을 내리면 의사결정나무는 이를 스스로 수정할 수 있는 방법이 없습니다. 겨울이라면 항상 교통이 원활하다는 결론을 내리고 끝내버리기 때문입니다. 단 한 번의 오류에도 너무 취약한 모델이죠. 만약 겨울이라는 입력이 잘못 들어갔다면 그 즉시 교통이 원활하다는 결론을 내려버리기 때문에 다른 조건은 살펴볼 기회조차 주어지지 않죠. 이처럼 지나치게 엄격한 의사결정나무 모델은 예상 밖의 변화에도 민감하게 반응하므로 온갖 오류가 넘치는 현실의 데이터로는 정확도를 높이기 어렵습니다. 그렇다면 정확도를 높일 수 있는 좀 더 개선된 방법은 없을까요?

랜덤 포레스트, 대중의 지혜를 발휘하다

랜덤 포레스트는 과학적 데이터 분석에 유용한 방법입니다.

레오 브라이만
1928 - 2005

버클리대학교의 통계학자 레오 브라이만Leo Breiman, 1928~2005은 2001년에 오류에 견고한 새로운 모델을 제안합니다. 데이터와 특징에 제한을 두고 샘플을 추출한 다음, 여러 개의 의사결정나무를 만들어 각각의 결과를 두고 투표해 최종 결과를 정하는 방식이죠. 예를 들어 다음과 같이 여러 개의 의사결정나무를 만들 수 있습니다.

　　이렇게 만든 3개의 의사결정나무 모델을 이용해 겨울 출근 시간대
의 교통 상황을 다시 한번 예측해 보죠.

　　첫 번째 모델은 앞서 단일 의사결정나무와 마찬가지로 이번에도
겨울이기 때문에 원활하다는 결론을 내립니다. 하지만 두 번째 모델
은 11시 이전이라 교통 체증이 발생한다는 결론을 내립니다. 세 번째
모델도 주말이 아니기 때문에 10시 이전인지 한번 더 조건을 따져보
고 마찬가지로 교통 체증이 발생한다는 결론을 내립니다. 이렇게 3개
모델의 결과는 교통 원활에 1표, 교통 체증에 2표로 다수결에 따라
교통 체증이 발생한다고 결론을 내릴 수 있습니다. 앞서 단일한 의사
결정나무는 잘못된 예측을 했지만 여러 개의 나무를 활용해 올바르
게 예측해냈죠. 그렇다면 어떻게 여러 개의 의사결정나무를 만들 수
있을까요?

계절	요일	시각	날씨	강남역 교통 체증	예측 결과
겨울	주중	9시	맑음	?	교통 체증 (올바른 예측)

학습 데이터 10개 중 일부를 제외하고 8개를 무작위로 추출해 만들거나 또는 4개의 특징(계절, 요일, 시각, 날씨) 중 일부를 제외하고 어떤 나무는 계절을 빼고 어떤 나무는 날씨를 빼는 등 3개의 특징만 활용해 나무 여러 개를 만들어냅니다. 이렇게 만들어낸 각각의 의사결정나무는 당연히 단일 의사결정나무에 비해 성능이 훨씬 더 떨어집니다. 데이터와 특징을 제한했으니까요. 그러나 이런 의사결정나무가 1개가 아니라 10개, 100개가 되면 엄청난 위력을 발휘합니다. 마치 평범한 대중이 모여 '대중의 지혜'를 발휘하는 것처럼 평범한 의사결정나무가 모여 100개쯤 되면 대중의 지혜를 발휘할 수 있죠. 만약이 중 60개가 교통 체증이 발생한다는 판단을 내렸다면 과반수를 훨씬 넘으므로 이를 최종 결론으로 택할 수 있습니다.

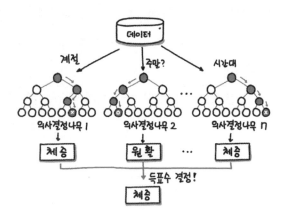

이렇게 하면 데이터의 오류 등으로 일부 의사결정나무가 잘못된 결과를 내리더라도 나머지 나무들이 올바른 결과를 낼 수 있기 때문

에 전체적으로는 오차에 매우 견고해집니다. 무엇보다 이 방식은 대중의 지혜를 발휘합니다. 엄청나게 똑똑한 의사결정나무가 내린 정답보다 평범한 100개의 나무가 내린 정답을 모두 종합하면 그 결과가 훨씬 더 훌륭하다는 얘기죠. 오류에 견고할 뿐만 아니라 성능 또한 훨씬 더 좋습니다. 이 모델의 이름은 **랜덤 포레스트**Random Forest입니다. 나무를 만들기 전에 데이터를 무작위로 Random 추출하고, 나무가 여러 개 모여 숲Forest을 이룬다는 의미죠. 모델의 원리에 잘 어울리는 멋진 이름입니다.

알고리즘을 고안한 브라이만은 당시 73살이었습니다. KFC를 만든 커널 샌더스 할아버지가 65살에 창업한 것처럼, 브라이만은 본인의 연구 인생에서 가장 위대한 업적을 은퇴할 나이에 남긴 셈이죠. 랜덤 포레스트는 마이크로소프트의 게임기 엑스박스의 모션센서가 사람의 동작을 판별하는 데 사용한 알고리즘으로도 유명합니다.

그렇다면 이보다 더 정확도를 높일 수 있는 방법이 또 있을까요?

그레이디언트 부스팅, 정답과 거리를 줄여나가다

통계학에 잔차Residual라는 개념이 있습니다. 오차Error와 비슷한 개념인데, 잔차는 전체에 대한 오차가 아니라 샘플의 오차라는 차이점이 있죠. 오차보다는 훨씬 더 작은 개념으로, 잔차를 줄여나가면 모델을 훨씬 더 정교하게 개선할 수 있기 때문에 통계학에서 여러 모델을 만드는 데 중요하게 쓰이죠. 잔차의 개념을 의사결정나무에도 동일하게 활용할 수 있습니다. 앞서 랜덤 포레스트에서는 무작위로 여러 개의 나무를 만들었습니다. 각각의 나무들은 서로 독립적이었고 득표수를 기준으로 결과를 판별했죠. 그러나 여기서는 이전에 만든 나무를 개선해 새로운 나무를 만듭니다. 각각의 나무들은 이전과 달리 독립적이지 않으며 오히려 이전의 나무에 크게 영향을 받습니다.

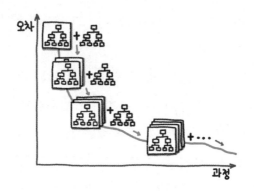

먼저 의사결정나무를 하나 만듭니다. 그리고 이 나무에서 오류가 발생하면 실수를 바로 잡는 새로운 나무를 만듭니다. 이 과정을 오류를 최소화할 때까지 계속해서 반복합니다. 잔차를 계속해서 줄여나가는 거죠. 잔차의 기울기Gradient를 줄여나간다고 하여 **그레이디언트 부스팅**Gradient Boosting이라고 합니다.

이 과정은 마치 골프를 치는 것과 비슷합니다. 홀컵에 공을 넣기 위해 여러 차례 공을 치면서 계속해서 거리를 줄여나가는 거죠. 우리는 여러 번의 노력 끝에 마침내 홀인을 해냅니다. 홀컵을 정답이라고 가정한다면 그레이디언트 부스팅은 정답을 맞히기 위해 계속해서 정답과의 거리를 줄여 나가는 과정이라고 할 수 있습니다.

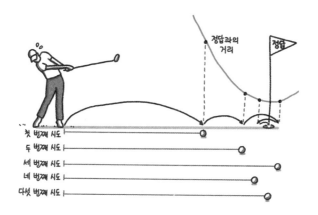

그레이디언트 부스팅 모델은 성능이 매우 좋습니다. 마치 골프를 치듯 정답을 향해 여러 번 꾸준히 도전하는 방식이 놀라운 효과가 있었죠. 앞서 랜덤 포레스트도 의사결정나무를 하나만 사용했을 때 보다 성능이 훨씬 더 좋다고 얘기한 바 있는데요. 잔차를 줄여나가는 형태로 구축하는 그레이디언트 부스팅은 랜덤 포레스트보다도 훨씬 더 뛰어납니다. 웬만한 오류는 모두 걸러내며 매우 높은 정확도를 보여주죠. 우리가 지금까지 살펴본 강남역 교통 체증을 예측하는 사실상 가장 뛰어난 모델이기도 합니다.

딥러닝이 많은 분야에서 월등히 좋은 성과를 내고 있지만 이처럼 정형화된 데이터를 예측하는 일에서는 여전히 전통적인 머신러닝 모델이 좋은 성과를 내고 있습니다. 특히 그레이디언트 부스팅을 응용한 모델은 심지어 딥러닝보다 더 뛰어난 성능을 보이며 여전히 여러 분야에 활발히 활용되고 있죠. 캐글이라는 데이터과학 경진대회에서 가장 많이 쓰이는 머신러닝 모델도 바로 그레이디언트 부스팅입니다. 우승을 위해서는 당연히 딥러닝을 써야 할 것 같지만, 경진대회에서조차 딥러닝을 제치고 더 많이 쓰일 정도로 뛰어난 성능을 발휘하고 있습니다.

단일 의사결정나무는 단순하지만 성능은 다소 떨어집니다. 반면 랜덤 포레스트와 그레이디언트 부스팅은 복잡하지만 성능은 매우 뛰어납니다. 이처럼 뛰어난 성능 덕분에 비단 교통 체증 예측뿐 아니라 배차 예측 같은 분야에도 널리 사용합니다. 택시의 수요와 공급을 효율적으로 예측하여 승객이 몰리는 지역에 더 많은 택시가 미리 대기하도록 하는 일이죠. 과거에는 베테랑 운전자의 경험에만 의존해야 했지만, 이제는 그레이디언트 부스팅 같은 뛰어난 모델을 활용해 해결할 수 있습니다.

데이크스트라 알고리즘, 최단 거리 탐색의 비밀

강남역의 교통 체증 여부를 예측했으니 이제 내비게이션으로 최적의 경로를 찾을 일만 남았습니다. "강남역으로 안내해 줘"라는 명령에 따라 내비게이션은 과연 어떻게 강남역까지 최적의 경로를 찾을 수 있을까요?

최단 경로를 찾는 알고리즘 중에서 가장 유명한 것은 아마 **데이크스트라 알고리즘**Dijkstra's Algorithm일 것입니다. 네덜란드의 컴퓨터 과학자 에츠허르 데이크스트라Edsger Dijkstra, 1930~2002가 대학원생이던

1956년에 여자친구와 함께 커피숍에 갔다가 20분 만에 고안해서 만든 알고리즘으로도 유명합니다. 커피숍에서 냅킨에 적을 수 있을 만큼 단순한 법칙으로, 단순한 법칙이 가장 뛰어나다는 오컴의 면도날을 증명하는 대표적인 알고리즘이죠.[6] 물론 당시에 그는 이렇게 단순한 경로 계획 알고리즘이 미래에 수많은 분야에서 활용될지 전혀 상상도 못했겠지만요.

데이크스트라 알고리즘은 현재 위치에서 주변을 모두 살핀 후 그중 항상 최단 경로를 택하는 알고리즘입니다. 단순할 뿐만 아니라 찾는 속도도 매우 빠르죠.

성남에서 강남으로 가는 가장 빠른 경로를 찾는다고 해봅시다. 각 구간별 소요 시간은 교통 정보를 반영하여 미리 계산되어 있습니다. 이제 가장 빠른 경로를 찾아나가면 됩니다. 먼저 출발지인 성남에서 갈 수 있는 모든 경로부터 살펴봅시다.

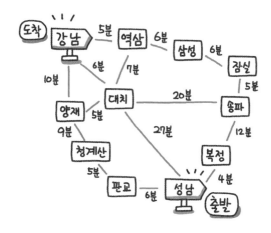

성남 → 판교, 성남 → 대치, 성남 → 복정, 이렇게 3가지 선택지가 있습니다. 이 중 가장 짧은 시간이 걸리는 복정으로 이동해 다시 복정 → 송파까지 걸리는 시간을 더합니다. 그런데 성남 → 송파까지 걸리는 시간에 비해 성남 → 판교가 훨씬 더 짧은 시간이 소요됩니다. 그래서 이번에는 판교로 방향을 틀어 판교 → 청계산까지 걸리는 시간을 더해 성남 → 청계산까지 소요 시간을 살펴봅니다. 이런 식으로 출발지인 성남을 중심으로 가장 짧은 시간이 소요되는 위치를 계속해서 돌아보며 최종 도착지인 강남으로 향합니다. 여러 차례 다양한 방향으로 탐색을 거듭하며 총 9번의 시도 끝에 30분이 걸리는 성남→판교→청계산→양재→강남 경로를 찾아낼 수 있었습니다.

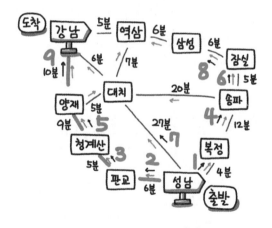

그런데 이 알고리즘에는 문제가 있습니다. 너무 많은 경로를 탐색해야 한다는 거죠. 성남에서 강남까지 중간에 위치한 모든 구간을 탐색해야 합니다. 여기서도 탐색한 경로를 보면 판교 방면으로 갔다가

잠실 방면으로 틀고 다시 대치도 살펴보는 등, 역삼을 제외한 모든 구간을 지나는 경로를 탐색한 후에야 강남까지 가는 최적 경로를 찾을 수 있었습니다. 이렇게 되면 실제로 내비게이션이 최적 경로를 탐색하는 데 너무 오랜 시간이 걸립니다.

예를 들어 서울에서 부산까지 가는 경로를 탐색한다고 해보죠. 그 사이에는 정말로 수많은 구간이 있기 때문에 최적 경로를 탐색하기 위해 이 모든 구간을 탐색하려면 아무리 고사양의 내비게이션이라도 수십 분은 걸릴 겁니다. 경로 탐색에 수십 분씩 걸리는 내비게이션을 이용할 고객은 아무도 없겠죠. 이래서는 제대로 활용할 수가 없습니다. 요즘 나오는 내비게이션은 서울과 부산까지 최적 경로를 거의 실시간으로 찾아냅니다. 데이크스트라 알고리즘으로는 이렇게 할 수가 없는데, 어떻게 이렇게 빠르게 찾아낼 수 있을까요?

모든 내비게이션이 채택한 A* 알고리즘

1968년에 스탠퍼드 연구소SRI에서 **A* 알고리즘**('에이스타'로 읽습니다)을 개발합니다. 이 연구소는 이후 1970년에 스탠퍼드대학교에서 분리되었고, 1977년부터는 SRI 인터내셔널을 공식 명칭으로 사용합니다. 연구소 이름이 어딘가 낯익다면 여러분은 지금까지 책을 제대로 읽은 겁니다. 제5장에서 살펴본 시리를 만든 곳이 바로 SRI 인터내셔널입니다. 시리가 만들어지기 40여 년 전에 같은 곳에서 이 알고리즘을 만들었죠. A* 알고리즘은 데이크스트라 알고리즘의 확장판으로 볼 수 있는데, 거의 모든 경로를 탐색하던 데이크스트라에 비해 꼭 필요한 경로만 탐색하여 탐색 횟수를 대폭 줄였습니다. 이게 가능한 이유는 출발지에서 도착지로 이동하는 시간뿐 아니라 반대 방향, 즉 도착지에서 출발지로 거꾸로 이동하는 시간도 함께 계산에 포함하기 때문입니다. 이렇게 하면 애초에 도착지에서 먼 곳은 탐색할 시도조차 하지 않죠. 마치 알파고가 가능성이 높은 수 중심으로만 탐색하고, 나머지는 아예 탐색하지 않는 것과 비슷합니다. A* 알고리즘은 이처럼 양방향 경로를 합산하여 최적 경로를 찾아냅니다.

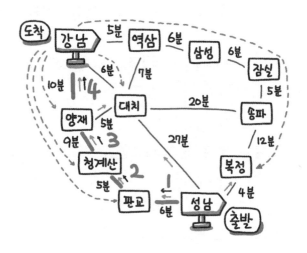

이렇게 하면 성남에서 복정으로 향하는 구간은 딱 한 번만 살펴보고 그다음부터는 탐색하지 않습니다. 도착지에서 거꾸로 강남 → 복정 구간을 살펴봤더니 애초에 오래 걸리는 경로인 걸 확인했기 때문이죠. 데이크스트라 알고리즘은 최단 경로를 찾기 위해 성남 → 복정

→ 송파 → 잠실 → 삼성까지도 거슬러 올라갔지만 A* 알고리즘은 이제 이 경로는 아예 탐색하지 않습니다. A* 알고리즘은 판교 방면으로 향하는 경로를 바로 택할 수 있고, 단 4번 만에 강남으로 향하는 최적 경로를 찾아낼 수 있습니다. 물론 중간에 대치로 빠지는 경로도 살짝 살펴보긴 했지만 이내 최적 경로를 찾아 강남까지 바로 탐색해냅니다.

알고리즘	탐색 구간	탐색 횟수
데이크스트라 알고리즘	성남, 복정, 판교, 청계산, 송파, 양재, 잠실, 대치, 삼성, 강남	9번
A* 알고리즘	성남, 판교, 청계산, 양재, 강남	4번

이처럼 빠르게 계산할 수 있는 A* 알고리즘은 내비게이션에 특히 유용합니다. 서울에서 부산 같은 엄청나게 먼 거리도 불필요한 경로는 제외하여 매우 빠르게 탐색할 수 있기 때문이죠. 또한 여기서는 도착지에서 소요되는 시간만 감안했지만 그뿐만 아니라 교통 지연, 도로 체증, 공사 여부, 신호등, 앞으로 남은 방향 전환 횟수 등 다양한 변수를 모두 활용할 수 있습니다. 심지어 직선거리도 활용할 수 있습니다. 예를 들어 A 방향으로는 도착지까지 주행 경로가 50km가 나오는데 B 방향은 도착지에서부터 직선거리만 해도 55km나 된다면, B 방향은 굳이 탐색할 필요도 없죠. 직선거리보다 더 짧은 경로는 없으니까요. 또한 앞서 예측한 강남역의 교통 체증 여부도 A* 알고리즘

에 적용할 수 있습니다. 이처럼 A* 알고리즘에는 다양한 변수를 적용할 수 있기 때문에 활용도가 매우 높습니다. 그래서 사실상 시중에 있는 모든 내비게이션은 A* 알고리즘을 응용해 최적 경로를 계산한다고 할 수 있죠.

내비게이션, 경로 안내 그 이상의 것

이처럼 최적 경로를 안내해주면 이제 내비게이션이 할 일은 모두 끝났을까요? 그렇지 않습니다. 아무리 빠른 길이라도 많은 차량이 몰리면 그 길은 다시 정체 구간이 됩니다. 새로운 도로가 생겼다고 해서 항상 더 빨리 이동할 수 있는 것도 아닙니다. 새로 만든 도로에 차량들이 몰리면 교통 정체 상황이 도로 개통 이전보다 더욱 악화되는 경우가 있는데, 교통 분야에서는 이를 **브라에스 역설**Braess' Paradox이라고 합니다.

따라서 교통 시설 전체를 효율적으로 활용하려면 시간과 공간에

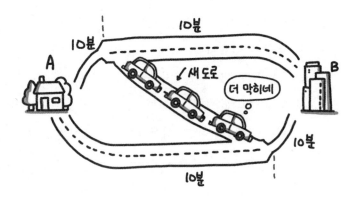

차량이 적절히 분포되어야 합니다. 아침 출근 시간대에 강남역에 교통 체증이 발생하는 이유도 동일한 시간대(출근 시간), 동일한 공간(강남역)에 차량이 몰리기 때문이죠. 실제로 명절에 티맵으로 교통 안내를 받던 차량들이 모두 국도로 몰리면서 오히려 국도에 극심한 정체가 발생한 일이 있을 정도입니다. 미국에서도 스마트폰 내비게이션 앱인 웨이즈가 최적 경로라며 숨겨진 골목길을 안내해주는 바람에 좁은 골목길에 갑자기 많은 차가 몰려 대혼란이 일어난 적이 있죠.

따라서 차량이 적절히 분산되도록 내비게이션은 모든 차량에 동일한 최적 경로를 제공하기보다 우회 경로를 포함한 다양한 경로를 제시할 필요가 있습니다. 물론 내비게이션이 전체 교통 상황을 고려해 특정 사용자에게 최적이 아닌 경로를 강제해도 되는지에 관해서는 여전히 논란의 소지가 있습니다.[7] 마치 제3장에서 살펴본 자율주행차가 보행자를 살리기 위해 탑승자를 희생하는 판단을 내려도 되는지와 비슷한 문제죠.

미국에서는 2017년 캘리포니아 대화재 때 내비게이션이 불이 난 도로로 안내해 큰 문제가 불거진 적이 있습니다.[8] 물론 알고리즘이 사람을 해치기 위해 그런 행동을 한 건 결코 아닙니다. 단지 도로가 한산해 안내한 것뿐이었죠. 당시에는 도로에 불이 났다는 사실을 알고리즘이 알 수 있는 방법이 없었습니다. 이처럼 내비게이션이 풀어야 할 문제는 여전히 많이 남아 있습니다.

이제 내비게이션 없이는 살아갈 수 없습니다. 그리고 내비게이션이 더 똑똑해질 여지도 충분히 많이 남아 있죠. 내비게이션은 지금도 실시간 교통정보를 반영하고, 데이터를 끊임없이 주고받아 교통 상황을 분석하고, 빅데이터 정보도 반영하면서 훨씬 더 정교하게 최적 경로를 안내해주기 위해 끊임없이 개선되고 있습니다. 수많은 사람의 정보를 분석하고 시간과 요일, 날짜 등을 고려해 막힘없이 원하는 목적지로 갈 수 있도록 예측 정보를 제공하고 최적의 경로로 우리를 매일 안내합니다.

내비게이션은 자율주행차에서도 매우 중요한 역할을 담당합니다. 정교한 지도를 기반으로 현재 위치를 파악하는 기능은 자율주행차가 스스로 목적지를 찾아서 주행하는 데 가장 핵심이 되는 기술이죠. 이처럼 내비게이션은 풀어야 할 숙제가 많은 동시에 앞으로의 역할 또한 기대가 되는 기술입니다. 내비게이션이 우리 곁에 본격적으로 등장한 지 이제 겨우 20년 남짓, 어느덧 내비게이션은 운전의 필수품으로 자리 잡았습니다. 이제는 자율주행 시대를 맞아 미래 산업의 핵심 기술로 자리매김할 것입니다.

제9장

추천 알고리즘

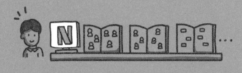

알 수 없는 유튜브 알고리즘이 여기로 이끌다

추천 서비스, 넷플릭스에서 유튜브까지

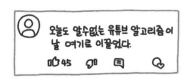

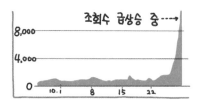

"오늘도 알 수 없는 유튜브 알고리즘이 나를 여기로 이끌었다."

유튜브에서 가장 자주 볼 수 있는 댓글입니다. 그만큼 유튜브의 추천 알고리즘은 사람의 마음을 읽는다고 해도 과언이 아니죠. 실제로 유튜브는 서비스 대부분이 추천으로 구성되어 있습니다. 홈 화면도 추천이고, 영상을 보고 나면 바로 밑에 나오는 관련 동영상도 모두 추천이죠. 통계에 따르면, 유튜브에서 사람들이 보는 영상 중 70%는 알고리즘이 추천한 영상이라고 합니다.[1] 추천 알고리즘은 유튜브 서비스의 핵심을 차지하고 있죠.

사실 추천 알고리즘을 얘기할 때 유튜브보다도 넷플릭스를 먼저 얘기하는 경우도 있습니다. 심지어 넷플릭스는 스트리밍 서비스를 시작하기도 전, DVD를 우편으로 배달하던 시절인 2006년부터 그 유명한 **넷플릭스 프라이즈**Netflix Prize를 개최하죠. 한 편의 영화를 고르면 DVD를 받을 때까지 시간이 꽤 걸렸기 때문에 영화를 신중하게 선택해야 했습니다. 넷플릭스는 영화를 추천하는 방법으로 이 문제를 해결하고 싶었습니다. 그래서 고객이 영화에 부여한 별점 데이터 1억 건을 공개하고 이 데이터를 이용해 실제로 고객이 아직 보지 않은 영화에 부여할 별점을 예측하는 대회를 개최했습니다. 기존보다 10% 이상 향상된 알고리즘을 제출하는 팀에는 무려 100만 달러에 달하는 상금을 주기로 했죠. 당연히 유수의 대학과 연구소, 심지어 아이를 재우고 야심한 밤에 홀로 주방에 작업실을 차리고 앉아 추천 알고리즘을 고민하던 아마추어 데이터 과학자까지. 수많은 팀이 도전합니다. AT&T 연구소의 과학자들이 모인 벨코르BellKor 팀도 있었고, 제1장에서 살펴본 이미지넷 대회에서 우승하며 딥러닝을 개척한 토론토대학교의 힌튼 교수가 이끄는 팀도 2006년에 이 대회에 참가했습니다. 참가자는 계속 늘어 컴퓨터 과학, 수학 전공자뿐만 아니라 심리학처럼 별 관련이 없어 보이는 전문가에 이르기까지 수많은 사람이 참여했습니다.[2]

이들은 치열하게 경쟁했지만 우승을 위해서는 또 서로 협력할 줄도 알았습니다. 벨코르 팀과 실용이론Pragmatic Theory팀, 대혼돈Big-Chaos 팀은 우승을 위해 벨코르 프라그마틱 카오스BellKor's Pragmatic Chaos라는 단일팀으로 뭉칩니다. 머신러닝에서도 성능을 끌어올리기 위해 여러 알고리즘을 하나로 합치는 기법이 있는데, 이들은 아예 팀을 합

치기로 했죠. 결국 이들의 협력은 2009년도에 대회에서 우승하여 상금 100만 달러를 차지하면서 결실을 맺습니다.

이 대회 이후에도 넷플릭스는 추천 알고리즘에 꾸준히 투자해왔고, 지금은 넷플릭스 시청의 80%가 추천을 거쳐 이뤄집니다. 넷플릭스도 유튜브처럼 서비스 전체가 추천으로 구성되어 있다 해도 과언이 아닙니다. 넷플릭스를 벤치마킹한 우리나라의 왓챠 플레이도 마찬가지죠. 팔로워의 리스트에 있는 영화를 추천해주는 등 방식만 조금 다를 뿐, 추천을 기반으로 서비스를 구성하고 있다는 점은 사실상 넷플릭스와 동일합니다.

음악 서비스도 마찬가지입니다. 얼마 전 국내에 진출한 세계 최대 음원 스트리밍 서비스 스포티파이는 서비스 전체가 추천으로 구성되어 있습니다. 고객이 팔로우한 아티스트나 감상한 노래, 장르 등을 바탕으로 플레이리스트를 자동으로 생성해주는 데일리믹스는 스포티파이의 핵심 기능입니다. 스포티파이는 추천 알고리즘의 이름을 BaRTBandits for Recommendations as Treatments로 지었는데, 직역하면 '(고객을) 만족시키는 여러 가지 추천 시도' 정도가 됩니다. 고객이 만족할 때까지 다양한 음악을 추천해주겠다는 거죠. 실제로 추천 시스템을 실험한 논문[3]에 따르면, 플레이리스트를 랜덤으로 했을 때에 비해 청취율이 40% 정도 더 높았다고 합니다.

추천 하면 또 페이스북을 빼놓을 수 없습니다. 원래 페이스북의 뉴스피드는 친구들의 글을 단순히 시간 순으로 보여줄 뿐이었습니다. 그러다 2007년에 그 유명한 '좋아요' 버튼이 등장하죠. 2009년에는 가장 많이 '좋아요'를 받은 게시물이 뉴스피드의 맨 위로 올라가는 알고리즘을 처음으로 선보입니다. 이후 페이스북은 이 알고리즘을 지속적으로 고도화합니다. 이제 뉴스피드는 정교한 추천 알고리즘에 따라 어떤 게시물을 먼저 보여줄지 결정합니다. 누가 게시했는지, 게시자가 영향력 있는 인물인지, 내가 선호하는 게시자인지, 평소에 '좋아요'나 댓글을 주고받는 사이인지 등 모든 면을 종합하여 뉴스피드에 노출할 확률을 계산합니다. 게시물이 반응이 좋다면, 예를 들어 '좋아요'가 많이 달리거나 사용자가 오랫동안 머무는 게시물이라면 그 게시물은 뉴스피드에 오랫동안 노출되기도 합니다.

게시물의 종류도 중요합니다. 만약 내 친구가 유명한 소설가라면 그 사람이 쓴 장문의 글이 뉴스피드에 등장할 것이고, 내 친구가 유

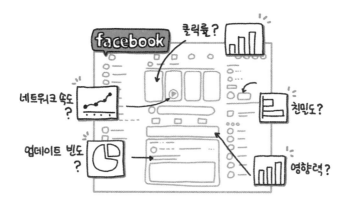

명한 여배우라면 그녀의 사진이 뉴스피드에 주로 노출되죠. 만약 동영상 콘텐츠라면 끝까지 시청했는지 여부도 중요합니다. 알고리즘에는 개인화도 적용합니다. 사람에 따라 행동의 가중치를 다르게 주죠. 만약 내가 수줍음을 많이 타는 성격이라 댓글보다는 '좋아요'를 누르며 반응한다면 '좋아요'에 좀 더 높은 가중치를 부여하는 식이죠. 흥미로운 알고리즘도 있습니다. 예를 들어 휴대폰의 인터넷 속도가 느리다면 동영상을 적게 보여주죠.[4] 여러분이 사용하는 페이스북 뉴스피드는 이렇게 다양한 알고리즘을 통해 최종적으로 구성됩니다.

좀 더 과거로 거슬러 올라가 볼까요? 추천 시스템의 원조는 사실 아마존입니다. 아마존은 이미 1990년대부터 구매한 상품과 관련 있는 상품, 고객이 관심 있어할 만한 상품, 궁극적으로 고객이 구매할 것 같은 상품을 함께 추천하여 상당한 성과를 거두었습니다. 2000년대 초반 아마존의 추천 시스템은 이미 전 세계적으로 유명해졌고, 우리나라 IT 업계에서도 한동안 화제가 되어 함께 일하던 개발자들과 회식 자리에서 이 얘기를 한참 나누었던 기억이 납니다. 업계를 넘어학계에서도 아마존의 추천 시스템은 유명합니다. 아마존의 추천 시스템을 다룬 2003년 논문이 지난 20년간 가장 영향력 있는 논문으로 선정되었을 정도죠.[5]

아마존의 추천 시스템 초기에는 관련 상품을 나열해주는 정도에 그쳤으나 클릭률과 구매율에 영향을 주며 성공적인 서비스로 정착했습니다. 추천 시스템의 핵심은 사용하면 할수록 정교해진다는 데 있습니다. 데이터가 늘어나고 정보가 많아질수록 훨씬 더 정확한 추천이 가능하죠. 전체 매출에서 추천 시스템이 차지하는 비중은 상당히 높습니다. 아마존 제품 판매의 35%는 추천에서 발생한다고 하니까요.[6] 아마존의 추천 방식은 매우 다양합니다. 최근에 살펴본 상품과 유사한 상품을 추천하고, 상품 조회 목록을 기반으로 추천하기도 하며, 이 상품을 구매한 사람이 함께 구매한 상품을 추천해주기도 합니다.

요즘은 국내 온라인 서점도 대부분 '이 책을 구매한 독자가 함께

구매한 책'의 형태로 추천 서비스를 하고 있는데, 이 서비스의 원조가
아마존입니다. 미국에서는 오프라인 매장에서도 쓸 정 정도로 익숙
한 서비스입니다. '사과를 구매한 고객들은 배도 구매했습니다'라는
식의 팻말이 시장 좌판에까지 걸려 있죠.[7]

이렇게 추천 서비스를 하는 이유는 사람들의 기호에 강한 연관성
이 있기 때문입니다. 이를 분석하는 것을 연관성 분석Association Analy-
sis이라고 하는데, 상품 간의 상관관계를 찾아내는 데 매우 유용하죠.
추천 시스템을 도입한 아마존이 가장 먼저 적용한 분석 방식이기도
합니다. 그렇다면 연관성 분석이 무엇인지 살펴볼까요?

맥주와 기저귀는 함께 팔린다

데이터 과학 분야에서 오랫동안 전설처럼 회자되는 얘기가 있습니
다. 1990년대 미국의 한 슈퍼마켓 체인에서 맥주와 기저귀 간에 강한

상관관계가 있다는 사실을 발견한 겁니다. 전혀 관련이 없어 보이는 두 제품에 대체 어떤 상관관계가 있을까요? 알고 보니 수많은 남편들이 퇴근길에 아내의 심부름으로 마트에 들러 기저귀를 사면서 맥주도 함께 구매했기 때문이었습니다. 그뿐 아니라 어떤 때는 맥주를 사기 위해 아내에게 일부러 "기저귀 사러 다녀올게"라고 핑계를 대면서 마트로 왔다는 거죠. 이 사실을 발견한 이후에는 기저귀 근처에 맥주를 진열하기 시작했고 매출을 더 높일 수 있었습니다.

이처럼 고객의 구매 내역을 분석하는 방식을 **장바구니 분석**Market Basket Analysis이라고 합니다. 꽤 잘 어울리는 이름이죠. 상품 간의 연관성을 분석했다고 하여 연관성 분석이라고도 합니다.

이는 **데이터 마이닝**Data Mining이라는 학문의 기반이 됩니다. 마이닝Mining이 거대한 광산Mine에서 원재료를 추출하는 것을 의미하듯, 데이터 마이닝은 대규모 데이터에서 어떤 특정한 패턴을 발견하고 추출하는 행위를 말합니다. 또한 마이닝이 금과 같은 소량의 유용한 가치를 발굴하는 것처럼, 데이터 마이닝 또한 데이터에서 의미 있는 핵심 가치를 발굴해냅니다.

1993년 당시 IBM에 근무하던 라케시 아그라왈Rakesh Agrawal 박사는 장바구니 분석을 처음 시도해 기념비적인 논문을 내놓았고, 이는 데이터 관련 논문 중 가장 영향력 있는 논문으로 평가받으며 데이터 마이닝이라는 본격적인 학문의 시작을 알렸습니다. 추천 시스템의 역사가 시작된 거죠. 아마존의 '이 상품을 구매한 사람이 함께 구매한 상품' 추천은 장바구니 분석을 활용하는 대표적인 사례입니다.

그렇다면 장바구니 분석을 통해 기저귀와 맥주의 관계를 살펴보죠. 먼저 마트에서 상품이 판매된 내역을 표로 정리했습니다. 구매자는 번호로 표현했으며, 전체 구매 내역은 다음과 같습니다.

정말 기저귀를 구매한 사람이 맥주도 함께 구매했을까요? 바나나 우유도 많이 구매했는데, 혹시 잘못 안 것은 아닐까요? 우리는 이미 정답을 알고 있지만 데이터를 보면서 직접 계산해 보도록 하겠습니다.

구매 번호	기저귀	맥주	바나나	우유
#1	O	O	O	O
#2	O	-	O	-
#3	-	-	O	O
#4	O	O	O	O
#5	O	O	-	-
#6	-	-	O	O
#7	O	O	O	-
#8	-	-	O	-

기저귀를 구매한 내역은 총 5건입니다. 전체 8건의 구매 내역 중에서 5건이니 구매 비율은 62%입니다. 맥주, 바나나, 우유의 구매 비율은 각각 62%, 87%, 50%입니다. 기저귀와 함께 팔린 상품을 살펴볼 차례네요. 맥주가 4건, 바나나가 4건, 우유가 2건으로 맥주와 바나나가 공동으로 가장 높습니다. 기저귀와 맥주만큼 바나나도 구매가 많으니 상관관계가 아직 명확하지는 않네요.

좀 더 구체적으로 숫자로 표현해보겠습니다. 숫자로 표현하는 것은 매우 중요합니다. 컴퓨터가 빠르게 계산해낼 수 있기 때문이죠. 숫자로는 어떻게 표현할까요? 연관성 분석에는 '신뢰도'Confidence라는 지표를 활용합니다. 신뢰도 값이 높은 상품을 연관성이 높은 상품이라고 할 수 있죠. 신뢰도를 구하는 방법은 어렵지 않습니다. 기저귀와 맥주가 함께 팔리는 신뢰도를 구하는 공식은 다음과 같습니다.

$$\text{신뢰도}\left(\text{🩲} \rightarrow \text{🍺}\right) = \frac{\text{구매 비율}\left(\text{🩲}, \text{🍺}\right)}{\text{구매 비율}\left(\text{🩲}\right)}$$

그렇다면 '신뢰도(기저귀 → 맥주)'를 먼저 구해보죠. 기저귀의 구매 비율은 62%입니다. '구매 비율(기저귀, 맥주)'는 기저귀와 맥주를 함께 구매한 비율을 의미합니다. 전체 8건 중에서 기저귀와 맥주를 함께 구매한 내역이 4건이므로 50%입니다. 그렇다면 $\frac{50\%}{62\%}$ =0.8이네요.

이러한 방식으로 다른 품목도 모두 계산한 전체 신뢰도는 다음 그림과 같습니다.

품목	신뢰도
신뢰도 (→)	0.8
신뢰도 (→)	0.8
신뢰도 (→)	0.4

역시나 맥주가 신뢰도가 가장 높습니다. 그런데 바나나도 신뢰도가 같습니다. 정말로 바나나도 맥주만큼이나 기저귀와 함께 잘 팔리는 상품일까요?

신뢰도에는 한 가지 맹점이 있습니다. 바나나가 원래 자주 판매되는 상품이라면 애초에 기저귀를 사는 고객이 바나나도 살 가능성이 높으므로 연관성을 정확히 판단하기 어렵습니다. 실제로 구매 내역을 살펴보면 바나나는 전체 구매 내역 8건 중 7건에 포함될 정도로 원래부터 잘 팔리는 상품입니다. 기저귀 때문에 팔리는 게 아니라는 거죠. 때문에 실제로는 연관성이 낮더라도 연관성이 높다고 잘못 판단할 수 있습니다. 그렇다면 두 상품의 판매 빈도까지 고려하는 지표가 있을까요? '향상도'Lift라는 지표가 있습니다. 기저귀와 맥주의 향상도는 기저귀의 구매 비율뿐만 아니라 맥주의 구매 비율도 함께 계산에 포함합니다. 향상도를 계산하는 방식은 다음과 같습니다.

$$
\text{향상도}(\text{기저귀} \to \text{맥주}) = \frac{\text{구매 비율}(\text{기저귀}, \text{맥주})}{\text{구매 비율}(\text{기저귀}) \times \text{구매 비율}(\text{맥주})}
$$

'향상도(기저귀 → 맥주)'를 구해보겠습니다. 기저귀와 맥주를 함께 구매하는 비율은 50%, 기저귀의 구매 비율은 62%, 맥주의 구매 비율은 50%입니다. $\frac{50\%}{62\% \times 50\%}$ =1.6이 나오네요. 마찬가지 방식으로 다른 품목도 모두 계산한 전체 향상도는 다음 그림과 같습니다.

품목	향상도
향상도 (🩲 → 🍺)	1.6
향상도 (🩲 → 🍌)	0.91
향상도 (🩲 → 🥛)	0.8

이번에는 결과가 어떤가요? '신뢰도(기저귀 → 맥주)'와 '신뢰도(기저귀 → 바나나)'는 동일했지만 '향상도(기저귀 → 맥주)'가 '향상도(기저귀 → 바나나)'보다 훨씬 더 높게 나왔습니다.

정리해 보죠. 바나나는 맥주만큼이나 기저귀와 함께 잘 팔리는 상품이었습니다. 그래서 신뢰도가 높게 나왔죠. 하지만 애초에 바나나는 잘 팔리는 상품이었습니다. 기저귀 때문에 팔리는 게 아니었죠. 그래서 향상도는 그리 높지 않게 나왔습니다. 보통 향상도가 1보다 크면 함께 팔릴 가능성이 높다고 보고, 1보다 작으면 함께 팔릴 가능성이 낮다고 봅니다. 맥주는 1.6이므로 함께 팔릴 가능성이 높은 상품이고 바나나는 0.91이므로 함께 팔릴 가능성이 낮은 상품입니다. 따라서 바나나는 기저귀 때문에 잘 팔리는 상품이라고 할 수 없습니다.

기저귀와 함께 팔리는 상품은 바로 맥주입니다.

이것이 연관성 분석입니다. 연관성 분석을 거치면 이처럼 숫자로 표현하여 계산할 수 있습니다. 계산 결과에 따르면 기저귀와 맥주는 함께 잘 팔리는 상품이므로, 기저귀 옆에 맥주를 진열해두는 게 당연하겠죠? 마찬가지로 아마존의 '이 상품을 구매한 사람이 함께 구매한 상품'도 같은 방식으로 연관성을 파악한 결과입니다.

이번에는 연관성 분석의 또 다른 사례를 알아볼까요? 구매 패턴으로 고객의 성향을 예측한 유명한 사례입니다.

10대 소녀의 임신을 예측한 알고리즘

2012년 미네소타주의 한 남성은 미국의 대형마트로부터 우편물을 받아보고는 깜짝 놀랐습니다. 임산부 용품 할인 쿠폰이 들어 있었던 것이죠. 게다가 수신인은 고작 17살에 불과한 10대 딸이었습니다. 아버지는 분노하며 당장 마트를 찾아가 점장에게 면담을 요구하고 불같이 화를 냈습니다. 점장은 그 자리에서 정중히 사과했습니다. 그리고 며칠 뒤 다시 한번 사과하기 위해 전화를 걸었습니다. 그런데 이후의 스토리가 《뉴욕 타임스》의 기사에 실릴 정로 매우 흥미롭습니다. 전화를 받은 딸의 아버지가 오히려 죄송하다며 사과했기 때문이죠. 10대 소녀인 딸이 정말로 임신했던 겁니다. 부모도 알아차리지 못한 임신 사실을 대형마트 판촉 알고리즘이 누구보다 먼저 알아차린 셈입니다. 어떻게 이런 일이 가능했을까요?

이는 연관성 분석의 결과였습니다. 마트를 찾은 딸이 어느 날부터 향이 없는 로션이나 튼살방지 크림, 마그네슘 보충제 같은 제품을 구매했던 거죠. 이들 상품은 모두 임신한 여성이 주로 구매하는 품목이었고, 알고리즘은 이를 통해 고객이 임신했을 것이라 예측해 할인 쿠폰을 발송했던 것입니다. 앞에서 봤던 맥주와 기저귀 사례에도 적용할 수 있습니다. 만약 고객이 맥주와 기저귀를 함께 사간다면 기혼 남성일 확률이 높으니 그들이 관심을 둘 만한 자동차 용품 할인 쿠폰 등을 보낸다면 효과가 크겠죠. 이처럼 간단한 연관성 분석이 매우 효율적으로 예측하고 고객 만족도를 높일 수 있습니다. 그렇다면 연관성 분석에서 한 단계 더 나아가 실시간 추천 시스템, 그러니까 내가 좋아할 만한 유튜브 영상이나 넷플릭스 영화는 과연 어떻게 실시간으로 추천해 줄까요? 본격적인 추천 시스템의 원리를 바로 살펴보죠.

추천 시스템의 시작

유튜브나 영화나 영상의 기본적인 추천 방식은 대체로 유사합니다. 일반적으로 추천 시스템은 다음 2가지 방식을 주로 활용합니다.

- **콘텐츠 기반 필터링**Content-Based Filtering: 내가 선호하는 영화와 비슷한 영화를 추천하는 방식
- **협업 필터링**Collaborative Filtering: 나와 비슷한 고객이 시청한 영화를 추천하는 방식

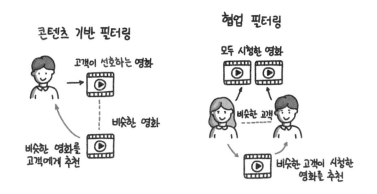

콘텐츠 기반 필터링

협업 필터링

먼저 콘텐츠 기반 필터링부터 살펴보겠습니다. 콘텐츠 기반 필터링은 고객이 선호하는 특징에 기반해 유사한 영화를 추천합니다. 예를 들어 액션 영화를 선호하면 또 다른 액션 영화를, 공포 영화를 선호하면 또 다른 공포 영화를 추천하는 식이죠.

영화 \ 특징	공포-드라마	판타지-현실
살인의 추억	-0.56	0.33
겨울왕국	0.74	-0.95
부산행	-0.81	-0.66
건축학개론	0.84	0.77
추격자	-0.64	0.49

5편의 영화를 살펴보고 각각의 특징을 수치로 표현해 봤습니다.

특징은 2가지로 정의했습니다. 하나는 공포-드라마이고, 또 다른 하나는 판타지-현실입니다. 예를 들어 공포-드라마에서 -1에 가깝다면 공포 영화에 가깝고, 1에 가깝다면 드라마에 가까운 영화입니다. 〈살인의 추억〉의 경우 공포-드라마 점수가 -0.56으로 다소 무서운 영화이고, 판타지-현실은 0.33으로 어느 정도 현실에 가까운 이야기입니다. 실제로 〈살인의 추억〉은 실화를 기반으로 한 영화이기도 하죠. 이제 〈살인의 추억〉을 감상한 고객에게 어떤 영화를 추천하면 좋을까요? 좀 더 직관적으로 이해할 수 있도록 2차원 좌표계에 표현해보겠습니다.

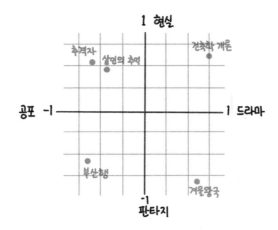

영화의 특징을 좌표 공간에 시각화했습니다. 콘텐츠 기반 필터링으로 〈살인의 추억〉을 감상한 고객에게 영화를 추천하려면 표에서 가장 가까이에 있는 〈추격자〉를 추천해주면 될 것 같습니다. 비슷한 장르의 영화이기 때문에 큰 불만 없이 볼 것 같네요. 참고로 '가까이'

의 기준은 제7장에서 살펴본 코사인 거리를 이용하면 됩니다. 코사인 거리가 가장 가까운 영화를 비슷한 영화로 추천하는 거죠.

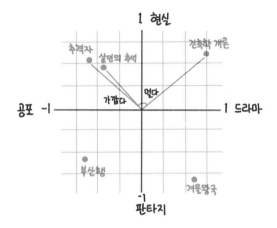

이렇게 콘텐츠의 특징에 따라 영화를 추천하면 다른 고객 데이터는 필요하지 않습니다. 오로지 현재 고객이 선호하는 특징만 알면 되죠. 영화에 대한 특징 정보를 갖고 있다면 고객이 선호하는 특징과 일치하는 영화를 제안할 수 있습니다. 다른 고객은 거의 관심을 갖지 않는 희귀한 영화도 문제없습니다. 영화의 특징만 추출할 수만 있다면 아주 희귀한 영화도 추천할 수 있습니다.

그런데 영화에서 특징을 추출한다는 게 쉬운 일은 아닙니다. 특징을 규정하는 것 자체가 어렵죠. '코미디, 전쟁, 역사' 등의 장르로만 분류하면 충분할지 아니면 또 다른 뭔가를 얼마나 더 추출해내야 할지 규정하기가 어렵습니다. 사실 특징이라는 건 얼마든지 계속해서 만들어낼 수 있고 또 대부분은 사람이 직접 분류해야 합니다. 무엇보다 이렇게 특징을 추출한다 해도 어느 정도 이상의 성능을 기대하기는 어렵습니다. 특징을 세분화한다고 해서 고객의 관심사를 확장하기는 어렵기 때문입니다. 〈살인의 추억〉을 좋아하는 고객에게서 공포, 스릴러의 특징을 추출해 〈추격자〉 같은 영화만 계속해서 추천해서는 곤란하겠죠.

협업 필터링, 비슷한 고객을 추천하다

이처럼 콘텐츠 기반 필터링은 한계가 많습니다. 그렇기 때문에 고객이 선호하는 영화 자체의 특징에 집중하기보다는 범위를 좀 더 확장하여 유사한 고객의 정보를 활용해볼 수 있습니다. 이렇게 하면 추출한 특징에서 벗어나기 어려운 콘텐츠 기반 필터링의 한계를 극복할

수 있겠죠. 예를 들어 내가 액션 영화 광이라면 나처럼 액션 영화를 즐겨보는 또 다른 고객이 전쟁 영화도 많이 본다는 사실을 알면 나에게 전쟁 영화를 추천해줄 수 있게 됩니다. 즉 관심사를 확장할 수 있는 거죠. 이 같은 방식을 협업 필터링이라고 합니다.

이제 협업 필터링으로 영화를 추천해 보겠습니다.

고객 \ 영화	살인의 추억	겨울왕국	부산행	건축학개론	추격자
윈터	4	1	–	–	–
카리나	2	2	1	?	–
지젤	2	3	1	5	–
닝닝	–	5	3	–	1

　카리나는 〈살인의 추억〉에 2점, 〈겨울왕국〉에 2점, 〈부산행〉에 1점을 주었습니다. 그렇다면 카리나에게 어떤 영화를 추천해주면 좋을까요? 먼저, 성향이 가장 비슷한 고객을 찾습니다. 비슷한 점수를 부여한 고객을 찾으면 됩니다. 지젤이 있네요. 〈겨울왕국〉에 준 점수만 약간 차이 날 뿐 나머지 점수는 모두 동일하네요. 지젤은 〈건축학개론〉에 5점 만점을 주었습니다. 지젤에게 가장 만족스러운 영화였던 거 같네요. 그렇다면 지젤과 성향이 비슷한 카리나에게도 〈건축학개론〉을 추천해주면 어떨까요? 지젤이 5점을 주었으니 카리나도 만족하지 않을까요?

　여기까지가 협업 필터링의 기본 원리입니다. 어렵지 않죠? 이처럼 협업 필터링은 고객과 영화 사이의 관계에 중점을 둡니다. 여러 고객이 영화에 점수를 매기고, 매겨진 점수의 유사성에 따라 영화 간의 유사성을 결정하는 거죠. 여기서 핵심은 고객 간의 유사도입니다. 유사도가 큰 고객들을 연결해 관심 있어 할 만한 영화를 추천해주는 것입니다.

행렬 인수분해, 잠재요인을 찾아내는 마법의 알고리즘

이번에는 협업 필터링 기법 중 하나인 **행렬 인수분해**Matrix Factorizaion 를 살펴보겠습니다. 앞서 카리나와 지젤은 마침 비슷한 평점을 주었고 어렵지 않게 유사한 고객임을 확인할 수 있었지만, 만약 평점이 한두 개 영화가 아니라 수천 개쯤 되고 점수 또한 제각각이라면 취향이 비슷한 고객을 찾는 일이 쉽지 않을 거예요. 행렬 인수분해는 제각각인 평점 정보를 이용해 고객의 특징을 자동으로 추출하고, 그뿐 아니라 영화의 특징도 자동으로 추출해내서 이 정보를 바탕으로 고객의 평점을 예측합니다. 이렇게 하면 좋은 평점을 줄 것 같은 영화를 자동으로 추천할 수 있죠. 평점 정보를 활용하는 협업 필터링을 확장한 버전이라고 할 수 있습니다. 무엇보다 성능 또한 매우 좋죠.

평점 정보는 고객이 영화에서 좋아하는 것과 좋아하지 않는 것에 대한 선호도에 따른 결과다.

사이먼 펑크

이 방식은 앞서 소개한 넷플릭스 프라이즈에 처음으로 등장했습니다. 당시 사이먼 펑크Simon Funk라는 가명을 사용한 참가자가 고안한 알고리즘인데, 다른 참가자들이 팀을 이뤄 대학이나 연구소 소속으로 출전한 것과 달리 그는 친구와 함께 뉴질랜드 여행 중에 참가하여 획기적인 알고리즘을 고안해냈고 3위까지 올라갑니다. 평점 정보는 단순한 추측이 아니라 고객이 영화에서 좋아하는 것과 좋아하지 않는 것에 대한 선호도에 따른 결과라고 판단했던 그의 직관이 적중한 거죠.

핵심 원리는 단순합니다. 한쪽에서는 '이 영화는 액션이 얼마나 있나요?'라고 질문하고, 다른 한쪽에서는 '이 고객은 액션 영화를 얼마나 좋아하나요?'라고 질문한 다음 그 결과를 합산하는 방식이죠.

그런데 이 방식이 좋은 성과를 내던 어느 날, 대회에 관심이 없어진 그는 더 이상 대회에 참가하지 않겠다고 선언하면서 2006년에 자신이 발명한 알고리즘을 블로그에 모두 공개한 후 홀연히 떠납니다. 가명까지 쓰던 은둔의 고수가 모든 것을 공개하고 미련 없이 떠나는 인상적인 퇴장이었죠. 이후 이 방식은 큰 인기를 끌고 참가팀 대부분이 블로그에 공개된 그의 알고리즘을 채택하여 획기적으로 성능을 올립니다. 이 방식을 바로 '펑크의 행렬 인수분해', 줄여서 '행렬 인수분해'로 부르죠.

행렬 인수분해는 그 이름에 걸맞게 하나의 행렬을 2개의 행렬로 인수분해하여 예측하는 기법입니다. 우리가 '인수분해'라고 하면 6이라는 수를 2와 3이라는 두 인수의 곱으로 나타낼 수 있는 것처럼, 행렬 인수분해는 고객이 영화에 평점을 매긴 점수 정보를 하나의 큰 행렬로 보고 이를 2개의 다른 행렬로 분해해서 예측 정보를 얻어내는 거죠.

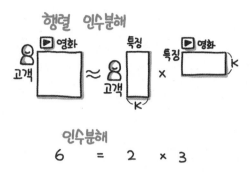

이 그림에서 행렬의 한 축인 K는 특징의 개수입니다. K개만큼 영화의 특징을 추출하고 고객 행렬과 영화 행렬, 이렇게 2개의 행렬로 분해하는데, 이 과정을 평점 정보를 기반으로 모두 자동으로 진행합니다. 여기서는 이해하기 쉽도록 2가지 특징만 추출하고 진행 과정 또한 수동으로 미리 정한 값을 사용하겠습니다.

그렇게 하면 K=2이고, 미리 정한 2가지 특징은 앞서 살펴본 것과 동일하게 '공포 또는 드라마', '판타지 또는 현실'의 두 장르를 −1점에서 1점까지 표현한 수치로 하겠습니다. 먼저 고객 행렬은 다음과 같습니다.

고객 \ 특징	공포-드라마	판타지-현실
윈터	−0.57	0.83
카리나	0.77	0.65
지젤	0.91	0.49
닝닝	0.33	−0.82

4명의 고객이 선호하는 특징을 정리했습니다. 다시 한번 얘기하지만 원래 이 과정은 평점 정보를 기반으로 자동으로 추출합니다. 하지만 여기서는 이해하기 쉽도록 미리 정리해봤습니다. 닝닝의 경우를 예로들면 공포-드라마 점수가 0.33으로 좀 더 드라마에 가까운 영화를 좋아하고, 판타지-현실 점수는 -0.82로 판타지에 매우 가까운 영화를 좋아합니다. 자, 이제 고객의 특징을 정리했으니 영화의 특징도 정리해 보도록 하죠.

영화 \ 특징	공포-드라마	판타지-현실
살인의 추억	-0.56	0.33
겨울왕국	0.74	-0.95
부산행	-0.81	-0.66
건축학개론	0.84	0.77
추격자	-0.64	0.49

콘텐츠 기반 필터링을 설명할 때 살펴봤던 영화의 특징 정보입니다. 비교하기 쉽도록 점수를 동일하게 구성했습니다. 특징도 동일하게 정의했는데, 예를 들어 〈겨울왕국〉의 경우 공포-드라마 점수가 0.74로 무섭지 않은 영화이고, 판타지-현실은 -0.95로 현실에서는 일어날 수 없는 판타지 영화가 되겠네요.

이렇게 각각의 특징을 나열해 보니 고객이 선호하는 특징과 영화의 특징을 연결하면 어렵지 않게 예측할 수 있을 것 같습니다. 드라마면서 판타지 영화를 좋아하는 닝닝은 비슷한 특징을 지닌 영화 〈겨울왕국〉을 좋아할 것 같네요. 더 직관적으로 이해할 수 있도록 이번에도 2차원 좌표계에 표현해보겠습니다.

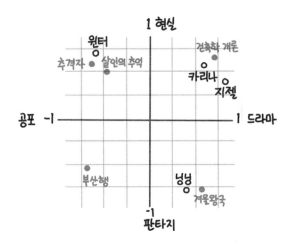

이렇게 보니 각자가 선호하는 영화가 무엇인지 쉽게 짐작됩니다. 마찬가지로 코사인 거리를 활용하여 가장 가까운 위치에 놓여 있는 영화를 선호하는 영화로 볼 수 있겠죠. 윈터는 〈추격자〉 또는 〈살인의 추억〉을 선호하고, 카리나와 지젤은 〈건축학개론〉을 선호할 것 같네요. 반면 〈부산행〉은 안타깝게도 이 중에서는 좋아할 만한 사람이 없는 것 같습니다.

그렇다면 이제 행렬 인수분해를 해서 어떤 값이 나오는지 확인해봅시다. 행렬 인수분해의 결과는 각 고객의 영화에 대한 예상 선호도입니다. 이 값이 높을수록 윈터, 카리나, 지젤, 닝닝은 각각 해당 영화에 더 높은 평점을 부여하겠죠. 구하는 방식은 고객 행렬과, 영화 행렬의 전치 행렬을 구한 다음 서로 내적을 구하면 됩니다. 그렇게 어렵지 않은 과정이므로 나중에 관심 있는 분은 직접 계산해 보시길 권해드립니다. 여기서는 복잡한 계산 과정은 생략하고 결과만 살펴보도록 하겠습니다. 결과는 다음과 같습니다.

고객 \ 영화	살인의 추억	겨울왕국	부산행	건축학개론	추격자
윈터	0.5931	-1.2103	? (-0.0861)	0.1603	? (0.7715)
카리나	-0.2167	-0.0477	-1.0527	? (1.1473)	-0.1743
지젤	-0.3479	0.2079	-1.0605	1.1417	-0.3423
닝닝	-0.4554	1.0232	0.2739	-0.3542	-0.613

숫자가 복잡해 보이지만 값의 의미는 단순합니다. 이 값이 높을수록 평점이 높을 것이고, 값이 낮을수록(음수를 포함해서) 평점은 낮을 것입니다. 밑줄 친 부분은 바로 우리가 예측해야 할 평점에 해당하는 점수인데요. 그렇다면 이번에는 고객이 평가한 점수를 다시 한번 살펴보도록 하겠습니다. 앞서 협업 필터링을 소개할 때 살펴본 값입니다.

고객 \ 영화	살인의 추억	겨울왕국	부산행	건축학개론	추격자
윈터	4	1	? (2)	-	? (4)
카리나	2	2	1	? (5)	-
지젤	2	3	1	5	-
닝닝	-	5	3	-	1

물음표로 표시한 부분에 행렬 인수분해의 결과로 예측한 평점을 밑줄로 표시했습니다. 괜찮은 결과가 나온 것 같나요? 하나씩 살펴보죠. 먼저 카리나의 〈건축학개론〉 예상 평점은 몇 점이 돼야 할까요? 행렬 인수분해 결과에서 바로 아래 1.1417인 지젤은 5점을 주었으니까 1.1473인 카리나도 5점을 줄 것으로 보입니다. 다음으로 윈터가 〈추격자〉를 선호할 것이라 했는데 그건 어떨까요? 윈터의 〈추격자〉 행렬 인수분해 결과는 0.7715이므로 윈터는 〈추격자〉에 아마 4점을 줄 것 같네요. 윈터에게도 〈추격자〉를 추천해 준다면 좋아할 것 같습니다. 반면 〈부산행〉은 모두 3점 넘게는 주지 않았습니다. 유일하게 〈부산행〉을 평가하지 않은 윈터의 행렬 인수분해 결과도 -0.0861이므로 아마 2점 정도밖에 주지 않을 것 같습니다. 모두 우리가 예상했던 그대로네요.

- 카리나의 〈건축학개론〉 예상 평점: 5점
- 윈터의 〈추격자〉 예상 평점: 4점
- 윈터의 〈부산행〉 예상 평점: 2점

이렇게 행렬 인수분해로 평점을 예측해 봤습니다. 그렇다면 행렬 인수분해를 활용하기 위해서는 고객과 영화에 대해 일일이 특징을 추출하고 값을 정의해야 할까요? 예제는 $K=2$, 즉 2가지 특징만 선정했기 때문에 어렵지 않았지만 만약 특징을 25가지, 즉 $K=25$로 정한다면 어떨까요? 이렇게 많은 특징을 일일이 추출하고 매번 값을 수동으로 정의할 수 있을까요? 당연히 수동으로 정의하는 일은 매우 어려울 것입니다. 실제로 이 과정은 평점 정보를 기반으로 모두 자동으로 진행됩니다.

행렬 인수분해는 숨어 있는 특징을 자동으로 추출하기 때문에 이를 두고 **잠재요인**Latent Factors을 발굴해낸다고 표현합니다. 예제는 $K=2$이므로 2가지 잠재요인을 발굴해낸 거죠. 실제로 쓰일 때는 $K=25$, 적어도 25개 이상의 잠재요인을 발굴해내며 이 과정에는 사람이 개입하지 않고 컴퓨터가 자동으로 찾아냅니다.

계산에 필요한 데이터는 평점 정보입니다. 평점 정보가 많을수록 이들의 관계를 컴퓨터가 더욱 정교하게 찾아낼 수 있죠. 유사한 평점을 받은 영화 데이터를 학습하다 보면 비슷한 장르끼리 비슷한 점수를 부여받는 경우를 자동으로 발견해냅니다. 자동으로 계산하기 때문에 특징은 25개가 아니라 100개라도 문제가 없습니다. 다만, 특징의 개수를 크게 지정하려면 그만큼 훨씬 더 많은 데이터가 필요합니다.

머신러닝에서는 이를 **차원의 저주**Curse of Dimensionality라고 합니다. 특징 하나 정도 더 추가하는 게 대체 뭐가 어려운 일이냐고 반문할 수 있겠지만, 사실 특징이 하나 늘어날 때마다 한 차원이 더 추가되는 것이고 그렇게 되면 데이터가 훨씬 더 많이 있어야 겨우 비슷한 성능을 낼 수 있습니다. 1차원을 가득 채우는 데는 5개만 있으면 되

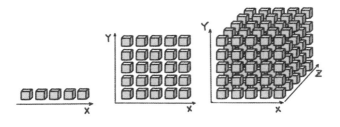

주8

지만 2차원이라면 25개, 3차원에서는 무려 125개나 필요합니다. $K=25$라는 것은 결국 25차원이라는 얘기이고, 제대로 성능을 내기 위해서는 $K=2$일 때에 비해 엄청나게 많은 데이터가 필요합니다. 그래서 무작정 특징의 개수를 늘리는 게 능사는 아닙니다. 데이터가 부족하다면 오히려 제대로 특징을 추출해내지 못하고 성능이 더 떨어지는 '저주'를 받을 수 있기 때문이죠.

그렇다면 여기서 '왜 하필 25개냐?'라고 질문할 수 있을 것 같네요. 행렬 인수분해를 처음 고안한 사이먼 펑크가 맨 처음 설정한 값이 바로 $K=25$입니다. 그래서 특별한 이유 없이 관례상 쓰이는 경우가 많습니다. 만약 데이터를 아주 많이 구할 수 있다면 당연히 특징의 수를 좀 더 크게 지정하는 편이 좋습니다. 데이터가 부족하다면 더 작은 값으로 설정해야겠죠. 어떤 값이 가장 적절한지 정답은 없기 때문에 모델과 데이터에 따라 그때그때 값을 설정할 수도 있습니다. 그래서 현업에서는 경우에 따라 다양한 값을 모두 실험해 보고 그중 가장 좋은 성능을 내는 값을 채택하기도 합니다.

딥러닝을 도입한 유튜브 추천 알고리즘

행렬 인수분해 기법은 딥러닝의 구조와 많이 닮아 있습니다. 결과를 도출하기 위해 내재된 특성을 찾아 여러 차례 계산하는 구조가 마치 인공 신경망을 이용해 여러 차례 계산해나가는 과정과 비슷하죠.

2가지 구조를 그림으로 비교하면 비슷한 특징이 더욱 두드러집니

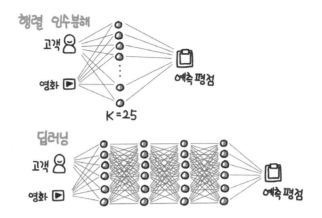

다. 행렬 인수분해는 중간 구조가 없는 간결한 형태의 신경망 구조를 띠고 있습니다. 반면 딥러닝은 중간 구조가 깊은 신경망 구조를 보여줍니다. 이처럼 유사한 구조로 인해 최근에는 행렬 인수분해 대신 딥러닝으로 접근하려는 시도가 많습니다.

특히 깊은 신경망일수록 더 좋은 성능을 냅니다. 물론 딥러닝이 제대로 성능을 내기 위해서는 엄청난 데이터가 필요하지만 이미 유튜브에는 2019년에만 1분에 500시간이 넘는 비디오가 업로드될 정도로 방대한 데이터가 매일 쌓이고 있습니다. 2006년에 넷플릭스가 넷플릭스 프라이즈를 진행할 때도 이미 1억 건이 넘는 평가 데이터를 공개했을 정도죠. 빅데이터 시대에 접어들면서 이미 많은 기업들이 고객의 평점 기록 같은 중요한 데이터를 축적해왔기 때문에 이제 이들 데이터가 빛을 발할 때가 왔습니다.

실제로 유튜브가 2016년에 공개한 추천 시스템 논문에 따르면, 유튜브의 추천 시스템은 다양한 특징을 결합한 딥러닝 모델이었습니

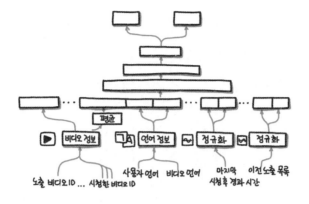

다. 그전까지는 유튜브도 행렬 인수분해를 사용했지만 2016년을 전후하여 딥러닝 모델을 도입해 더 좋은 성능을 낸 거죠. 성능을 높이기 위해 단순히 평점 정보 외에도 다양한 추가 정보를 활용했습니다. 고객의 성별, 거주하고 있는 국가, 시청 기록, 이전 영상 노출 목록, 마지막 시청 후 경과 시간 같은 개인 정보와, 영상 길이, 제작한 국가, 언어, 조회수, 영상 제작 시점 등 영상에 대한 다양한 정보까지 모두 입력값으로 활용하여 최종 결과를 예측해 냈습니다. 그뿐 아니라 편향을 줄이기 위해 유튜브 밖에서 영상을 시청한 이력도 확인했습니다. 앞서 사용자가 유튜브에서 시청하는 영상 중 70%는 알고리즘이 추천한 영상이라고 했죠. 따라서 유튜브 사이트의 영상만으로 시청 기록을 학습하면 70% 확률로 추천한 영상을 다시 학습하는 문제가 생깁니다. 이 같은 편향을 줄이기 위해 유튜브 밖에서 시청한 이력도 모두 활용하는 거죠. 이처럼 유튜브는 편향까지 없애기 위해 수많은 정보를 종합적으로 고려했고 그 결과가 우리에게 막 시청을 마친 영상 뒤에 올라옵니다.

유튜브는 초창기에 영상을 추천하는 데 어떤 가치를 극대화할지 고민을 거듭했다고 합니다. 초기에는 조회수를 올리는 데만 방향이 맞춰져 있었죠. 그러다 보니 크리에이터들이 유익한 영상보다는 온통 자극적인 썸네일을 만들어내는 데 치중했습니다. 영상을 클릭한 사람들이 낚인 걸 알고 즉시 빠져나와도 이미 조회수는 올라간 뒤였죠.

이후 유튜브는 사람들이 오래 시청하는 영상을 추천하도록 보상 함수를 개선했다고 밝힙니다. 그뿐 아니라 '이어 보기'에도 매우 높은 가중치를 부여했죠. 보상은 기존처럼 '많이 클릭'하는 게 아니라 '덜 클릭하고, 더 오래 보는' 영상에 집중했고, 실제로 영상의 품질을 높이는데 많은 도움이 되었습니다.[9]

또한 유튜브는 신선도를 무척 강조합니다. 제4장에서 최신 문서의 중요성을 강조한 것처럼, 새로 올라온 영상일수록 고객의 관심이 높기 때문이죠. 뉴스, 영화, 유튜브 모두 소위 '신상'이 매우 중요한 콘텐츠 입니다. 하지만 새로운 영상은 영상에 관한 아무런 정보가 없는 **콜드 스타트**Cold Start 문제에 봉착합니다. 콜드 스타트는 말 그대로 차갑게 시작한다는 건데요. 새로 올라온 영상일수록 조회수도 없고 인기가 있을지 알아낼 만한 정보가 거의 없기 때문에 추천 영상에 올라가기가 매우 어렵습니다. 올림픽에 육상 선수를 내보내야 하는데, 선수들이 달리는 모습을 보지도 못한 채 신체 조건만 보고 출전 선수를 골라내야 하는 상황과 비슷하죠. 수많은 선수 중에 누가 우사인 볼트인지 찾아낼 수 있을까요?

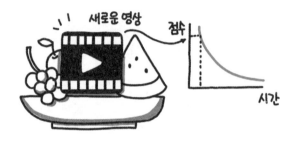

고객들은 무엇보다 새로운 영상을 좋아합니다. 하지만 새로울수록 정보가 부족하기 때문에 추천은 더 어려워지는 역설적인 상황에 놓입니다. 추천 시스템은 이 문제를 해결해야 하죠. 마치 점쟁이처럼 영상의 몇 가지 특징만 가지고 불특정 다수에게 추천할 수 있어야 합니다. 정말 어려운 일이죠.

영상뿐만 아니라 고객도 마찬가지입니다. 신규 고객의 관심사를 예측하기는 정말 어려운 일이죠. 넷플릭스도 초창기에는 가입을 하면 선호하는 영화를 몇 가지 택하도록 강제했습니다. 신규 고객의 선호도를 미리 파악하여 정교하게 추천을 시작하기 위해서였죠. 아무런 고객 정보가 없다면 무엇을 추천해야 좋을지 도무지 감을 잡기가 어렵습니다. 로맨스를 좋아하는 고객에게 갑자기 공포 영화를 추천하면 그 서비스에 대한 첫인상이 좋지 않을 겁니다.

이외에도 추천 시스템은 고객이 기존 취향의 울타리 안에만 갇히지 않도록 노력합니다. 이를 **필터 버블**Filter Bubble이라고 하는데요. 협업 필터링이 어느 정도 관심사를 확장하는 효과를 내긴 하지만 이 또한 성향이 비슷한 고객만 구독하게 된다면 다른 성향의 고객이 좋아하는 콘텐츠는 알 길이 없겠죠. 보수적인 성향의 사용자가 보수적인 취향을 지닌 사람만 구독하면 항상 비슷한 보수적인 영상을 추천받겠죠. 이는 진보적인 성향도 마찬가지입니다. 결국 서로가 단절되고, 우물 안 개구리처럼 편견을 강화할 뿐입니다. 이는 사회적으로 매우 위험한 문제로 번질 수 있습니다.

그래서 뜻밖의 발견Serendipity이 중요합니다. 멋진 영어 단어만큼이나 설레는 표현이기도 하죠. 여기에는 2가지 조건이 충족되어야 합니다. 지금까지 본 적 없는 것이어야 하지만, 희한하게도 마음에 드는 것이어야 하죠. 다시 말해 나에게 편하고 익숙한 구역 바깥에 있어야 하지만 또 아예 엉뚱하지는 않아야 합니다. 참, 어렵죠. 하지만 많은 사람들이 "알 수 없는 알고리즘이 여기로 이끌었다"라고 자주 감탄하는 것은 그래도 이 2가지 조건을 잘 만족하고 있다는 거겠죠?

　친구가 나에게 뜻밖의 영화를 소개해줬는데 너무 만족스러워 하루 종일 즐겁던 기억이 있지 않나요? 추천 시스템의 목표가 바로 이것입니다. 우리가 '뜻밖의 발견'으로 설렐 수 있게 앞으로도 추천 시스템은 '알 수 없는 알고리즘'을 꾸준히 만들 것입니다.

제1장 · 인공지능 | 위대한 인공지능, 깨어나다

- **메케니컬 터크**Mechanical Turk
  18세기 후반에 등장한 체스를 두는 자동기계입니다. 실제로는 기계 내부에 사람이 들어
  앉아 조작했던 정교한 사기였습니다.

- **모라벡의 역설**Moravec's Paradox
  다섯 살배기 아이한테는 쉬운 일이 기계한테는 어렵고, 반대로 기계한테는 쉬운 일이 인
  간에게는 어려운 역설적인 상황을 말합니다. 인간에게 어려운 복잡한 수학 계산은 기계
  가 잘하지만, 체스 말을 원하는 위치에 옮기는 등 다섯 살배기도 할 수 있는 일은 기계가
  하기 어렵습니다.

- **인공 신경망**Artificial Neural Network
  인간의 두뇌구조를 본뜬 머신러닝 모델입니다.

- **퍼셉트론**Perceptron
  1958년에 등장한 초기 인공 신경망 알고리즘입니다. 많은 기대와 주목을 한몸에 받았으
  나 풀 수 없는 문제가 많았고, 복잡한 신경망을 제대로 학습할 수 있는 방법도 알지 못해
  한동안 사람들의 기억 속에서 잊힙니다.

- **에이다 러브레이스** Ada Lovelace
  컴퓨터가 등장하기도 전에 프로그래밍 언어의 개념을 정립한 세계 최초의 프로그래머로,
  인공지능의 출현 가능성을 추론해냈습니다.

- **if-then 규칙**
  '만약 ___라면 ___이다'라는 형태의 조건문을 이용해 규칙을 정하고 결론을 도출하는 방

식입니다. 대부분의 규칙은 사람이 일일이 입력합니다. 초창기 인공지능을 구현하는 데
널리 활용되었습니다.

- **머신러닝**Machine Learning
  기존의 규칙 기반과 달리 더 이상 'if-then 규칙'을 입력하지 않고 데이터에서 스스로 규
  칙을 찾아내는 컴퓨터 알고리즘 연구를 말합니다.

- **아마존 메케니컬 터크** Amazon Mechanical Turk
  인공지능을 위한 기초 데이터를 사람이 만들어내는 아마존의 플랫폼 서비스입니다. 사람
  이 직접 만들어낸다는 점에서 원래 메케니컬 터크의 작동 원리와 일맥상통합니다.

- **제프리 힌튼**Geoffrey Hinton
  토론토대학교의 교수로 평생 동안 인공 신경망을 연구하며 잊힌 알고리즘이었던 인공 신
  경망을 딥러닝으로 부활시킨 인물입니다. 지금의 딥러닝을 있게 한 일등 공신을 꼽으라
  면 단연 힌튼 교수입니다.

- **딥러닝**Deep Learning
  오랫동안 잊힌 알고리즘이었던 인공 신경망에 대해 다양한 연구를 통해 제대로 된 학습
  방법을 찾아내고 한계를 극복하면서, 2000년대 들어 부르기 시작한 인공 신경망의 새로
  운 이름입니다.

- **얀 르쿤** Yann LeCun
  페이스북의 인공지능연구소장으로, 초창기 인공 신경망에 컨볼루션이라는 기법을 적용
  하여 손으로 쓴 우편번호를 인식하는 이미지 인식을 성공적으로 구현해냈습니다.

- **대중의 지혜**The Wisdom of Crowds
  다양한 집단의 데이터가 많이 모이면 소수 전문가의 의견보다 더 정답에 근접한 결과를
  얻어낼 수 있다는 원리로, 《더 뉴요커》의 논설위원 제임스 서로위키가 쓴 《대중의 지혜》
  라는 동명의 책 제목으로 인해 널리 알려졌습니다.

- **무어의 법칙**Moore's Law
  1965년 인텔의 공동창업자 고든 무어가 내놓은 법칙으로, "반도체 칩의 트랜지스터 집적
  도는 2년마다 2배씩 증가한다"고 주장한 법칙입니다. 40년 넘게 비슷하게 맞아떨어지며
  반도체 발전을 주도해왔습니다.

- **GPU**Graphics Processing Unit

  원래는 게임 그래픽 처리를 위한 전용 칩셋이었으나 이후 병렬연산에 최적화되어 있다는 점을 이용해 다양한 과학 계산에 활용됩니다. 특히 딥러닝과 블록체인에 필요한 가장 중요한 핵심 하드웨어로 자리 잡습니다.

- **CUDA**Compute Unified Device Architecture

  마이크로소프트가 게임 개발을 위해 DirectX라는 API를 제공하는 것처럼 GPU로 병렬연산을 할 수 있도록 엔비디아가 직접 제공한 기술입니다. 이 기술로 인해 GPU 시장은 사실상 엔비디아의 독점이라고 할 수 있습니다.

- **오픈소스**Open Source

  사전적 의미로는 수정 및 재배포가 가능한 무료로 제공되는 소스코드를 뜻합니다. 그러나 단순한 공개를 넘어 개방형 협업에 참여를 장려하며, 이를 통해 영향력을 더욱 공고히 할 수 있는 혁신적인 모델입니다. 대표적인 성공 사례로 리눅스가 있으며, 최근에는 수많은 상업용 소프트웨어도 오픈소스에 참여해 혁신을 가속화하고 있습니다.

- **텐서플로**TensorFlow

  구글 내부에서 사용하던 딥러닝 라이브러리를 2015년 가을에 오픈소스로 공개한 프로그램으로, 한때 큰 인기를 끈 딥러닝 프로그램입니다.

- **파이토치**PyTorch

  페이스북에서 오픈소스로 공개한 딥러닝 프로그램으로, 현재 가장 점유율이 높은 딥러닝 프로그램입니다. 특히 간단하고 직관적인 방식으로 복잡한 모델도 이해하기가 쉬워서 연구자들이 논문을 쓸 때 가장 많이 활용하는 프로그램입니다.

제2장 · 알파고 | 인간을 능가하는 기계의 등장

- **가리 카스파로프**Garry Kasparov

  1984년부터 2005년 은퇴할 때까지 22년간 세계 랭킹 1위를 유지한 전설적인 체스 세계 챔피언으로, 1997년에 IBM의 체스 컴퓨터 딥 블루에 패배합니다. 2017년에는 딥 블루와의 회고록《딥 씽킹》을 출간했습니다.

- 딥 블루Deep Blue

  IBM이 만든 체스에 특화된 컴퓨터입니다. 1997년 체스 세계 챔피언 가리 카스파로프를 꺾으며 세계 챔피언이 됩니다. 480개의 체스 전용 칩을 내장하고, 초당 2억 번의 이동을 계산할 수 있습니다. 엄청난 연산 능력을 바탕으로 가능한 모든 경우의 수를 탐색하고 다음 수를 결정하는 형태로 작동했습니다.

- 게임 트리Game Tree

  체스에서 현재 수는 이전 수에 영향을 받고, 또 다음 수에 영향을 줍니다. 계속해서 영향을 주며 길게 뻗어나가는 모습을 마치 나무를 뒤집은 모양으로 표현한 말입니다.

- 가지치기Pruning

  모든 경로를 매번 탐색하는 것은 비효율적이기 때문에 막다른 길인 경우 나뭇가지 자르듯 쳐내고 더 이상 탐색하지 않는 알고리즘을 말합니다.

- 몬테카를로 방법Monte Carlo Method

  카지노로 유명한 도박의 도시 몬테카를로를 빗댄 이름으로, 도박처럼 확률적인 방법으로 결과를 유추해 내는 알고리즘입니다.

- 몬테카를로 트리 탐색Monte Carlo Tree Search

  게임 트리 탐색에 몬테카를로 방법을 접목한 것으로, 2006년부터 사용하면서 바둑 인공지능의 실력을 높이는 데 결정적인 역할을 합니다. 선택-확장-시뮬레이션-업데이트 과정을 통해 다음 수를 결정합니다.

- 정책망Policy Network

  알파고에 사용된 두 종류의 인공 신경망 중 하나로, 어디에 돌을 내려놓을지를 예측하는 망입니다. 알파고는 서로 다른 3가지 형태의 정책망을 만들어 사용합니다.

- 가치망Value Network

  알파고에 사용된 두 종류의 인공 신경망 중 하나로, 현재 국면에서 승리할 가능성이 높은지 패배할 가능성이 높은지를 확률로 표현한 망입니다. 알파고는 강화학습의 결과로 가치망을 구축합니다.

- 강화학습Reinforcement Learning

  최적의 행동을 취할 때마다 스스로 보상을 최대화하는 방향으로 학습을 진행하는 머신러닝의 한 영역으로, 주로 게임 인공지능을 만드는 데 널리 사용됩니다. 여러 차례 시행착오를 통해 최적의 의사결정을 내리도록 학습하는 방식으로, 알파고의 성능을 높인 핵심이기도 합니다.

- **알파고 제로**AlphaGo Zero
  인간 기보가 필요 없이 완전히 스스로 대국을 통해 실력을 쌓아나가는 알파고의 최신 버전으로, 이세돌을 이긴 알파고에 100:0으로 승리하였습니다. 이후 바둑뿐만 아니라 체스, 장기 같은 보드게임도 스스로 학습하는 알파제로AlphaZero가 등장합니다.

- **엘로 평점**Elo Rating
  체스 시절에 만들어진 점수 체계로 바둑에서도 동일하게 사용합니다. 이기면 증가하고 패하면 감소하는 방식인데, 점수가 균일한 폭으로 증감하는 게 아니라 나보다 점수가 높은 상대를 이길 경우에는 점수가 큰 폭으로 증가하고, 나보다 점수가 낮은 상대를 이길 경우에는 점수가 작은 폭으로 증가합니다. 어려운 미션에 더 큰 보상을 주는 매우 합리적인 점수 산정 방식입니다.

제3장 · 자율주행 | 테슬라가 꿈꾸는 기계

- **다르파** Defense Advanced Research Projects Agency, DARPA
  미 국방부 산하의 연구조직입니다. 혁신적인 연구를 후원해 '미친 과학국'이라는 별명이 붙었죠. 1957년에 소련이 세계 최초로 인공위성 스푸트니크 1호를 발사하자, 깜짝 놀란 미국이 이에 대응하여 창설한 군사적 목적의 연구기관입니다. 인터넷, 음성인식, 군사용 드론, 자율주행 등이 모두 다르파의 후원으로 탄생했습니다.

- **세바스챤 스런**Sebastian Thrun
  첫 번째 대회의 악몽을 딛고 두 번째 자율주행차 대회에서 우승을 차지한 스탠퍼드대학교의 책임자로, 이후 구글에 합류하여 스트리트 뷰를 만들고 2009년에는 구글에서 자율주행 프로젝트를 시작합니다.

- **스탠리**Stanley
  두 번째 자율주행차 대회에서 최초로 완주하고 우승을 차지한 스탠퍼드대학교의 자율주행차 이름입니다.

- **베이즈 정리**Bayes' Theorem
  불확실한 의사결정 문제를 수학적으로 다룰 때 이용되는 정리로, 확률을 믿음으로 바라보는 경험적인 추론을 사용합니다. 베이즈를 따르는 이들을 베이즈주의자Bayesian라 일컫습니다.

- **빈도주의자** Frequentist
  고전 통계학을 따르며 확률을 빈도Frequency로 바라보는 전통적인 방식을 따르는 이들을 말합니다. 확률을 믿음으로 바라보는 베이즈주의자와 오랜 기간 갈등을 빚어왔습니다.

- **레이더**Radar
  전자파를 쏘아올려 물체에 반사된 반사파를 측정해 물체의 거리, 속도, 방향 등을 판단하는 장비입니다. 제2차 세계대전 전후에 영국에서 개발되어 전쟁에서 독일의 움직임을 사전에 포착하는 등의 활약을 합니다.

- **라이다** LiDAR
  빛Light과 레이더Radar의 합성어로, 레이더가 전자파를 발사해 반사파를 측정한다면 라이다는 레이저 빛을 발사해 반사되어 돌아오는 것을 측정합니다. 레이더에 비해 물체의 거리와 방향을 훨씬 더 정교하고 입체적으로 파악합니다.

- **컨볼루션 신경망**Convolutional Neural Network, CNN
  동물의 시각피질 작동 원리에 영향을 받은 것으로, 동물의 눈으로 사물을 바라보는 것과 비슷하게 필터를 이용해 이미지 정보를 처리하는 인공 신경망입니다. 컨볼루션 작업을 거치면 이미지에 대한 다양한 특징이 남게 되고 이런 다양한 특징을 모아서 학습하면 컨볼루션 방식의 딥러닝이 완성됩니다.

- **모방학습**Imitation Learning
  행동을 모방하는 학습 방식입니다. 대표적으로 테슬라가 인간의 주행 방식을 모방해 자율주행을 학습하는 데 활용합니다.

- **도덕 기계**Moral Machine
  MIT에서 광차 문제를 자율주행차의 문제로 변형하여 도덕적 딜레마를 온라인에서 실험한 플랫폼입니다.

- **광차 문제**Trolley Problem

  유명한 윤리학의 사고 실험(머릿속에서 생각으로 진행하는 실험)으로, 어쩔 수 없는 상황에서 더 많은 사람을 살리기 위해 다른 누군가를 희생시킬 수 있는가와 같은 문제를 일컫습니다. 1960년대부터 철학과 학생들이 수십 년간 논쟁을 벌여온 문제이며, 비슷한 문제를 자율주행차의 경우에도 고민해 볼 수 있습니다.

제4장 · 검색엔진 | 구글이 세상을 검색하는 법

- **쿼리**Query

  원하는 정보를 찾기 위해 검색엔진에 사용자가 직접 질의하는 내용을 말합니다. 쉽게 얘기해서 "검색어를 입력하세요"라고 할 때 '검색어'가 바로 쿼리입니다.

- **CPC**Cost Per Click **방식**

  인터넷 광고의 과금 방식 중 하나로, 광고를 클릭할 때마다 비용을 책정하는 종량제 방식입니다.

- **색인**Index

  검색을 빠르게 수행할 수 있도록 문서를 수집하여 검색에 적합하도록 보관하고 있는 것을 말합니다.

- **구글 파일 시스템**Google File System, GFS

  구글에서 개발한 효율적인 분산 파일 시스템입니다. 구글은 이 시스템을 이용해 엄청난 양의 색인을 저장했으며, 이후 기술에 대한 논문을 공개합니다. 논문을 기반으로 오픈소스로 시작된 프로젝트가 하둡Hadoop입니다. 현재 하둡은 모든 대기업이 활용하고 있을 정도로 인기가 높으며, 빅데이터가 곧 하둡이라 해도 과언이 아닐 정도로 빅데이터를 대표하는 유명한 플랫폼입니다. 그 시작은 구글 파일 시스템의 논문입니다.

- **크롤러**Crawler

  웹사이트에서 정보를 수집하기 위해 사이트 구석구석을 돌아다니는 로봇을 말하며 웹 문서를 갈고리처럼 긁어온다고 하여 크롤러Crawler라고 부릅니다. 웹은 링크로 서로서로 연결된 거미줄Web과 유사한 모습을 띠고 있기 때문에 웹사이트에서 정보를 수집하는 로봇을 스파이더Spider(거미)라고도 부릅니다. 최근에는 크롤러라는 명칭을 좀 더 일반적으로 사용합니다.

- **에르되시 수**Erdős Number
전 세계를 돌아다니며 평생을 수학 연구에만 몰두해온 에르되시 팔은 대부분의 논문을 다른 학자들과 함께 공동으로 집필했습니다. 에르되시 수는 그와 몇 단계에 걸쳐 네트워크로 연결되어 있는지를 나타내는 수입니다. 수학 저널에 논문을 한 편이라도 기고한 수학자의 경우, 거의 대부분이 8 이하에 해당한다고 알려져 있습니다.

- **페이지 랭크** Page Rank
유명한 사이트가 많이 가리킬수록 점수가 올라간다는 알고리즘으로, 초기 구글 검색의 핵심 알고리즘입니다. 웹 문서Page를 랭크했다는 의미와 동시에 구글 창업자 중 한 명인 래리 페이지의 이름을 따서 페이지 랭크로 부릅니다.

- **댐핑 팩터**Damping Factor
페이지 랭크 알고리즘에서 사용자들이 싫증을 낼 확률을 반영한 값을 말합니다. 링크를 따라가 웹 문서를 읽다가 어느 순간 흥미를 잃어 해당 문서를 벗어날 확률이 15%면, 댐핑 팩터는 이 값을 반영하여 0.85가 됩니다.

- **근접도**Proximity
쿼리와 매칭되는 단어가 얼마나 서로 가까이에 있는지 판단하는 점수로, 단어와 단어 사이의 간격이 좁을수록 더 유사한 문서라고 판단하고 더 높은 점수를 줍니다.

- **TF-IDF**
추천 시스템의 83%가 사용하는, 검색엔진과 추천 시스템을 대표하는 유사도 계산 알고리즘입니다. 단어의 출현 빈도TF와 문서 출현 빈도의 역수IDF를 곱한 값입니다.

- **BM25**
TF-IDF를 기반으로 하는 유사도 계산 알고리즘 중 가장 성능이 좋다고 알려진 방식으로 구글, 네이버, 다음 등 사실상 국내외 모든 검색엔진이 채택하고 있는 유사도 계산 알고리즘입니다.

- **A/B 테스트**
무작위 대조 시험을 온라인에서 구현한 것으로, 서로 다른 결과를 보여주고 어느 쪽이 더 효과적인지 성과를 측정하는 방식입니다. 랭킹 개선의 효과를 효율적으로 측정하는 방식이기도 합니다.

- **검색엔진 최적화** Search Engine Optimization, SEO
검색엔진에 사이트가 잘 노출되도록 최적화하는 작업을 말합니다. 단순히 노출 최적화를 넘어 랭킹을 높이기 위해 여러 시도를 하기도 합니다. 반면 검색엔진 업체는 쉽게 랭킹을 올릴 수 없도록 계속해서 방어 로직을 개선합니다.

- **MUM** Multitask Unified Model
2021년 상반기에 발표한 구글의 새로운 검색 알고리즘입니다. 복잡한 질문에 답하기 위해 딥러닝과 결합한 새로운 기술로, 복잡한 쿼리를 이해할 뿐만 아니라 75개 언어를 모두 통합하여 학습한 모델을 구축했고 여기에 더해 비디오나 이미지 같은 정보도 함께 찾아서 결과를 보여줍니다.

제5장 · 스마트 스피커 | 시리는 쓸모 있는 비서가 될 수 있을까

- **시리** Siri
시리는 스탠퍼드대학교에서 시작된 민간 연구소 SRI 인터내셔널의 연구 프로젝트였습니다. 가능성을 본 일부 연구원이 독립해 창업했고, 시리는 당시 회사의 이름이자 제품의 이름이었습니다. 2010년에는 애플이 인수하여 이듬해 아이폰에 탑재해 동일한 이름으로 세상에 나옵니다. 음성인식 비서라는 카테고리를 사실상 처음으로 개척한 서비스입니다.

- **빅스비** Bixby
삼성전자의 음성 비서입니다. 시리를 만든 대그 키틀러스와 애덤 체이어 등이 애플을 퇴사하면서 비브랩스라는 인공지능 개인 비서를 만드는 회사를 창업했고, 이 회사를 삼성전자가 인수하면서 탄생합니다.

- **알렉사** Alexa
아마존에서 개발한 인공지능 플랫폼으로, 인류의 지식과 배움의 중심지였던 고대 이집트 도서관 알렉산드리아에 대한 오마주입니다. 아마존의 스마트 스피커 에코에서 처음 사용되었습니다.

- **웨이크업** Wake-Up
호출어를 부르는 등의 작업을 통해 스마트 스피커를 깨우는 과정입니다.

- **은닉 마르코프 모델**Hidden Markov Model
  은닉된Hidden 상태와 관찰 가능한 결과로 구성된 통계적 모델로, 이를 이용해 초기 음성인식에서 좋은 성과를 냅니다.

- **순환 신경망**Recurrent Neural Network, RNN
  시간의 흐름에 따라 순서대로 구성되는 시계열 형식을 학습할 수 있는 인공 신경망 구조입니다.

- **음향 모델** Acoustic Model
  음성인식 과정에서 음성의 파형으로 단어를 인식하는 모델입니다.

- **언어 모델**Language Model
  단어가 등장할 확률을 계산하는 모델로 음성인식에서 잘못 인식된 단어를 보정하는 역할을 합니다. 음성인식 시스템은 음향 모델로 인식한 결과를 언어 모델로 보정하는 과정을 거칩니다. 이외에도 언어 모델은 챗봇 등 자연어 처리의 다양한 분야에서 널리 사용됩니다.

- **자연어 이해**Natural Language Understanding, NLU
  말이나 글의 의미가 무엇인지 알 수 있도록 언어를 구조화하는 과정입니다.

- **슬롯 필링**Slot Filling
  필요한 정보를 수집하여 누락된 정보를 채워주는 과정입니다.

- **멀티 턴**Multi-Turn
  슬롯 필링을 위해 여러 번 대화를 반복하는 과정입니다.

- **다이얼로그 매니저**Dialog Manager
  대화 시스템의 상태를 관리하는 역할을 하며, 이전 대화 내용을 기억하거나 자연어 이해에서 처리해준 내용을 받아서 실행 명령을 내리는 역할을 담당합니다.

- **스킬**Skill
  스마트 스피커가 할 수 있는 기능으로, 스마트폰의 앱과 유사합니다. 스피커 제조사마다 조금씩 다르게 부르지만 아마존이나 카카오, 네이버는 모두 이러한 서비스 기능을 스킬이라고 부릅니다.

- **문제해결용 대화시스템**Task-Oriented Dialogue System
특정 주제로 제한하여 목적을 이루기 위해 대화를 이어가는 시스템입니다. 대표적으로
고객의 문제를 해결해주는 용도인 고객센터 챗봇이 있습니다.

- **USS**Unit Selection Synthesis
미리 녹음된 음성을 기준에 따라 잘게 쪼개어 음편Unit을 만들고 가장 적합한 음편을 선
택Selection하여 음성을 합성Synthesis하는 방식으로, 연결 합성이라고도 합니다. 성우가
미리 녹음한 음성을 이어 붙이므로 매우 자연스럽다는 장점이 있습니다. 지하철 안내 방
송, 내비게이션, 스마트 스피커가 주로 사용하는 방식입니다.

- **타코트론2**Tacotron2
구글이 제안한 음성 합성 모델로 이후 음성 연구 분야에 매우 큰 영향을 끼칩니다. 특히 엔
비디아에서 구현한 모델은 자체 개발한 딥러닝 보코더를 탑재하여 매우 깨끗한 음질을 들
려줍니다.

- **멜 스펙트로그램**Mel Spectrogram
소리나 파동을 시각화하여 파악할 수 있도록 표현한 것입니다. 음파와 비슷하게 생겼지
만 색상의 차이, 농도를 포함해 더욱 풍부한 정보를 표현할 수 있으며, 이를 인간이 인지할
수 있는 주파수 대역으로 변환해 낮은 해상도로 압축합니다.

- **보코더**Vocoder
멜 스펙트로그램을 실제 음성으로 바꾸는 기술입니다. 최근에는 멜 스펙트로그램 추출
없이 텍스트에서 음성을 바로 생성하는 진정한 엔드투엔드 방식의 모델이 연구되고 있습
니다.

제6장 · 기계번역 | 외국어를 몰라도 파파고만 있다면

- **기계번역**Machine Translation
컴퓨터를 사용해 인간이 사용하는 언어를 다른 언어로 번역해 내는 것을 말합니다.

- **시스트란**SYSTRAN
초창기 기계번역을 연구한 대표적인 회사로, 1968년에 설립하여 50년의 역사를 자랑합
니다. 규칙 기반 기계번역으로 당시에는 독보적인 성능을 자랑했습니다.

- **규칙 기반 기계번역**Rule-Based Machine Translation
  언어학자들이 일일이 규칙을 정의하고 그 규칙에 따라 번역을 제공하는 방식입니다.

- **예시 기반 기계번역**Example-Based Machine Translation
  규칙을 통해 언어를 이해하기보다, 경험을 통해 모방하는 형태로 접근한 번역 방식입니다. 기본적인 문장의 의미를 파악한 다음 비슷한 문장의 의미를 비교해 전체 의미를 유추하는 방식입니다. 마치 영어를 공부할 때 먼저 숙어를 암기하고 숙어에 단어를 갈아 끼우며 전체 문장을 번역하는 과정과 유사합니다.

- **통계 기반 기계번역**Statistical Machine Translation
  문장을 단어 또는 구문 단위로 분할해 이를 번역한 뒤 다시 문장으로 합치는 과정에 확률적인 방법을 접목한 방식을 말합니다. 수많은 문장을 분석해 확률을 스스로 계산합니다.

- **조경현**
  신경망 기계번역을 도입한 인공지능 분야의 과학자로, 현재 뉴욕대 교수이자, 페이스북에 근무합니다. 한국인으로서는 인공지능 분야에서 독보적인 성과를 냈습니다.

- **신경망 기반 기계번역**Neural Machine Translation
  인공 신경망을 이용해 문장 전체를 마치 하나의 단어처럼 통째로 번역하는 방식입니다. 훨씬 더 자연스러운 번역을 가능하게 했습니다.

- **인코더**Encoder
  기계번역에서 문장의 의미를 압축하는 과정입니다.

- **디코더**Decoder
  기계번역에서 압축을 풀어 번역문을 만드는 과정입니다.

- **어텐션**Attention
  문장을 번역할 때 더 중요한 단어를 별도로 강조하겠다는 원리로 출발했으며, 문장 전체를 한 번만 압축했던 초기 신경망 기반 기계번역에 비해 마치 형광펜으로 매번 중요한 부분을 표시해서 번역하는 것과 유사합니다. 실제로 기계번역의 성능을 크게 높였습니다.

- **트랜스포머**Transformer
  어텐션이 좋은 성과를 내면서 아예 어텐션만으로 인공 신경망을 구성한 자연어 처리 모델입니다. 이후 각종 분야를 휩쓸면서 모든 자연어 처리 분야의 성능을 월등히 높입니다.

제7장 · 챗봇 | 챗GPT, 1분 안에 보고서 작성해 줘

- **이루다**
이루다
국내 스타트업이 개발한 챗봇으로, '이루다'라는 이름은 어떤 주제로든 자유롭게 대화할 수 있는 인공지능을 이루었다는 의미입니다. 출시 직후 75만 명이 이용하며 큰 화제를 불러일으켰으나 개인정보 침해 논란으로 겨우 2주 만에 서비스를 중단합니다.

- **자유 주제 대화 시스템**Open-Domain Dialogue System
주제에 제약받지 않고 어떤 주제든 자유롭게 대화를 이어나갈 수 있는 대화 시스템입니다.

- **일라이자**ELIZA
1966년 MIT의 컴퓨터과학자 요제프 바이첸바움이 만든 세계 최초의 챗봇입니다. 아직 이른 시기였고, 기술의 한계로 인해 단순한 규칙으로 구현되었으나 그럼에도 불구하고 사람처럼 대화하는 챗봇은 큰 파장을 불러일으킵니다.

- **컴파일러**Compiler
한 언어를 다른 언어로 바꿔주는 과정을 컴파일이라고 하며, 컴파일러는 컴파일을 수행하는 도구입니다. 컴퓨터에 비유하면 인간이 이해하는 고수준 언어(C++, 자바, 파이썬)를 기계가 이해하는 저수준 언어(기계어)로 바꾸는 과정을 수행하는 도구입니다.

- **그레이스 호퍼**Grace Hopper
컴파일러의 개념을 최초로 고안했으며, 코볼이라는 프로그래밍 언어가 탄생하는 데 핵심적인 역할을 하여 코볼의 어머니로 불리기도 합니다.

- **코볼**COBOL
컴퓨터 프로그래밍 언어로, 문법이 영어와 매우 흡사합니다. 마치 사람에게 말로 지시하듯, 회계·매출·급여 등 비즈니스와 관련한 업무를 영어로 기술하면 컴파일러가 컴퓨터가 이해할 수 있는 언어로 바꿔줍니다. 코볼로 인해 과학 계산에 주로 쓰이던 컴퓨터가 비즈니스에 본격적으로 활용됩니다.

- **좌표**Coordinates

  서로 다른 분야로 여겨지던 기하학과 대수학의 개념을 하나로 합쳐낸 혁신적인 발상으로 '나는 생각한다. 고로 존재한다'라는 명언이 실려 있던 《방법서설》을 통해 데카르트가 처음 고안했습니다. 천장에 붙어 있는 파리의 위치를 표현하는 방법을 고민하다가 좌표의 개념을 고안했으며, 기하학과 대수학의 관계를 밝혀내자 17세기 수학자들은 엄청난 충격을 받습니다.

- **클로드 섀넌**Claude Shannon

  MIT의 대학원생 시절 이진법을 이용해 모든 정보를 전달할 수 있는 방법을 고안합니다. 정보 이론이라는 새로운 학문을 탄생시켰고 컴퓨터는 0과 1, 단 2개의 숫자로 모든 계산을 해낼 수 있게 되었습니다. 이 단위를 비트라 부르며, 마침내 세상은 정보통신의 시대로 접어들게 됩니다.

- **워드투벡**Word2Vec

  2013년 구글은 단어의 의미를 벡터로 표현하는 매우 획기적인 방법을 발표합니다. 이름부터 단어Word를 벡터Vector로 바꾼다는 매우 직관적인 의미이며, 놀랍도록 정교하게 단어의 의미를 표현해내어 많은 이가 깜짝 놀랐습니다.

- **원-핫 벡터**One-Hot Vector

  단어를 가나다 순으로 늘어놓고 해당하는 단어가 있는 위치는 1로 두고, 나머지는 모두 0으로 두는 표현을 말합니다. 10개의 단어 중 4번째 위치에 있는 단어라면 $[0, 0, 0, 1, 0, 0, 0, 0, 0, 0]$이 됩니다.

- **코사인 거리**Cosine Distance

  두 벡터 사이의 거리를 각도를 이용해 측정하는 방식으로, 각도의 코사인 값을 사용한다고 하여 코사인 거리라고 합니다.

- **앨런 튜링**Alan Turing

  현대 컴퓨터 과학의 개념을 정립한 천재 수학자로, 제2차 세계대전이 발발하자 독일군의 암호를 해독하여 연합군이 승리하는 데 큰 기여를 합니다. 이 내용은 영화 〈이미테이션 게임〉의 모티브가 되었으며 영화 제목이기도 한 이미테이션 게임은 바로 그 유명한 튜링 테스트를 말합니다. 튜링 테스트가 언급된 〈계산 기계와 지능〉이라는 논문은 인공지능을 언급한 최초의 논문이기도 하며, 사실상 인공지능의 역사는 튜링 이전과 이후로 나눌 수 있을 정도로 인공지능 역사에서 빼놓을 수 없는 인물입니다.

- **엔드투엔드**End-to-End **방식**

  입력과 출력이 중간 단계 없이 한번에 진행되는 방식을 말합니다. 중간 과정은 컴퓨터가 모두 자동으로 처리합니다.

- **GPT**Generative Pre-trained Transformer

  트랜스포머의 디코더를 이용한 자연어 생성 모델입니다. 세계 최고의 인공지능 연구소 중 한 곳인 오픈AI에서 만들었으며, 첫 번째 모델은 GPT, 두 번째는 GPT-2, 세 번째 모델 은 GPT-3라는 이름으로 발표합니다.

- **하이퍼클로바** HyperCLOVA

  네이버에서 구축한 자연어 생성 모델로, GPT-3와 유사하지만 학습 데이터 중 한국어 비중이 97%에 달하는, 한국어에 최적화된 언어 모델입니다.

- **구글 미나** Google Meena

  구글에서 만든 인공지능 챗봇입니다. 엄청나게 많은 문장을 그대로 학습하여 무슨 주제든 얘기할 수 있는 열린 챗봇입니다. 26억 개의 매개변수를 사용했고 341GB의 텍스트 데이터를 학습했습니다. 사람과 구분이 힘들 정도로 좋은 성능을 보여주었습니다.

- **블렌더 봇**Blender Bot

  페이스북에서 만든 인공지능 챗봇입니다. 94억 개의 매개변수를 사용해 15억 건의 대화를 학습했습니다. 여기에 더해 인격과 지식, 공감의 특성을 생성하고 조합해 훨씬 더 폭넓은 대화를 이끌어나갑니다.

- **챗GPT**ChatGPT

  오픈AI에서 개발한 대화형 인공지능 모델로, 사용자 프롬프트User Prompt를 잘 따르도록 만들어 놀라운 성능을 보여주며 생성형 AI 열풍을 불러 일으킵니다.

- **RLHF**Reinforcement Learning from Human Feedback

  모델을 최적화하기 위해 인간의 피드백을 이용하는 강화학습 기법입니다. RLHF를 거치면 모델이 더 높은 정확성과 자연스러운 출력을 생성할 수 있습니다.

- **질의응답**Question Answering

  자연어로 입력한 질문에 정답을 한번에 응답하는 기술입니다.

- **버트**BERT

  트랜스포머의 인코더를 이용한 자연어 이해 모델입니다. 질의응답에 대표적으로 활용되며, 사람이 자연어로 입력한 질문을 분석하여 정답의 위치를 확률적으로 계산합니다.

- **전이 학습** Transfer Learning

  미리 학습해둔 사전지식을 그대로 활용하는 학습 방법입니다. 엄청난 데이터를 매번 학습할 필요 없이 전이 학습을 하면 약간의 학습만 더하면 됩니다.

- **튜링 테스트**Turing Test

  기계가 지능을 갖추고 있는지를 판별하고자 하는 시험으로, 튜링이 〈계산 기계와 지능〉이라는 논문에서 제안했습니다.

- **중국어 방**Chinese Room

  중국어를 전혀 모르는 사람도 단순히 책에 있는 답변을 찾아내서 통과할 수 있다는 내용으로, 튜링 테스트에 대한 대표적인 비판입니다.

- **레이 커즈와일**Ray Kurzweil

  구글에 근무하는 미국의 미래학자로 2029년까지 튜링 테스트를 통과하는 컴퓨터가 나올 것이며, 2045년에는 기계가 인간의 지능을 추월하는 '특이점'이 올 것이라고 예측해 유명해졌습니다. 음악인들에게는 스티비 원더의 제안을 계기로 그랜드 피아노의 소리를 완벽하게 재현해낸 커즈와일 신시사이저를 개발한 것으로 더욱 유명합니다. 지금은 우리나라의 영창 피아노가 커즈와일 신시사이저를 인수하여 생산하고 있습니다.

- **특이점**Singularity

  기계가 인간 지능을 추월하는 시점을 의미하며, 커즈와일은 본인의 저서 《특이점이 온다》에서 이를 2045년 전후로 예상했습니다.

제8장 · 내비게이션 | 티맵을 어떻게 가장 빠른 길을 알까

- **과적합**Overfitting

  학습 데이터를 과하게 학습하여 실제 데이터에서는 오히려 오차가 증가하는 것을 말합니다. 어떤 사람이 옆으로 누워 몸을 움츠리고 잔다고 해서 침대를 자세에 맞춰 만드는 것과 유사합니다.

- **오컴의 면도날** Occam's Razor

    어떤 현상을 설명할 때 필요 이상의 가정과 개념은 면도날로 베어낼 필요가 있다는 권고입니다. 오컴의 면도날은 흔히 '경제성의 원리' 또는 '단순성의 원리'로 불리며, "필요 이상으로 많은 것을 가정하지 말라"는 라틴어 문구에서 유래했습니다. 이 원리는 과학적 방법론에도 널리 사용되며, 여러 가설 중 가장 단순한 것이 대개 진실에 가까울 가능성이 높다고 가정합니다.

- **의사결정나무** Decision Tree

    질문 결과에 따라 여러 갈래로 분기하는 나무 형태의 모델로, 스무고개 놀이를 통해 정답을 찾아가는 과정과 유사합니다.

- **랜덤 포레스트** Random Forest

    데이터를 무작위로 추출해 여러 개의 의사결정나무를 만들고 그 결과를 모두 종합하여 정답을 찾는 모델로, 기존 단일 의사결정나무에 비해 오류에 견고하고 성능 또한 훨씬 더 뛰어납니다.

- **그레이디언트 부스팅** Gradient Boosting

    랜덤 포레스트는 무작위로 서로 독립적인 여러 개의 의사결정나무를 만들지만 그레이디언트 부스팅은 이전에 만든 나무를 개선해 새로운 의사결정나무를 만듭니다. 각각의 나무는 랜덤 포레스트와 달리 독립적이지 않으며 오히려 이전의 나무에 크게 영향을 받습니다. 이전에 만든 나무에서 오류가 발생하면 실수를 바로잡는 새로운 나무를 만들며, 이 과정을 오류를 최소화할 때까지 계속해서 반복합니다.

- **데이크스트라 알고리즘** Dijkstra's Algorithm

    최단 경로를 찾는 가장 유명한 알고리즘으로, 1956년 네덜란드의 컴퓨터과학자 에츠허르 데이크스트라가 여자친구와 함께 커피숍에 갔다가 20분 만에 만든 알고리즘입니다. 커피숍에서 냅킨에 적을 수 있을 만큼 단순한 법칙으로, 단순한 법칙이 가장 뛰어나다는 오컴의 면도날을 증명하는 대표적인 알고리즘입니다.

- **A* 알고리즘**

    데이크스트라 알고리즘은 최단 경로를 찾기 위해 주변의 너무 많은 경로를 탐색합니다. A* 알고리즘은 출발지에서 도착지로 이동하는 시간뿐만 아니라 반대 방향, 즉 도착지에서 출발지로 거꾸로 이동하는 시간과 여러 다양한 정보를 함께 반영하여 탐색 횟수를 대폭 줄인 알고리즘입니다.

- **브라에스 역설**Braess' Paradox
  새로운 도로가 건설되면 더 빠르게 이동할 수 있을 것 같지만 새로 만든 도로에 차량들이 몰리면서 전체 교통 상황이 도로 개통 이전보다 더욱 악화되는 역설적인 상황을 말합니다.

제9장 · 추천 알고리즘 | 알 수 없는 유튜브 알고리즘이 여기로 이끌다

- **넷플릭스 프라이즈**Netflix Prize
  넷플릭스는 고객이 영화에 부여한 별점 데이터 1억 건을 공개하고 이 데이터를 이용해 고객이 아직 보지 않은 영화에 대해 부여할 별점을 예측하는 대회를 100만 달러의 상금을 걸고 개최했습니다. 수많은 데이터 과학자가 이 대회에 참여했고 여기서 나온 다양한 추천 알고리즘은 이후 추천 분야의 발전을 이끌며 넷플릭스 하면 추천 시스템을 떠올리게 하는 계기가 됩니다.

- **장바구니 분석**Market Basket Analysis
  고객의 구매 내역을 분석해 가치를 이끌어내는 연구 분야입니다. 기저귀를 사는 고객은 맥주를 함께 구매한다는 사실을 알아냈고 이후 쇼핑센터에서는 기저귀 매대 근처에 맥주를 진열해 매출을 늘릴 수 있었습니다.

- **데이터 마이닝**Data Mining
  대규모 데이터에서 어떤 특정한 패턴을 발견하고 추출하는 행위로, 마이닝이 광산에서 금과 같은 소량의 유용한 가치를 발굴하는 것처럼 데이터 마이닝 또한 데이터에서 의미 있는 핵심 가치를 발굴해냅니다.

- **콘텐츠 기반 필터링**Content-Based Filtering
  고객이 선호하는 영화와 유사한 영화를 추천하는 방식입니다. 예를 들어 액션 영화를 선호하면 또 다른 액션 영화를, 공포 영화를 선호하면 또 다른 공포 영화를 추천하는 식입니다.

- **협업 필터링**Collaborative Filtering
  선호하는 영화 자체의 특징에 집중하기보다는 범위를 좀 더 확장하여 유사한 고객의 정보를 활용하는 방식입니다. 액션 영화를 즐겨 보는 고객이 전쟁 영화도 많이 본다는 고객 정보를 기반으로 유사한 액션 영화 고객에게 전쟁 영화를 추천하는 식입니다.

- **행렬 인수분해**Matrix Factorization

  고객이 부여한 평점 정보를 기반으로 고객의 특징을 자동으로 추출하고 영화의 특징도 자동으로 추출하여 이 정보를 바탕으로 고객의 평점을 예측합니다. 넷플릭스 프라이즈에 참여했던 사이먼 펑크가 고안한 알고리즘으로 매우 좋은 성능을 보였으며, 어느 날 자신이 사용한 알고리즘을 블로그에 모두 공개한 채 홀연히 떠나 더욱 유명해졌습니다.

- **잠재요인**Latent Factors

  행렬 인수분해는 고객의 특징과 영화의 특징을 추출하는데, 수많은 특징을 일일이 추출하고 매번 값을 수동으로 정의하기는 어렵기 때문에 평점 정보를 기반으로 모두 자동으로 진행합니다. 이처럼 숨어 있는 특징을 자동으로 추출하는 것을 잠재요인을 발굴해낸다고 표현합니다.

- **차원의 저주**Curse of Dimensionality

  특징을 많이 추출하면 좋을 것 같지만 사실 특징이 하나 더 늘어날 때마다 필요한 데이터는 기하급수적으로 늘어납니다. 만약 데이터가 부족하다면 오히려 제대로 특징을 추출해내지 못하고 성능이 더 떨어지는 '저주'를 받을 수 있습니다.

- **콜드 스타트**Cold Start

  말 그대로 차갑게 시작한다는 의미로, 새로 올라온 영상은 조회수도 없고 인기가 있을지 알아낼 만한 정보가 거의 없기 때문에 추천 영상에 올리기가 매우 어렵습니다. 추천 시스템의 매우 어려운 과제이기도 합니다.

- **필터 버블**Filter Bubble

  인터넷 정보 제공자가 사용자의 관심사와 성향에 맞춰 맞춤형 정보를 제공함으로써, 사용자가 필터링된 정보에만 노출되는 현상을 말합니다. 이 개념은 미국의 시민단체 '무브온'의 이사장인 엘리 프레이저Eli Pariser가 저서《생각 조종자들》에서 처음 제시했습니다.

들어가며

1   https://www.wired.com/brandlab/2015/05/andrew-ng-deep-learning-mandate-humans-not-just-machines/

2   네이트 실버, 《신호와 소음》, 이경식 옮김, 더퀘스트, 2014, 492쪽.

제1장 · 인공지능 | 위대한 인공지능, 깨어나다

1   네이트 실버, 앞의 책, 2014, 447쪽.

2   https://quoteinvestigator.com/tag/marvin-minsky/

3   https://developer.nvidia.com/deep-learning/

4   https://brunch.co.kr/@kakao-it/51

5   https://blogs.nvidia.com/blog/2016/01/12/accelerating-ai-artificial-intelli-gence-gpus/

6   https://www.wired.com/story/secret-auction-race-ai-supremacy-google-microsoft-baidu/

7   뉴 사이언티스, 닉 보스트롬 외, 《기계는 어떻게 생각하고 학습하는가》, 김정민 옮김, 한빛미디어, 2018, 66쪽.

8   https://www.weforum.org/agenda/2012/02/the-2012-top-10-emerging-technologies/

9   https://www.nature.com/articles/075450a0

10 Banko, Michele and Brill, Eric, "Scaling to Very Very Large Corpora for Natural Language Disambiguation", Proceedings of the 39th Annual Meeting of the Association for Computational Linguistics, 2001.

11 https://youtu.be/06-AZXmwHjo

12   http://robotics.stanford.edu/~ang/papers/icml09-LargeScaleUnsupervisedDee
      pLearningGPU.pdf

제2장 · 알파고 | 인간을 능가하는 기계의 등장

1   가리 카스파로프,《딥 씽킹》, 박세연 옮김, 어크로스, 2017, 297쪽.
2   가리 카스파로프, 앞의 책, 2017, 56쪽.
3   레이 커즈와일,《마음의 탄생》, 윤영삼 옮김, 크레센도, 2016, 71쪽.
4   네이트 실버, 앞의 책, 2014, 483쪽.
5   노승은,《바닥부터 배우는 강화학습》, 영진닷컴, 2020, 251쪽.
6   노승은, 앞의 책, 2020, 264쪽.
7   https://towardsdatascience.com/understanding-alphago-how-ai-think-and-
      learn-1-2-da07d3ec5278
8   https://deepmind.com/blog/article/alphago-zero-starting-scratch
9   https://www.nytimes.com/2016/03/10/world/asia/google-alphago-lee-se-
      dol.html
10   네이트 실버, 앞의 책, 2014, 492쪽.

제3장 · 자율주행 | 테슬라가 꿈꾸는 기계

1   https://www.wired.com/2004/03/robot-3/
2   https://medium.com/myboost/the-self-driving-car-was-born-in-the-desert-
      5f675f168d08
3   https://gcn.com/articles/2004/03/13/darpas-desert-duel.aspx
4   http://robots.stanford.edu/papers/thrun.stanley05.pdf
5   http://robots.stanford.edu/papers/thrun.stanley05.pdf
6   https://omnilogos.com/google-original-x-man-conversation-with-sebastian-
      thrun/
7   로렌스 번스, 크리스토퍼 슐건,《오토노미 제2의 이동 혁명》, 김현정 옮김, 비지니스북
      스, 2019, 259쪽.
8   https://venturebeat.com/2020/01/06/waymos-autonomous-cars-have-driven-
      20-million-miles-on-public-roads/

9   한민홍, 〈무인자동차 개발과 응용〉, 《대한기계학회지》 34(10), 1994, 764~769쪽.

10 네이트 실버, 앞의 책, 2014, 554쪽.

11 https://velodynelidar.com/blog/hdl-64e-lidar-sensor-retires/

12 https://www.wired.com/2006/01/stanley/

13 숀 게리시, 《기계는 어떻게 생각하는가?》, 이수겸 옮김, 이지스퍼블리싱, 2019, 65쪽.

14 https://en.wikipedia.org/wiki/Feature_detection_(nervous_system)

15 https://www.ibm.com/cloud/learn/convolutional-neural-networks

16 최근에 출시된 고해상도 라이다는 글자를 읽을 수 있습니다.

17 https://www.businessinsider.com/difference-between-google-and-tesla-driverless-cars-2015-12

18 해나 프라이, 《안녕, 인간》, 김정아 옮김, 와이즈베리, 2019, 85쪽.

19 https://www.theguardian.com/technology/2017/jul/01/volvo-admits-its-self-driving-cars-are-confused-by-kangaroos

20 https://www.vanityfair.com/news/business/2014/10/air-france-flight-447-crash

21 https://www.moralmachine.net/

22 https://en.wikipedia.org/wiki/Trolley_problem

23 https://science.sciencemag.org/content/352/6293/1573

제4장 · 검색엔진 | 구글이 세상을 검색하는 법

1   월터 아이작슨, 《이노베이터》, 정영목, 신지영 옮김, 오픈하우스, 2015, 630쪽.

2   https://searchengineland.com/googles-search-indexes-hits-130-trillion-pages-documents-263378

3   https://www.youtube.com/watch?v=BNHR6IQJGZs

4   https://en.wikipedia.org/wiki/Web_crawler

5   https://en.ryte.com/wiki/Crawler

6   https://ko.wikipedia.org/wiki/더닝-크루거_효과

7   피터 에르디, 《랭킹》, 김동규 옮김, 라이팅하우스, 2020, 77쪽.

8   피터 에르디, 앞의 책, 2020, 223쪽.

9   https://en.wikipedia.org/wiki/William_Thomson,_1st_Baron_Kelvin

10 https://backlinko.com/google-ranking-factors

11 https://en.wikipedia.org/wiki/Larry_Page#

12 https://youtu.be/LVV_93mBfSU

13 https://en.wikipedia.org/wiki/Tf – idf

14 https://www.diggintravel.com/airline-ab-testing/

15 https://hbr.org/2017/09/the-surprising-power-of-online-experiments

16 https://blog.google/products/search/search-on/

제5장 · 스마트 스피커 | 시리는 쓸모 있는 비서가 될 수 있을까

1 제임스 블라호스, 《당신이 알고 싶은 음성인식 AI의 미래》, 박진서 옮김, 김영사, 2020, 66쪽.

2 https://www.hankyung.com/it/article/2012091191701

3 The President of SRI Ventures on Bringing Siri to Life, 《Harvard Business Review》, https://hbr.org/2015/09/the-president-of-sri-ventures-on-bringing-siri-to-life

4 https://www.statista.com/chart/13907/babies-named-alexa/

5 제리 카플란, 《제리 카플란 인공지능의 미래》, 신동숙 옮김, 한스미디어, 2017, 111쪽.

6 레이 커즈와일, 앞의 책, 2016, 55쪽.

7 제임스 블라호스, 앞의 책, 2020, 146쪽.

8 제임스 블라호스, 앞의 책, 2020, 148쪽.

9 제임스 블라호스, 앞의 책, 2020, 149쪽.

10 https://machinelearning.apple.com/research/siri-voices

11 제임스 블라호스, 앞의 책, 2020, 166쪽.

12 https://joungheekim.github.io/2020/10/08/paper-review/

13 https://www.hankyung.com/it/article/2021070611051

제6장 · 기계번역 | 외국어를 몰라도 파파고만 있다면

1 https://www.nytimes.com/2016/12/14/magazine/the-great-ai-awakening.html

2 닉 폴슨, 제임스 스콧, 《수학의 쓸모》, 노태복 옮김, 더퀘스트, 2020, 182쪽.

3 https://ko.wikipedia.org/wiki/단어_우월_효과

4 https://en.dict.naver.com/#/search?query=had

5 카카오 AI 리포트 편집진, 《카카오 AI 리포트》, 북바이북, 2018, 220쪽.

6   정성훈, 〈언어학과 기계번역〉, 《Journal of Korean Literature in Chinese》 2019,
     7~38쪽.

7   https://www.freecodecamp.org/news/a-history-of-machine-translation-
     from-the-cold-war-to-deep-learning-f1d335ce8b5/

8   https://jiho-ml.com/weekly-nlp-20/

9   https://www.facebook.com/wonyong.sung.7/posts/3695316800511555

10   배재경, 〈영한 기계번역을 위한 효율적인 알고리즘에 관한 연구〉, 서울대학교 대학원
     전기컴퓨터공학부 석사학위논문, 2001.

제7장 · 챗봇 | 챗GPT, 1분 안에 보고서 작성해 줘

1   https://en.wikipedia.org/wiki/ELIZA_effect

2   유신, 《인공지능은 뇌를 닮아 가는가》, 컬처룩, 2014, 176쪽.

3   닉 폴슨, 제임스 스콧, 앞의 책, 2020, 176쪽.

4   제임스 블라호스, 앞의 책, 2020, 151쪽.

5   https://youtu.be/fzXwGQeVNI4

6   닉 보스트롬 외, 《기계는 어떻게 생각하고 학습하는가》, 김정민 옮김, 한빛미디어,
     2018, 53쪽.

7   https://jiho-ml.com/weekly-nlp-29/

8   https://jiho-ml.com/weekly-nlp-29/

9   https://jiho-ml.com/weekly-nlp-30/

10   https://thegradient.pub/openai-please-open-source-your-language-model/

11   https://arxiv.org/abs/2203.02155

12   https://jiho-ml.com/weekly-nlp-31/

13   짐 홀트, 《아인슈타인이 괴델과 함께 걸을 때》, 노태복 옮김, 소소의책, 2020, 261쪽.

14   https://www.wsj.com/articles/SB10001424052748703407304576154313126987674

15   레이 커즈와일, 앞의 책, 2016, 396쪽.

16   https://www.theatlantic.com/magazine/archive/2013/11/the-man-who-
     would-teach-machines-to-think/309529/

17   레이 커즈와일, 앞의 책, 2016, 22쪽.

제8장 · 내비게이션 | 티맵은 어떻게 가장 빠른 길을 알까

1   https://taxi.uriweb.kr/30/?q=YToxOntzOjEyOiJrZXl3b3JkX3R5cGUiO3M6Mzoi
    YWxsIjt9&bmode=view&idx=2617967&t=board
2   https://en.wikipedia.org/wiki/All_models_are_wrong
3   닉 폴슨, 제임스 스콧, 앞의 책, 2020, 94쪽.
4   네이트 실버, 앞의 책, 2014, 114쪽.
5   https://www.sciencedirect.com/science/article/pii/S0022202X18322930
6   박상길, 《파이썬 알고리즘 인터뷰》, 책만, 2020, 371쪽.
7   카카오 AI 리포트 편집진, 앞의 책, 2018, 331쪽.
8   https://twitter.com/joelrubin/status/938574971852304384

제9장 · 추천 알고리즘 | 알 수 없는 유튜브 알고리즘이 여기로 이끌다

1   https://www.cnet.com/news/youtube-ces-2018-neal-mohan/
2   https://www.thrillist.com/entertainment/nation/the-netflix-prize
3   https://dl.acm.org/doi/10.1145/3240323.3240354
4   https://time.com/3950525/facebook-news-feed-algorithm/
5   https://www.computer.org/press-room/2017-news/ic-20th-anniversary/
6   https://rejoiner.com/resources/amazon-recommendations-secret-selling-
    online/
7   크리스토프 드뢰서, 《알고리즘이 당신에게 이것을 추천합니다》, 전대호 옮김, 해나무,
    2018, 102쪽.
8   https://medium.com/diogo-menezes-borges/give-me-the-antidote-for-the-
    curse-of-dimensionality-b14bce4bf4d2
9   https://blog.youtube/news-and-events/youtube-now-why-we-focus-on-
    watch-time